教育部人文社会科学研究青年基金项目"执行意向效果的优化途径研究"
(16YJC190019)阶段性成果

逐梦之路
心理对照与执行意向对目标追寻的影响

王国霞 ◇著

科学出版社
北京

内 容 简 介

心理对照是目标设定阶段的自我调节策略,执行意向是目标执行阶段的自我调节策略,两者相结合能有效帮助人们将梦想变为现实。

本书首先介绍了心理对照与执行意向的相关理论及研究进展;其次,通过实证研究考察了自发形成及诱导形成的心理对照与执行意向及其特征对不同类型目标追寻的影响,研究结果对进一步优化心理对照与执行意向的效果具有重要的启示意义,并有效地完善了现有相关理论;最后,在总结及反思现有研究的基础上,提出了未来的研究方向,以指导人们更好地追逐梦想、管理生活目标。

本书对各级各类心理学研究机构、大专院校心理学专业中致力于心理对照与执行意向研究的科研人员、学生,以及对人类目标追寻过程感兴趣的读者具有参考价值。

图书在版编目(CIP)数据

逐梦之路:心理对照与执行意向对目标追寻的影响/王国霞著. —北京:科学出版社,2021.8
ISBN 978-7-03-069580-2

Ⅰ.①逐⋯ Ⅱ.①王⋯ Ⅲ.①心理学-研究 Ⅳ.①B84

中国版本图书馆 CIP 数据核字(2021)第 166261 号

责任编辑:孙文影 冯雅萌/责任校对:杨 然
责任印制:李 彤/封面设计:润一文化

科 学 出 版 社 出版
北京东黄城根北街 16 号
邮政编码:100717
http://www.sciencep.com

北京建宏印刷有限公司 印刷
科学出版社发行 各地新华书店经销

*

2021 年 8 月第 一 版 开本:720×1000 1/16
2022 年 7 月第二次印刷 印张:13 1/2
字数:241 000
定价:89.00 元

(如有印装质量问题,我社负责调换)

前　言

励志类书籍经常给读者灌输这样一种观念：如果经常想象美好的未来，那么这些美好的未来就会变为现实。然而，事实并非如此。一系列科学研究发现，对未来的积极幻想不但对目标达成没有积极效果，反而会降低目标达成的可能性。因此，光有美好的梦想是不行的，还需要将梦想变为具体的目标。仅有目标意向也不能保障目标实现，具有目标意向但没有付诸行动的个体比例高达47%（Sheeran，2002）。因此，有目标后，还要制订计划，为实现目标付诸行动。Oettingen教授和Gollwitzer教授提出的心理对照与执行意向相结合（mental contrasting with implementation intention，MCII）的策略，能帮助个体将梦想变为目标，再将目标变为行动，最终促进梦想实现。

2011年，笔者在查阅文献时偶然发现了Gollwitzer教授发表的一篇文章——《执行意向：简单计划的强大效果》（*Implementation intentions: Strong effects of simple plans*），就此被执行意向吸引，开始了与MCII策略的不解之缘。从选择MCII策略作为博士论文选题开始，到去Oettingen教授和Gollwitzer教授的动机实验室访问学习，再到申请了MCII策略相关研究课题，撰写、发表了MCII策略相关论文……在十年的时间里，笔者的生活、工作发生了很大变化，唯一不变的是还在继续着MCII策略的研究。

本书是笔者主持的教育部人文社会科学研究青年基金项目"执行意向效果的优化途径研究"（16YJC190019）的阶段性成果。本书的学术价值在于进一步丰富了MCII策略的相关理论和实证研究。一方面，目前有关MCII策略的理论主要说明了MCII策略的形式和结构，但对其数量和质量特征并未进行详细的阐述；另一方面，当前的实证研究也主要集中于分析有无MCII策略对目标达成的作用，而对自发形成的MCII策略的作用以及不同特征MCII策略的作用差异的研究才刚刚开始。本书以自发形成的MCII策略以及不同特征的MCII策略为出发点，在检验自发形成的MCII策略及其作用、比较哪种特征的MCII策略更有效的基础上，提出进一步优化MCII策略效果的途径，并对现有理论进行补充。研究结果对人们如何更好地追逐自己的梦想、管理生活目标具有重要的启示意义。

本书共十章。第一章介绍了心理对照与执行意向的理论基础。第二章概述了心理对照与执行意向的研究进展，主要包括心理对照与执行意向对目标追寻的效用、作用机制以及干预应用研究。第三章考察了自发形成的心理对照的使用情况及其作用，发现少数人会自发使用心理对照策略，是否使用心理对照策略对目标追寻过程有预测作用。第四章考察了自发形成的执行意向的使用情况及其作用，发现大多数人会自发使用执行意向，使用应对计划是目标达成的稳定预测因素。第五章考察了不同视觉视角（visual perspective）的心理对照对目标追寻的作用，发现第一人称视角（first-person perspective）和第三人称视角（third-person perspective）均能促进目标追寻过程，但两者之间的效用无差异。第六章考察了执行意向的具体性和合作性对目标追寻的影响，发现高具体性的执行意向效果更好，合作能进一步提升执行意向的效果。第七章考察了MCII策略及其特征对不同类型目标追寻的影响，发现MCII策略能促进自主目标达成，MCII策略的特征在其中起重要作用。第八章采用元分析技术考察了现有的MCII策略干预的效果及其影响因素。第九章比较了不同类型的MCII策略的效果。第十章综合讨论并反思了现有研究，提出了未来研究方向，并就如何在生活中使用MCII策略提出了指导性建议。

　　感谢笔者的学生在数据收集与分析、书稿撰写与修改等方面做出的重要贡献：Tamim Muhaned（第三章）、李明臻（第五章）、徐慧（第六章）、苏毓昕（第六章）、于亿博（第六章）、王易（第八章）、张婉露（第九章）。

　　由衷感谢教育部人文社会科学研究青年基金项目、"东北师范大学哲学社会科学优秀学术著作出版资助"项目和科学出版社的大力支持，正是在其资助和帮助下，本书才能够顺利出版。

王国霞
2021年2月24日

目　录

前言

第一章　心理对照与执行意向的理论 ·················· 1
第一节　心理对照与执行意向理论的产生背景 ·············· 2
第二节　心理对照的理论 ························ 4
第三节　执行意向的理论 ························ 7

第二章　心理对照与执行意向的研究概述 ················ 11
第一节　心理对照的研究概述 ······················ 12
第二节　执行意向的研究概述 ······················ 17
第三节　心理对照与执行意向（MCII 策略）的研究概述 ········ 28

第三章　自发形成的心理对照与目标追寻 ················ 31
第一节　自发形成的心理对照的研究进展 ················ 32
第二节　研究 1：自发形成的心理对照与暑假目标追寻 ········· 33
第三节　研究 2：自发形成的心理对照与学业目标追寻 ········· 42
第四节　集体主义文化下的自发形成的心理对照与目标追寻 ······ 48

第四章　自发形成的执行意向与目标追寻 ················ 51
第一节　自发形成的执行意向的研究进展 ················ 52
第二节　研究 1：自发形成的执行意向与月目标追寻 ·········· 52
第三节　研究 2：自发形成的执行意向与体育锻炼目标追寻 ······ 60
第四节　自发形成的执行意向的使用现状以及影响因素 ········· 66

第五章　不同视觉视角下的心理对照与目标追寻 ············ 69
第一节　视觉视角与心理对照 ······················ 70
第二节　研究方法 ···························· 73

第三节 结果分析 ·· 77
第四节 讨论与结论 ·· 82

第六章 不同类型的执行意向与目标追寻 ························· 87
第一节 执行意向的具体性对情绪调节目标的影响 ················ 88
第二节 执行意向的合作性对英语学习目标的影响 ················ 97

第七章 MCII 策略对目标追寻的影响 ····························· 105
第一节 研究 1：MCII 策略对外源性目标的影响 ················· 106
第二节 研究 2：MCII 策略对不同领域自主目标的影响 ··········· 119
第三节 研究 3：MCII 策略对相同领域自主目标的影响 ··········· 133
第四节 MCII 策略及其特征对目标达成的影响 ···················· 148

第八章 MCII 策略对目标达成作用的元分析 ····················· 153
第一节 MCII 策略对目标达成的效果以及调节因素 ··············· 154
第二节 研究方法 ·· 156
第三节 结果分析 ·· 160
第四节 讨论与结论 ·· 162

第九章 不同类型的 MCII 策略与目标追寻 ······················ 167
第一节 书籍阅读与 MCII 策略 ···································· 168
第二节 研究方法 ·· 169
第三节 结果分析 ·· 173
第四节 讨论与结论 ·· 176

第十章 MCII 策略与目标追寻关系的反思及应用 ················ 181
第一节 自发形成的 MCII 策略对目标追寻的影响 ················· 182
第二节 诱导形成的 MCII 策略及其特征对目标追寻的影响 ······· 184
第三节 未来研究展望 ·· 188
第四节 在生活中使用 MCII 策略 ·································· 190

参考文献 ·· 193

第一章

心理对照与执行意向的理论

　　本章介绍了心理对照与执行意向研究的背景、概念以及重要的理论基础。励志类书籍倡导人们通过对未来进行积极美好的幻想来促进梦想的实现，科学研究却发现积极幻想对目标达成具有消极作用。梦想实现理论背景下的心理对照策略能改变这一现状，将美好的梦想转变为可达成的目标。然而，仅有目标意向也不足以保障目标达成。行动阶段模型下的执行意向策略能有效帮助人们将目标转变为行动，有效提升目标达成率。

第一节 心理对照与执行意向理论的产生背景

解释和预测人类的行为是心理学研究的基本问题。20 世纪颇受学术领域关注的解释人类行为的理论模型是 Ajzen（1991）在理性行为理论基础上提出的计划行为理论（theory of planned behavior，TPB）。

一、计划行为理论

该理论主要解释了决定行为意向的因素，即人类的行为是由三种不同的信念驱动的：一是行为信念，是指对行为结果可能性以及对这些结果的评估的信念；二是规范信念，是指他人的标准期望以及服从他人标准期望的动机的信念；三是控制信念，是指对利于或阻碍行为表现的因素以及对这些因素的控制感的信念（图 1-1）。行为信念会产生行为态度，可能是积极的，也可能是消极的；规范信念会导致社会压力或主观规范的出现；而控制信念会产生知觉行为控制。行为态度、主观规范和知觉行为控制会共同作用于行为意向。若有积极的行为态度和主观规范以及知觉到的高行为控制，个体的行为意向就越强。行为意向越强，个体就越有可能表现出期望的行为。例如，一个有身体锻炼意向的人觉得每天徒步可以起到锻炼的作用，而且是一件令人愉悦的事情（行为态度），同时他的好朋友也觉得他应该加强锻炼（主观规范），他觉得自己可以做到每天徒步（知觉行为控制），那么这个人就会形成通过徒步锻炼身体的意向（行为意向），未来他更有可能每天坚持徒步（行为）。

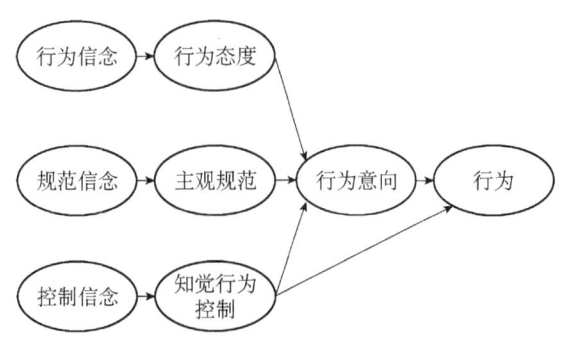

图 1-1 计划行为理论结构模型

资料来源：Ajzen I. 1991. The theory of planned behavior. Organizational Behavior and Human Decision Processes，50（2）：179-211.

计划行为理论模型在教育、体育、医学等实践领域得到了广泛应用（Cooke & French，2008）。Armitage 和 Conner（2001）的元分析发现，计划行为理论不仅能解释行为意向39%的变异，还能解释行为27%的变异，其中知觉行为控制是影响行为意向和行为的最显著因素。

二、计划行为理论的局限

计划行为理论仅仅探讨了决定行为意向（态度）形成的因素，却没有分析如何有效地将行为意向转换为行动。同时，很多研究发现，态度和行为之间存在较大的鸿沟。例如，社会心理学典型的有关歧视的研究发现，虽然绝大多数美国旅店和餐馆的老板表示他们不愿意接待亚洲人（美国当时对亚洲人的歧视较为严重），但实际上，当亚洲客人来到他们的旅店和餐馆时，90%左右的老板都会接待亚洲客人（LaPiere，1934）。

同时，一系列有关意向和行为的元分析发现，意向与实际行为之间确实存在鸿沟。Sheeran（2002）对探讨目标意向与行为相关关系的10个元分析进行了综述，结果发现，目标意向能解释28%的行为变异。但是由于目标意向和行为都会受到过去行为的影响，相关分析会高估两者之间的关系，因此，Sutton 和 Sheeran（2003）对有过去行为、目标意向和未来行为的51项研究进行了元分析，结果发现，过去行为是未来行为的有效预测因素，当控制过去行为后，目标意向仍然是未来行为的有效预测因素，但是效应量减小（从高等程度的效应量降为低到中等程度的效应量）。不过，即使在统计上控制了过去行为，也无法消除其对意向-行为相关的影响，而通过在实验中操纵目标意向的强弱，然后考察操纵的目标意向对目标达成的影响，则能消除过去行为的影响。因此，Webb 和 Sheeran（2006）对47个有关目标意向对目标行为达成的实验研究进行了元分析，发现实验者操纵的目标意向能导致目标达成上的差异，但是效应量仅为0.36，相当于 R^2=0.03。因此，目标意向与目标达成之间确实存在鸿沟。

此外，Sheeran（2002）还根据行动意向（有行动意向 vs. 无行动意向）与行为表现（行动了 vs. 未行动）将被试分为四组，各组的人数比例见图1-2。

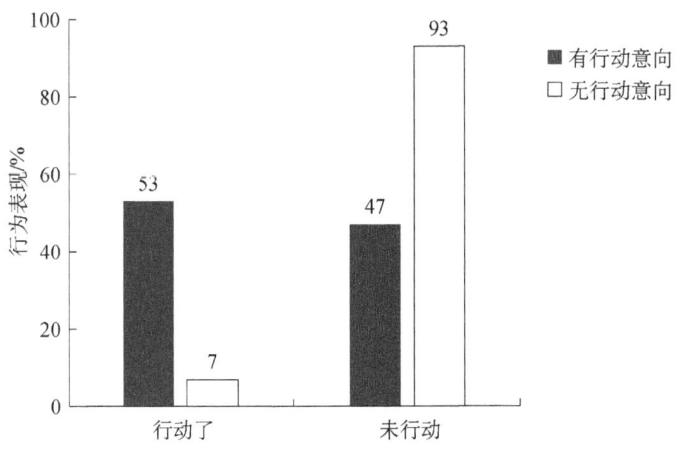

图 1-2 有行动意向者和无行动意向者的行动结果

资料来源：Sheeran P. 2002. Intention-behavior relations: A conceptual and empirical review. In W. Stroebe & M. Hewstone (Eds.), European Review of Social Psychology (Vol. 12, pp. 1-36). Chichester: Wiley.

由图 1-2 可看出，有 93%的无行动意向者最终未采取行动，而有行动意向者中仅有 53%的被试真正行动了，还有 47%被试根本没有行动。

综上所述，仅通过加强意向并不能保障行为的出现。即使个体形成了强烈的意向，也可能在将意向转化为行动的过程中遇到各种问题。掌控生命中的挑战，不能仅靠意向和空想，而是要靠实际的行动。Gollwitzer（1999）提出的执行意向可以有效地帮助个体解决行动过程中的意志问题，能促进意向转化为行动，减小意向与行为之间的鸿沟（Gollwitzer & Sheeran，2006）。一系列实证研究发现，执行意向能在计划行为理论的基础上进一步提高目标成就，与此同时，计划行为理论的提出者 Ajzen 也认为，在计划行为理论干预的基础上增加执行意向干预，能有效地减小目标和行为之间的鸿沟（Ajzen，2006；Ajzen et al.，2009）。

执行意向是目标追寻阶段的自我调节策略，若与目标设定阶段的自我调节策略——心理对照（mental contrasting）相结合，则能更加有效地减小意向与行为之间的鸿沟（Adriaanse et al.，2010）。因此，本书将侧重介绍并研究心理对照和执行意向对目标追寻的作用。

第二节　心理对照的理论

在日常生活中，个体有 46.9%的时间都在自由思维（Killingsworth & Gilbert，

2010),大多数情况下,这些自由思维是由个体内部的刺激物产生的,其内容主要是有关未来定向的思考或当下的关注点(Baird et al.,2011;Berntsen & Jacobsen, 2008;D'Argembeau et al.,2011)。对未来的思考有两种方式:期望(expectation)与自由幻想(free fantasy)(Oettingen & Mayer,2002)。期望是个体基于自身过去的经验和表现做出的对未来某事件或行为发生与否的判断,多数研究表明,期望是预测目标意向的形成与判定未来事件和行为发生与否的重要指标。而自由幻想则是不基于过去经验产生的对未来可能性的自由想象,个体可以在头脑中自由想象可能的未来(不管这种未来实现的可能性有多低,也不管如何才能实现这种未来)。而对当下的关注则主要思考当前生活中的事情。那么,这种经常出现的基于过去经验的对未来的期望、对未来的自由幻想以及对当下生活的思考是如何相互作用进而影响人们行为的呢?德国心理学家Oettingen及其同事在一系列研究基础上提出的梦想实现理论(fantasy realisation theory)解释了三者对人们目标相关行为的作用。

一、积极幻想的消极作用

一些励志类书籍经常给读者灌输这样一种观念:如果经常想象美好的未来,那么这些美好的未来就有可能变为现实。然而,事实并非如此。德国心理学家Oettingen与其同事的一系列研究发现,对未来的自由积极幻想不但对目标达成没有积极效果,反而会降低目标达成的可能性。Oettingen和Mayer(2002)以大学生为被试,在人际关系(恋爱)、学业成就和健康等领域的研究均发现,对未来的自由幻想越积极,个体对目标的投入程度以及目标的成功率就越低;特别是对于社会处境不利的学生,有关未来的积极幻想对其目标达成有消极作用(Kappes et al.,2012c;Oettingen et al.,2016)。另外,研究还发现,政府领导人对未来的积极幻想会负向预测国家的经济发展。研究者采用内容分析法对1933—2009年美国总统的就职演说进行分析,结果发现,如果总统就职演讲中对未来发展描述的积极性越高,那么在该总统就职期间,国民生产总值和就业的下降率就越高,这一研究还发现,"今日美国"经济版新闻对未来经济发展情况的描述越积极,一周后和一个月后的道琼斯工业平均指数(反映美国整个工商业股票的价格水平)则会呈下降趋势(Sevincer et al.,2014b)。

这些反常识的结果表明,仅对未来进行自由积极幻想不利于目标追寻。因为对未来的自由积极幻想会使个体更关注事件的正面,忽视事件的反面,从而无法在接下来的目标追寻过程中做出正确决定（Kappes & Oettingen，2012）；同时，对未来期望情境的积极幻想会让个体产生目标已经实现的错觉，因此，个体就会放松进而减少对目标的相关投入（Kappes & Oettingen，2012；Oettingen & Mayer，2002）。为了减少积极幻想的消极作用，个体应该将对未来的积极幻想与现实生活中的障碍相对照（即心理对照），由此便能督促个体为了实现期望的未来目标而在现实中努力克服困难和障碍，直到达成目标（Oettingen，2000）。

二、梦想实现理论

心理对照策略的理论基础是德国心理学家Oettingen（2012）提出的梦想实现理论，该理论从个体对待未来的自由幻想和当下自由幻想的方式出发，阐释了四种设定目标的自我调节思维策略：心理对照（mental contrasting）、空想（indulging）、驻足（dwelling）和逆向心理对照（reverse mental contrasting）（图1-3）。

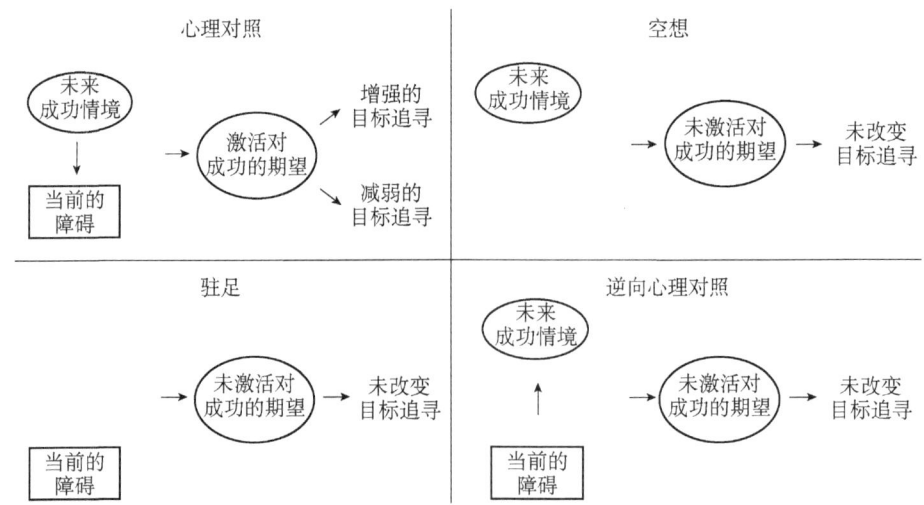

图1-3　自我调节思维策略模型

资料来源：Oettingen G. 2012. Future thought and behaviour change. European Review of Social Psychology，23（1）：1-63.

心理对照是指个体首先想象目标实现后的成功情境（如考上理想中的大学），然后思考现实生活中阻碍目标实现的障碍（如需要背诵的知识点很枯燥）的自我调节思维策略。空想是指个体只想象目标实现后的成功情境的自我调节思维策略。驻足是指个体只思考在现实生活中阻碍目标实现的障碍的自我调节思维策略。逆向心理对照是指个体首先思考在现实生活中阻碍目标实现的障碍，然后再想象目标实现后的成功情境的自我调节思维策略。

梦想实现理论假设，在这四种自我调节思维策略中，只有心理对照才能激活个体对未来的成功期望，改变目标追寻过程。心理对照是一种自我调节思维策略，它将个体对未来的心理表征与现实的心理表征相结合，提出为了实现期望的未来目标，个体必须首先在现实中行动，克服当前的困难和障碍，因此，个体的成功期望被激活，即成功期望与目标追寻行为之间的关系增强，当期望水平较高时，个体认为现实中的障碍是可克服的，进而会努力克服障碍以实现目标；而当期望水平较低时，个体认为现实中的障碍是不可克服的，进而会主动放弃追寻该目标，转而追寻其他目标（Oettingen，2012）。另外三种自我调节思维策略并不能激活个体对未来的成功期望，不会改变目标追寻过程。如果个体沉溺于对美好未来的想象之中，就不会将现实中的障碍看成是为实现目标面临的挑战。如果个体只驻足于现实中的困难和障碍，就无从知晓现实的行动该指向何方。如果个体先思考现实中的障碍再思考期望的未来（逆向心理对照），那么期望的未来就无法作为现实的指引方向。因此，在这三种自我调节思维策略下，期望都未被激活，目标追寻过程都没有变化。例如，对于考大学这一愿望，如果个体进行心理对照，那么当成功期望水平较高时，个体会增加努力程度，克服当前的障碍，努力实现目标；而当成功期望水平较低时，个体会减少努力程度，或者会改变考大学的目标。如果个体进行空想、驻足或逆向心理对照，那么其努力程度不会产生变化（Oettingen，2012；Oettingen & Schwörer，2013）。

综上所述，心理对照是一种将未来和现在联系起来且激活了期望的自我调节思维策略，而仅驻足于现在或仅空想于未来都无法激活期望。同时，逆向心理对照虽然把现在和未来联系了起来，但也无法激活期望。

第三节 执行意向的理论

尽管 Lewin 等（1944）指出目标设定（goal setting）和目标奋斗（goal striving）是两个不同的心理过程，但其后近 50 年的研究仍主要集中在目标设定过程上，如目标设定理论、计划行为理论、期望-价值模型等，直到目标心理学和行动控制心理学出现后，有关目标奋斗的研究才开始得到重视。执行意向就是在这一背景下出现的，是目标和行动控制心理学视角下的一种行动控制策略。

执行意向的理论基础是卢比孔河行动阶段模型（Rubicon model of action phases）以及在卢比孔河行动阶段模型基础上提出的行动阶段思维定式理论（mindset theory of action phases）（Gollwitzer，1990）。

一、卢比孔河行动阶段模型

Heckhausen 和 Gollwitzer（1987）的卢比孔河行动阶段模型详细地描述了目标追寻的过程，认为目标追寻的过程可分为以下四个阶段（图1-4）：①决策前阶段（predecision phase）：主要任务是在行动成功期望和期望结果价值的标准下，选择个体真正想追寻的目标意向，个体会选择那些成功期望高且结果价值较大的目标。②行动前阶段（preaction phase）：主要解决的问题是如何促进目标的达成，在该阶段，个体选择有助于目标达成的策略，并形成计划（即执行意向）。③行动阶段（action phase）：主要任务是执行上一阶段形成的计划。④行动后阶段（postaction phase）：主要任务是评估达成的行动结果，若对结果满意，就停止目标设定；若对结果不满意，则或降低期望、放弃目标，或坚持原来期望，并增加努力程度去实现目标。在卢比孔河行动阶段模型的四个阶段中，决策前阶段和行动后阶段是目标设定时的动机过程，与 Lewin 提出的目标设定过程一致，行动前阶段和行动阶段是将目标意向转变为行动的过程，属于意志过程，与 Lewin 提出的目标奋斗一致（Achtziger & Gollwitzer，2010）。

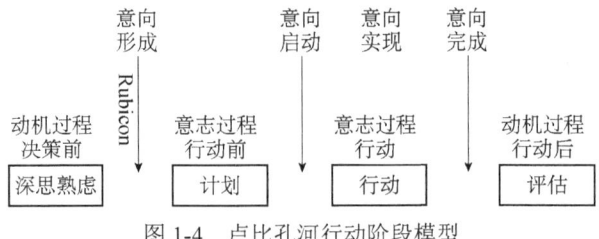

图 1-4 卢比孔河行动阶段模型

资料来源：Heckhausen H，& Gollwitzer P M. 1987. Thought contents and cognitive functioning in motivational versus volitional states of mind. Motivation and Emotion，11（2）：101-120.

二、行动阶段思维定式理论

行动阶段思维定式理论是在卢比孔河行动阶段模型的基础上提出的，该理论认为，处于不同行动阶段的个体的思维方式是不同的。每个行动阶段相对应的思维定式如下：①深思熟虑思维定式（deliberative mindset）：该阶段的任务是决定把哪个愿望变为行动，要对可能的多个目标期望和价值的信息进行正确无偏的分析，因此，深思熟虑思维定式是开放性的。②执行思维定式（implemental mindset）：该阶段的任务是为目标奋斗做准备，即要形成何时、何地、如何行动的计划，因此，个体在该阶段要集中精力在任务相关的信息上，忽略其他不相关信息，即执行思维定式是封闭性的。③行动思维定式（action mindset）：该阶段的主要任务是朝着目标行动，个体需要沉浸在目标定向的行动中，忽略干扰物，因此，行动思维定式也是封闭性的，主要关注对已选择目标的再评价信息，以及对执行意向的再评价信息或其他自我评价信息。④评估思维定式（evaluative mindset）：该阶段的主要任务是对行动的结果和后果进行评估，需要对信息进行正确的分析，对期望的结果以及实际的结果和后果进行比较（Gollwitzer，1990；Keller et al.，2020）。

三、执行意向的概念及形式

执行意向是在行动前阶段形成的，从属于目标意向，确定了在何时、何地、如何反应以达成目标。执行意向是指将情境线索（行动的好机会或条件）与对达成目标或期望结果有效的反应联系起来的"如果—那么"计划，其结构为"如果情境 Y 出现，我就启动行为 Z 以达成目标 X"（Gollwitzer，1999）。这一自我调节策略旨在帮助个体减少目标奋斗过程中的意志问题，帮助个体将目标意向转换为实际行动（Gollwitzer & Sheeran，2006）；同时，这一策略能将对目标定向反应的控制委派给情境线索，使得自我调节从自上而下的控制过程变成自下而上的自动化过程（Gollwitzer，1999）。

执行意向的具体形式主要可以分为两种：一是行动计划（action planning），即对目标相关行为的规划，确定在何时何地（或在哪种情境下）如何做出与何种目标相关的行为。例如，一个准备考取研究生的学生会做出这样的行动计划——"我打算周一到周五上午在图书馆学习英语"，这种计划将时间、地点、线索与目标相关的行为有效地结合起来。二是应对计划（coping planning），即确定如何应对在目标追寻过程中遇到的障碍和问题。例如，这名考研的学生会做出这样的应对计划——"如果朋友总约我出去参加聚会，那么我会适当地拒绝朋友的邀请"，这种计划将阻碍目标完成的障碍线索与应对行动结合了起来。

第二章

心理对照与执行意向的研究概述

本章介绍了心理对照、执行意向的研究现状。首先,介绍心理对照对目标追寻的影响、作用机制及其在生活目标中的干预应用效果。其次,介绍执行意向对目标追寻的影响、作用机制、影响因素及其在生活目标中的干预应用效果。最后,介绍心理对照与执行意向相结合的益处,以及心理对照与执行意向相结合对生活目标的干预应用效果。

第一节 心理对照的研究概述

一、心理对照对目标追寻的影响

基于梦想实现理论,自我调节思维策略对目标达成作用的典型实验范式流程如下:首先选定目标领域,然后将被试随机分到不同的自我调节思维策略组,并指导被试进行不同的自我调节思维策略练习,最后追踪调查被试的目标追寻过程。在 Oettingen 等(2001)的自我调节思维策略对目标达成影响的实验中,首先,要求大学生被试说出最重要的人际方面的愿望,并评估这一愿望实现的可能性(即成功期望)。然后,指导被试进行自我调节思维策略作业。作业流程如下:所有被试写下 4 个有关愿望实现的积极结果和 4 个有关现实中阻碍此愿望实现的障碍。之后,研究者将被试随机分到 4 组中:在心理对照组,被试交替想象 2 个未来积极结果和 2 个现实障碍,想象的顺序依次为第一个未来积极结果、第一个现实障碍、第二个未来积极结果、第二个现实障碍;在空想组,被试依次想象 4 个未来积极结果;在驻足组,被试依次想象 4 个现实障碍;而在逆向心理对照组,被试交替想象 2 个现实障碍和 2 个未来积极结果,想象的顺序依次为第一个现实障碍、第一个未来积极结果、第二个现实障碍、第二个未来积极结果。最后,在自我调节思维策略作业之后,评估被试实现该人际关系愿望的激励程度。两周后,收集被试为实现愿望所采取的两个最难行动以及做出行动的确切日期(Oettingen et al., 2001)。

结果发现,心理对照组被试的成功期望与受激励程度和行动的及时性之间的相关程度明显高于其他三组被试,即心理对照组的高成功期望被试感受到的激励程度最高,并在实验后立即执行行动,而心理对照组的低成功期望被试感受到的激励程度最低,并且延迟行动。而不管成功期望水平高低,另外三组被试都感受到中等程度的激励,并且在一周后才开始行动(图 2-1)。

此外,心理对照对目标追寻的效用在其他多个方面得到了广泛的验证。①不同的领域:如学业、健康、人际关系等。在学业领域,关于儿童外语学习目标的研究发现,心理对照组被试的成功期望水平与目标承诺之间的关系显著强于空想组和驻足组的被试(Oettingen et al., 2000)。与空想组和驻足组相比,当成功

第二章　心理对照与执行意向的研究概述

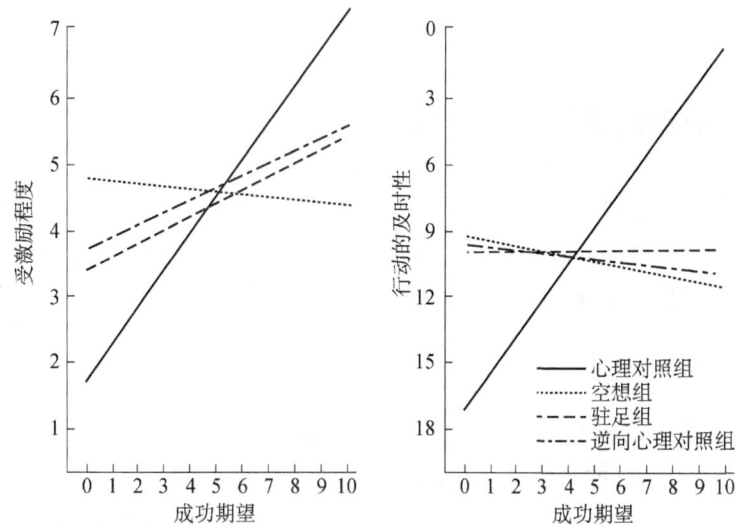

图 2-1　自我调节思维策略的功能：成功期望与受激励程度（左）和
行动的及时性（右）关系的回归线

资料来源：Oettingen G，Schnetter K，& Pak H J. 2001. Self-regulation of goal setting: Turning free fantasies about the future into binding goals. Journal of Personality and Social Psychology，80（5）：736-753.

期望水平更高时，心理对照组被试会付出更多的努力；而当成功期望水平更低时，心理对照组被试会付出更少的努力。有关大学生对参加自我效能培训的愿望的研究也发现了类似的结果（Oettingen et al.，2005）。在健康领域，关于戒烟的研究发现，心理对照组被试的成功期望水平与行动及时性之间的相关性最大（Oettingen et al.，2010b）。与空想组和驻足组相比，在高成功期望水平时，心理对照组被试会及时采取减少吸烟的行动；而在低成功期望水平时，心理对照组被试会延迟采取减少吸烟的行动。在人际关系领域，有关女大学生认识异性的研究也发现成功期望水平与不同组别对目标承诺的交互作用。与空想组、驻足组和控制组相比，当成功期望水平更高时，心理对照组被试更期待认识某个异性朋友，而且会对无法认识此异性朋友感到更失望；而当成功期望水平更低时，心理对照组被试认识异性朋友的期待和预期失望水平均更低（Oettingen，2000）。②短期目标和长期目标：例如，无论是短期目标（如做演讲）还是长期目标（如女博士生的事业与生育），心理对照策略均能增加成功期望和目标承诺之间的关系强度。③不同年龄和文化的个体：以儿童或成人、德国人或美国人为被试的研究均发现了心理对照策略的积极作用。④结果变量的不同测量方式：不论目标承诺和追寻的相关结果变量的测量指标是认知（制订计划）、情感（预期的失望和受激励的程度）还是行为（时间和物质的投入），各项研究均发现了心理对照策略的积极作用（Oettingen，2012）。

二、心理对照的作用机制

研究发现，心理对照影响目标达成的作用机制在于改变了个体对未来和现实的认知表征，提高了高成功期望个体实现目标的动机水平，并使个体能对消极反馈做出积极反应（Oettingen & Schwörer，2013）。

（一）认知改变

心理对照可以改变个体对以下三者的认知：未来-现实表征之间的联系，障碍-克服障碍行动之间的联系，现实障碍的意义。

首先，心理对照会增强成功期望与未来-现实表征这两者之间的认知联系。采用词汇判断任务（lexical decision task），以被试有关未来的词汇为启动词，以被试有关现实的词汇为目标词，考察不同自我调节思维策略对未来-现实表征之间的联系程度的影响。结果发现，心理对照组的成功期望水平能预测未来-现实表征之间的联系程度，即成功期望水平越高，被试对现实词汇的判断越快；而逆向心理对照组以及无关内容组的成功期望水平不能预测未来-现实表征之间的联系程度。当目标完成后，心理对照组与无关内容组的结果一样，成功期望水平不能再预测未来-现实表征之间的联系程度。同时，研究发现，未来-现实表征之间的联系是成功期望与目标达成之间的部分中介因素（Kappes & Oettingen，2014）。这表明，增强未来-现实表征之间的联系是心理对照作用于目标达成的机制之一。

其次，心理对照会增强成功期望与障碍-克服障碍行动这两者之间的认知联系。采用顺序启动范式（sequential priming paradigm），以被试有关现实障碍的词汇为启动词，以被试有关克服障碍行动的词汇为目标词，考察不同自我调节思维策略下障碍-克服障碍行动之间的联系。结果发现，在成功期望水平高时，心理对照组对克服障碍行动词汇的判断显著快于逆向心理对照组和无关内容组；当成功期望水平低时，心理对照组对克服障碍行动词汇的判断显著慢于逆向心理对照组和无关内容组。这表明，心理对照策略增强了成功期望和障碍-克服障碍行动之间的联系强度。进一步研究发现，心理对照还增强了成功期望与实际目标追寻行为之间的联系（Kappes et al.，2012b）。这一结果表明，心理对照可以通过增强障碍-克服障碍行动之间的联系程度进而影响目标追寻行为。

最后，心理对照会改变个体对现实障碍的意义的认知。Kappes 等（2013）通过 3 个实验考察了心理对照对个体的现实障碍认知的影响。实验 1 以期末学业目标为任务，结果发现，与空想组和逆向心理对照组相比，心理对照组的高成功期望水平被试对现实中的障碍知觉更为消极，同时在期末考试准备过程中投入的努力更多。实验 2 以考取研究生为任务，采用任务转换范式，让被试评估出现的词汇是阻碍目标实现的障碍还是有利于目标实现的因素，结果发现，心理对照组的高成功期望水平被试更有可能将现实中的障碍词汇知觉为阻碍目标实现的障碍而不是有助于目标实现的因素。实验 3 以国际象棋为任务，结果发现，心理对照组的高成功期望水平儿童能更准确地识别出比赛过程中存在的障碍，进而赢得比赛（Kappes et al., 2013）。这些研究均表明，心理对照可以帮助高成功期望水平的个体更好地识别现实中阻碍目标实现的障碍，并将障碍知觉为需要解决的问题，进而付出努力并克服障碍，以实现目标。

（二）动机改变

有研究者以主观评定和客观生理指标（心血管反应）作为动机的受激励指标，考察了心理对照对动机改变的作用（Oettingen & Gollwitzer, 2009）。研究发现，与空想组被试相比，当成功期望水平较高时，心理对照组的被试感到较强烈的激励而且血压升高，即目标的承诺程度较高；当成功期望水平较低时，心理对照组的被试感到较弱的激励且血压降低，即目标的承诺程度较低。同时，研究还发现，个体受激励的程度是心理对照与目标达成的中介因素（Sevincer et al., 2014a）。这表明，心理对照可以通过改变个体的动机水平进而影响行为改变。

（三）对消极反馈反应的改变

人际关系和团队问题解决领域考察了心理对照对目标相关的消极反馈的反应的影响。结果发现，心理对照能帮助个体在遇到目标相关的消极反馈后整合有用信息，形成有利于目标追寻的计划。同时，心理对照还能保护个体维持对自身克服困难能力的积极评价，例如，心理对照组被试会对消极反馈做出更积极的归因（Kappes et al., 2012a）。这表明，心理对照可以通过改变个体对消极反馈的反应进而影响目标追寻。

三、心理对照的干预应用研究

鉴于实验室研究发现了心理对照的效用，研究者便将此策略用于田野干预研究中。

（一）心理对照对健康行为的促进作用

心理对照策略可以帮助人们实现促进健康和预防疾病的目标。心理对照有助于糖尿病病人增加自我照料的行为（如体育锻炼和节食行为）（Adriaanse et al., 2013），有助于低社会经济地位的中年肥胖渔夫增加身体活动量（Sheeran et al., 2013），有助于节食的大学生减少卡路里摄入量并增加身体活动量（Johannessen et al., 2012），有助于高期望戒烟者减少吸烟量（Oettingen et al., 2010b），有助于个体增加体育锻炼的次数和强度（Ruissen et al., 2018）。

（二）心理对照对人际关系的促进作用

心理对照可以帮助个体解决日常生活中的人际关系问题。Oettingen 等（2001）要求大学生说出有关自己与朋友或家人之间最重要的愿望，比如，"对我的伴侣更加信任"或者"解决我和室友之间的问题"，然后参与者说出他们对愿望所期望的结果，以及阻挡他们实现愿望的障碍。结果发现，当有很高的成功期望水平时，参与者感到最有活力，并迅速采取行动以实现他们的愿望；当有很低的成功期望水平时，他们感到最没有活力，并推迟了他们实现愿望的行动，从而为更重要或更可行的愿望节省能量。

（三）心理对照对学业和工作行为的促进作用

在学业领域，运用心理对照策略能够提高个体对目标的承诺程度，促进自我提升和个人发展。Oettingen 等（2001）对德国职业学校的大一新生的研究发现，在心理对照组中，那些对成功抱有很高期望的学生感到最有活力，付出了更多的努力，获得了更高的成绩；那些对成功期望很低的学生感到最没有活力，付出了更少的努力，获得了更低的成绩。另外，研究还发现，心理对照策略可以增强学生在外语词汇学习中的表现，以及学生的创造力表现（Oettingen et al., 2012）。

在工作领域，Oettingen 等（2005）的研究发现，当期望值很高时，心理对照组的参与者对职业培训更感兴趣，更愿意投入时间和金钱来参与该项目，从而达到自我提升的目标。Oettingen 等（2010a）的研究发现，心理对照还有助于健康护理工作者成功地管理他们的日常生活（如管理时间、决策制定等）。Tay 等（2019）对职业舞蹈运动员的研究发现，高水平的职业舞蹈运动员比低水平的职业舞蹈运动员更多地自发采用心理对照策略，且心理对照策略能够正向预测舞蹈运动员在比赛中的成功表演。

第二节 执行意向的研究概述

一、执行意向对目标追寻的影响

目标追寻的过程包含启动目标、维持目标、停止追寻目标、为未来目标追寻保存资源等阶段。执行意向有助于个体有效地完成目标追寻各个阶段的任务。

（一）启动目标

首先，执行意向有助于目标的启动（尤其是易忘目标）。例如，Sheeran 和 Orbell（1999）以及 Chatzisarantis 和 Hagger（2010）的研究都发现，形成执行意向能帮助被试规律地吃维生素片。其次，执行意向能帮助个体抓住合适的机会。例如，Oettingen 等（2000）的研究发现，形成执行意向的学生能按时完成他们的任务目标。最后，执行意向能促进被试启动不情愿的行动，如吃低脂肪食物（Armitage，2004）、有规律地到医院做乳房检查（Prestwich et al.，2005）、独立自主地学习（Bayer & Gollwitzer，2005）等。

（二）维持目标

首先，形成执行意向有利于个体的目标追寻免受外来刺激物（如诱惑物、分心物等）的干扰。例如，Parks-Stamm 等（2010）的研究发现，形成执行意向能显著提高被试做数学测验时抗分心物干扰的能力。

其次，形成执行意向有利于个体的目标追寻免受内在心理状态（如焦虑、厌倦等）的干扰。Achtziger 等（2008）的研究发现，形成执行意向能保护被试在参加体育比赛时免受焦虑等内在心理状态的影响。Bayer 等（2010）的研究发现，当面对破坏性的内在状态（如特定消极情绪、自我损耗、自我定义不完整）时，形成执行意向的被试的表现比未形成执行意向的被试的表现更好，而且跟未受到破坏性内在状态影响的控制组的表现一样好。

（三）停止追寻目标

Henderson 等（2007）的研究发现，形成执行意向（复杂的反思反应——"如果我收到消极的反馈，我会思考使用当前策略时事情是如何运作的"，或者简单的行动反应——"如果我收到消极的反馈，我就会改变我的策略"）的被试比未形成执行意向的被试在失败时更容易放弃目标。这表明，当采用一种策略追寻目标失败后，执行意向能帮助个体降低对相关目标行为的承诺程度。

（四）为未来目标追寻保存资源

Webb 和 Sheeran（2003）的研究发现，在开始的自我损耗任务上形成执行意向的被试，在后来的无解难题任务上表现出更强的坚持性；同时在自我损耗任务后，在后来的 Stroop 任务上形成执行意向的被试的表现也更好。这表明，执行意向不仅能为未来目标追寻保存资源，而且能使资源受损个体在将来任务上的表现更好。Martijn 等（2008）设计了 3 个实验来检验执行意向是否能促使初始尝试受阻被试坚持不懈地追寻目标。实验 1 发现，形成执行意向的被试为了实现目标会进行更多的尝试；实验 2 发现，当尝试受阻后，形成执行意向的被试重复尝试的强度与他们开始时尝试的强度一样；实验 3 发现，当尝试受阻后，形成执行意向的被试会寻找其他方法来实现他们的意向。这表明，执行意向保存了自我调节资源，在目标受阻后，保存的资源就能被用于持续的目标定向行动中。

Gollwitzer 和 Sheeran（2006）采用元分析来考察执行意向对目标达成的总体影响，涉及 94 个研究的 8461 名被试，结果发现，执行意向对目标成就影响的效应量为 0.65，这表明，执行意向是有效促进目标追寻的自我调节策略。

二、执行意向的作用机制

（一）执行意向作用的认知机制

执行意向是将线索与反应连接起来的"如果—那么"计划，执行意向对目标成就的作用的认知机制主要在于提高了线索的可接近性（cue accessibility）、增加了线索与反应之间的联系强度，即具体情境线索以及线索和反应之间的联系强度能调节执行意向对目标成就的作用（Webb et al.，2007；Webb & Sheeran，2008）。

Webb 和 Sheeran（2008）通过元分析技术考察了是深思熟虑过程还是计划成分的可接近性可以解释执行意向和目标成就之间的关系。研究 1 对 66 个实证研究进行元分析发现，形成执行意向对目标意向和自我效能的改变没有任何影响，这表明，执行意向对目标成就的作用不能通过深思熟虑过程来解释。研究 2 发现，具体情境线索以及线索和反应之间的联系强度调节了执行意向对目标成就的作用，即执行意向的作用机制可以通过线索的可接近性和线索与反应之间的连接强度来解释。

线索的可接近性是指形成执行意向能提高个体对"如果"成分中的线索的鉴别能力。例如，Sheeran 和 Webb（2004）的实验 1 的结果发现，与控制组相比，即使在有挑战性的情境下，执行意向也能提高个体对特定线索的鉴别；实验 2 的结果发现，与控制组相比，执行意向组的被试更有可能完成任务，同时对线索和线索-反应联系的反应较快。更重要的是，线索的可接近性和线索-反应的联系强度会影响执行意向对行为表现的效果。

执行意向使得特定的线索与反应之间有了强烈的关系，这种强烈关系的结果就是，当遇到线索时，与目标相关的反应就会自动出现，表现出立即性、效率性和无意识性（Webb & Sheeran，2007）。Gollwitzer 和 Brandstätter（1997）对种族歧视观点进行反驳的研究发现，形成执行意向的被试启动反驳的速度显著快于控制组被试，这表明了执行意向中反应成分的立即性。Brandstätter 等（2001）考察了行动启动的效率性，结果发现，不管主任务是简单还是困难，形成执行意向的被试在次级任务上的表现都显著好于控制组。Bayer 等（2009）通过不公正研究范式和分类任务考察了阈下启动情境线索（if 成分）是否会影响目标定向行为的启动（then 成分），结果发现，在阈下启动情境线索的情况下，与控制组相比，执行意向组被试对行动的准备更好，启动也更快，这表明，形成执行意向能导致无意识参与的自动化的行动启动。

（二）执行意向作用的脑机制

研究者主要采用了功能磁共振成像（functional magnetic resonance imaging，fMRI）技术考察执行意向和目标意向激活的脑区，并将被试分为两组：线索组（即执行意向组）和自我启动组（即目标意向组）。结果发现，自我启动组被试的表现较差，且其额顶部分的活动较为活跃。自我启动组对靶子的反应激活了布罗德曼 10 区的侧裂，而线索组对靶子的反应激活了布罗德曼 10 区的中部。这反映了目标意向和执行意向是不同的心理过程（Gilbert et al.，2009）。

三、执行意向效果的影响因素

（一）执行意向的类型、特征与承诺

研究发现，执行意向的类型、特征与承诺均会影响执行意向的效果。

1. 执行意向的类型对目标达成的影响

目前的实证研究主要考察了以下几种不同类型的执行意向：自我形成的执行意向和实验者提供的执行意向、抑制分心物的执行意向和促进反应的执行意向、促进想要行为的执行意向和抑制不想要行为的执行意向、个体的执行意向和合作的执行意向。

Armitage（2009）检验了在计划指导的情况下，自我形成的执行意向和实验者提供的执行意向对减少饮酒行为的作用的差异，结果发现，两种干预都能显著地减少饮酒行为，且两个干预组之间的效果没有显著差异。进一步的研究发现，对计划指导的服从会调节自我形成的执行意向对减少饮酒行为的效果，即只有服从计划指导的被试，其自我形成的执行意向才会对减少饮酒行为有效果。这表明，不管是实验者提供的执行意向还是自我形成的执行意向，都能促进行为的改变。

Mendoza 等（2010）在一项有关执行意向对减少内隐刻板印象的作用的研究中发现，抑制分心物的执行意向和促进反应的执行意向均能提高被试在整体任务上的准确率，限制内隐刻板印象的行为表达。但是进一步分析发现，抑制分心物的执行意向不仅提高了被试在整体任务上的准确率，还减少了自动化的刻板印象启动，而促进反应的执行意向仅仅提高了被试在整体任务上的准确率。

Sullivan 和 Rothman（2008）比较了促进想要行为的执行意向（多吃健康的零食）与抑制不想要行为的执行意向（少吃不健康的零食）的效果。结果发现，摄入最多不健康零食的被试是那些持有回避目标（少吃不健康零食）且没有形成执行意向的被试。这表明，形成促进行为的执行意向能更有效地促进被试健康目标的实现。

Prestwich 等（2005）的研究发现，个体的执行意向和合作的执行意向都提高了女性进行乳房自我检查的比例，而有伙伴参与的合作的执行意向组的全部被试都在未来一个月内进行了乳房自我检查。这表明，在制订计划和执行计划时有同伴的参与，能在很大程度上减小意向和行为之间的鸿沟。

2. 执行意向的特征对目标达成的影响

目前研究主要探讨了执行意向质量、数量特征对执行意向效果的影响。

关于执行意向质量特征的研究发现，执行意向的具体性是影响执行意向效果的一种重要特征。关于执行意向具体性的研究有两种角度：一是具体的执行意向与抽象的执行意向的比较；二是执行意向的具体程度对目标达成的影响。首先，研究发现，具体性的执行意向的效果高于抽象性或一般性的执行意向的效果。

Wieber 等（2010）的一项有关汽车竞赛的实验室研究发现，形成抽象的包含多个执行意向（"如果我进入了一个危险情境，我会立即改变我的速度"）的被试的表现并不比仅形成目标意向的被试表现好；而形成具体的执行意向（"如果我看到了黑白曲线路标，我会立即改变我的速度"）的被试的表现则好于目标意向组和抽象执行意向组被试的表现。总之，形成具体的、排外的执行意向并不是完美的（因为它无法包含对所有机会的鉴别），但是如果确定的情境是很重要的，那么形成执行意向的益处会高于忽视其他机会的损失（Chapman et al., 2009）。其次，执行意向的具体程度也会影响其效应。一项关于戒烟比赛的研究发现，中度和高度具体性的执行意向的效果均高于低度具体性的执行意向的效果，但是中度具体性的执行意向的效果与高度具体性的执行意向的效果之间没有差异。这表明，当执行意向的具体性达到一定程度后，就不会再增加执行意向的效果了（van Osch et al., 2010）。

执行意向的数量对目标达成的影响依赖于质量特征。研究发现，数量和质量特征是描述执行意向特征的两个层面，两者互相作用，只有增加的执行意向是高质量时，其才能提高执行意向的效果。例如，de Vet 等（2011）的一项有关执行意向对增强身体活动的效用的研究发现，执行意向的数量与身体活动无关，除非增加的执行意向具有很强的具体性。

3. 执行意向的承诺对目标达成的影响

de Nooijer 等（2006）有关增加水果摄入量的研究发现，对执行意向的承诺水平越高，被试对水果的摄入量就越高。因此，提高被试对执行意向的承诺水平，也是提高执行意向效果的一种有效方法。

（二）动机阶段的因素

执行意向是在行动前阶段形成的，属于意志阶段的自我调节策略，从属于在动机阶段形成的目标意向。研究发现，只有在激活目标意向且对目标意向有较高的承诺时，执行意向才能起作用（Sheeran et al., 2005）。因此，动机阶段的因素会影响执行意向的效果。目前的研究主要集中在自主动机和目标意向对执行意向效果的影响上。

1. 自主动机

根据自我决定理论，动机可分为自我协调（self-concordance）动机和自我不协调（self-discordance）动机两种。自我协调动机是指个体感知到的目标定向行为是在个体的兴趣和价值系统内的，而自我不协调动机是指个体感知到的目标定向行为是由个体之间或者个体内部的力量压迫的。自我协调动机和执行意向都是影响目标追寻的重要因素，两者之间存在交互作用。

Koestner 等（2002）的研究发现，自我协调动机和执行意向都与目标进步（goal progress）呈显著正相关，研究 1 发现，自我协调动机和执行意向都与周末的目标进步呈显著正相关，而研究 2 证明，自我协调动机与新年的月目标进步呈显著正相关，而未发现执行意向的独立效应。不过，两个研究都发现了二者的交互作用，即自我协调动机与执行意向相结合，能够协同促进目标进步。

但是，后来的研究结果出现了不一致：首先，有研究支持执行意向能促进自我协调动机者的目标追寻，例如，Koestner 等（2006）的研究发现，执行意向加自主支持条件的干预效果高于执行意向加控制形式的干预效果，但是该研究没有研究自主支持和执行意向的单独效应，因此无法判断两者的效应是由自主支持的干预引起的，还是由执行意向和自主支持的交互作用引起的。其次，也有研究支持执行意向能促进自我不协调动机者的目标追寻，例如，Chatzisarantis 等（2008）的研究发现，执行意向对自我协调动机被试的目标达成的促进效果不显著，而对自我不协调动机的被试有促进作用。再次，也有研究发现，执行意向能同时促进持有自我协调动机和自我不协调动机的被试的目标达成效果，例如，Chatzisarantis 等（2010）的研究发现，执行意向增加了持有自我协调动机和自我不协调动机的大学生被试对维生素的摄入量，而自我协调动机与执行意向相结合提高了被试对服用综合维生素的服从水平。最后，还有研究支持执行意向对自我不协调动机者有消极作用，一项体育运动领域的研究发现，自主的目标动机与执行意向之间没有交互作用，但与仅有受控动机相比，受控动机与执行意向相结合会造成更低的健康水平（Smith et al.，2010）。

2. 目标意向

首先，目标意向的不同强度会影响执行意向的效果。Sheeran 等（2005）的实验室研究发现，在强烈的目标意向下，执行意向有利于目标达成；而在较弱的目标意向下，执行意向对目标达成没有影响。另外，有关在工作场所戒烟和使用防晒霜的干预研究也发现，执行意向对基线动机较强的人的影响较大（Armitage，2007b；van Osch et al.，2008）。

其次，目标意向的难度会影响执行意向的效果。目前较多研究发现，执行意向对较难的目标意向的促进作用较为显著，而对简单的目标意向的促进作用不太明显（Dewitte et al.，2003；Gollwitzer & Brandstätter，1997）。

最后，目标意向的稳定性也会影响执行意向的效果。Godin等（2010）的研究发现，目标意向的稳定性会影响执行意向的干预效果，即执行意向只对目标意向不稳定的被试的行为有显著的影响。也就是说，干预对那些需要获得帮助（意向不稳定）的人有更好的效果（Godin et al.，2010）。

（三）个体稳定的性格特征

研究发现，个体的完美主义倾向、责任心、冲动性会影响执行意向的效果。

Powers等（2005）的研究发现，个体的完美主义倾向会调节执行意向与目标追寻之间的关系，即执行意向促进了非完美主义倾向的被试的目标追寻过程，但是却阻碍了完美主义倾向的被试的目标追寻过程。

Webb等（2007）的研究发现，责任心和执行意向会交互作用进而影响学生的出席率，即执行意向对低或中度责任心的学生的出席率的促进效果好于对高责任心的学生。

Churchill和Jessop（2011）有关水果和蔬菜摄入的干预研究也发现了类似的结果，即执行意向仅促进了低冲动性的被试对水果和蔬菜的摄入量，而对高冲动性的被试没有促进作用。

（四）自我效能

很多研究发现，自我效能会影响执行意向的效果。例如，Luszczynska和Haynes（2009）有关增加饮食和锻炼的干预研究发现，执行意向仅仅增加了高自我效能者的饮食和锻炼行为，而对低自我效能者没有影响。Wieber等（2010）的一项实验室研究也发现，当自我效能高时，执行意向能增强被试在较难任务上的表现；而当自我效能低时，执行意向不能增强被试在较难任务上的表现。

既然高自我效能和形成执行意向都能促进目标达成，那么旨在提高自我效能的执行意向将是一种很有用的自我调节策略。Bayer和Gollwitzer（2007）的研究发现，形成旨在提高自我效能的执行意向能显著地促进被试的目标达成，且旨在提高自我效能的执行意向的效果要好于旨在提高自我效能的目标意向的效果。

（五）计划提醒

目前研究发现，计划提醒可以提高执行意向的效果。Prestwich等（2009）的研究发现，执行意向与计划信息提醒相结合的干预效果要好于仅仅有执行意向的干预效果。但是，该研究并没有直接操控计划信息提醒这一变量，可能其他类型的信息提醒也能促进目标达成。因此，Prestwich等（2010）考察了执行意向加计划信息提醒干预、执行意向加目标信息提醒干预对散步的影响，结果发现，与控制组相比，两个干预组的被试坚持散步的天数都多于控制组，而且与另外两组比较，执行意向加目标信息提醒干预组被试的身体质量指数（body mass index，BMI）显著下降。因此，虽然在执行意向的基础上增加计划信息提醒有助于目标达成，但是在执行意向的基础上增加目标信息提醒对目标达成的帮助更大。

（六）习惯强度

Webb等（2009）的两个实验研究发现，习惯强度会影响执行意向的效果。实验1为实验室研究，在第一阶段让被试形成相应的习惯反应，而这一习惯对第二阶段的任务有消极影响，然后让被试形成执行意向，结果发现，执行意向减小了习惯对第二阶段表现的消极影响，但是对于较强习惯者表现的影响显著小于较弱习惯者表现的影响。实验2为干预研究，考察了被试的吸烟习惯强度对执行意向效果的影响，结果发现，执行意向能减少吸烟习惯较弱和中等被试的吸烟行为，但是不能减少吸烟习惯较强被试的吸烟行为。总之，执行意向能促进较弱强度的习惯的改变，而对较强程度的习惯的改变帮助不大。

Tam等（2010）的研究发现，习惯强度和执行意向之间的交互作用还会受到调节定向（个体在实现目标的自我调节过程中表现出的特定方式，包含促进定向和预防定向两种）的影响：当被试吃不健康零食的习惯较弱时，形成执行意向（不论与调节定向是否匹配）就能促进他们吃更多的健康零食；而对于吃不健康零食习惯较强的被试来说，只有在形成了执行意向且与调节定向一致时，才能促进被试吃更多的健康零食，即只有执行意向和调节定向相匹配，才能提高具有强烈的吃不健康零食习惯的个体的动机强度以及对零食的有意控制。

四、执行意向的干预应用研究

（一）健康领域的干预应用研究

Schweiger-Gallo等（2009）对执行意向在健康领域的效果进行了综述，结果发现，形成执行意向不仅能提高健康水平（如健康的饮食、身体活动等），而且能增加个体执行不愉悦的行为（如家庭血糖监测或自我检查等），还能促进有行动控制障碍[如注意缺陷多动障碍（attention-deficit hyperactivity disorder，ADHD）]

人群的目标达成。

1. 执行意向对健康饮食的促进作用

有关执行意向对健康饮食的促进作用表现在：增加对水果和蔬菜的摄入量（Armitage，2007a；de Nooijer et al.，2006）、减少对饱和脂肪的摄入量（Armitage，2004）、减少对不健康零食的摄入量等（Adriaanse et al.，2009；Sullivan & Rothman，2008）。

一项有关执行意向对健康饮食的促进作用的元分析根据研究目标，将 23 项相关研究分为增加健康饮食行为、减少不健康饮食行为两组，结果发现，执行意向是增加健康饮食行为的有效工具（d=0.51），而对减少不健康饮食行为的作用较小（d=0.29）（Adriaanse et al.，2011）。

2. 执行意向对身体锻炼的促进作用

执行意向对身体活动的促进作用的干预研究主要可分为两类：一类是对正常群体的促进作用；另一类是对恢复期病人（恢复期需要增加身体活动）的促进作用。

研究发现，执行意向能促进社会经济地位较低的儿童（Armitage & Sprigg，2010）、高中生（Hill et al.，2007）、大学生（Prestwich et al.，2009）、成人（Arbour & Ginis，2004；Arbour & Ginis，2009；Kwak et al.，2007）等正常群体的身体活动。

同时，研究还发现，执行意向能有效地增加恢复期的心脏病人（Sniehotta et al.，2005a）、心肌梗死病人（Luszczynska，2006）、做关节替换手术的病人（Orbell & Sheeran，2000）等的身体活动量。

一项针对 26 项执行意向对身体活动促进作用的独立研究的元分析发现，执行意向对身体活动的效应量为小到中等（d=0.31）（Bélanger-Gravel et al.，2013）。另一项针对成年人身体活动的元分析发现，只有多次执行意向干预才能有效增加成年人的身体活动（da Silva et al.，2018）。

3. 执行意向对戒烟的促进作用

执行意向对戒烟的干预主要集中在以下三个方面：执行意向对成人戒烟的干预（Armitage，2008）、执行意向对工作场所戒烟的干预（Armitage，2007b）、执行意向对青少年戒烟的干预（Conner & Higgins，2010）。这些研究结果均发现，执行意向有助于戒烟。

4. 执行意向对减少饮酒的促进作用

研究发现，执行意向不仅能减少成人的饮酒行为（Armitage，2009），还有助于减少青少年在社交目标下的饮酒行为（Chatzisarantis & Hagger，2010）。

5. 执行意向对身体检查的促进作用

有关执行意向对身体检查的干预研究发现，执行意向能促进个体执行不愉悦的身体检查：能促进女性进行子宫癌扫描（Sheeran & Orbell，2000）、乳房自我检查（Prestwich et al.，2005）、乳房 X 射线摄影检查（Rutter et al.，2006）等，能促进年轻的男性进行睾丸自我检查（Steadman & Quine，2004）。

6. 执行意向对行动障碍人群目标达成的促进作用

已有研究发现，执行意向不仅对健全人有帮助，还能帮助有行动控制障碍的人群。Brandstätter 等（2001）的研究发现，鸦片成瘾和精神分裂症被试均能从执行意向中受益，即形成执行意向的人对刺激的反应速度加快。此外，对于有前额损伤且在河内塔任务上表现较差的被试来说，形成执行意向的实验组被试对刺激的反应速度也快于未形成执行意向的控制组被试的反应速度。另外，有较多的研究考察了执行意向对 ADHD 儿童目标达成的益处：执行意向不仅能提高 ADHD 儿童的反应抑制水平（Gawrilow & Gollwitzer，2008），起到和药物（哌甲酯）一样的效果（Paul-Jordanov et al.，2010），还能提高 ADHD 儿童的延迟满足能力、增强执行功能等（Gawrilow et al.，2011）。

此外，执行意向还能促进个体自动使用牙线（Orbell & Verplanken，2010），提高个体按时吃综合维生素等药物的频率（Chatzisarantis et al.，2010）。

（二）其他领域的干预研究

除了健康领域之外，执行意向还能促进其他很多领域的行为改变：购买有机食物（Bamberg，2002）、按时参加心理治疗（Sheeran et al.，2007）、增加回收行为（Holland et al.，2006）、参加工作场所健康和安全训练课程（Sheeran & Silverman，2003）、减少学业相关的拖延行为（林琳，2017）等。

（三）与动机阶段干预相结合的应用研究

为了使执行意向产生效果，个体需要强烈地承诺于目标意向，因此更加有效的执行意向干预应该与动机阶段的干预相结合。目前与执行意向干预结合的动机阶段的干预主要有以下三种：基于幻想实现理论的干预、基于计划行为理论的干预、基于保护动机理论（protection motivation theory）的干预。其中，基于幻想实现理论的心理对照与执行意向结合的干预最为有效，应用也最为广泛。

1. 心理对照与执行意向相结合的干预研究

心理对照是指清晰地构造出关于未来目标实现以后的积极结果以及实际可能遇到的困难的心理表征，这一策略有助于将未来憧憬变为目标意向，并能提高个体对目标的承诺程度，将心理对照干预与执行意向干预相结合，能提高执行意向的干预效果（Oettingen & Gollwitzer, 2010）。MCII 策略的干预效果已经在健康（Christiansen et al., 2010; Stadler et al., 2010）、学业（Duckworth et al., 2011）等领域得到了验证（该部分将在本章的第三节进行详细阐述）。

2. 计划行为理论与执行意向相结合的干预研究

基于计划行为理论的干预主要是对行为态度、主观规范和知觉行为控制的干预。例如，Sheeran 和 Silverman（2003）考察了基于计划行为理论的动机干预、基于执行意向的意志干预，以及两者结合的干预对参加工作场所健康和安全训练课程的影响，结果发现，意志干预组和结合干预组被试的出席率（分别是 39% 和 32%）是动机干预组和控制组被试出席率（分别是 12% 和 16%）的两倍以上，且意志干预的效果不受先前行为、人口变量以及计划行为理论变量的影响，但并未发现结合干预组被试的出席率显著高于意志干预组。这说明，基于计划行为理论的干预与基于执行意向的干预相结合，并不能进一步增强执行意向的效果。

3. 保护动机理论和执行意向相结合的干预研究

保护动机理论是有关目标追寻动机过程的理论，基于保护动机理论的动机干预与基于执行意向的意志干预对达成目标都很重要（Milne et al., 2002）。基于保护动机理论的动机干预主要是对感知到的严重性、感知到的弱点、反应的效率、自我效能以及反应价值的干预。

一项针对促进大学生锻炼的研究发现，仅基于保护动机理论的动机干预和仅基于执行意向的意志干预都不能显著地预测大学生未来的锻炼行为，而基于保护动机理论的动机干预和基于执行意向的意志干预相结合的干预对大学生后来的锻炼行为有很大的促进作用（Milne et al., 2002）。另一项有关减少饱和脂肪摄入的研究发现，标准的基于执行意向的意志干预效果依赖于被试是否阅读了基于保护动机理论的动机干预信息，即只有阅读了基于保护动机理论的动机干预信息的被试才能从执行意向中受益（Prestwich et al., 2008）。

以上结果表明，动机阶段和意志阶段（执行意向）相结合的干预能提高对行为改变的解释力，因此，在健康教育项目中，有关人员可同时使用动机和意志干预来增加被试的目标相关行为。

第三节 心理对照与执行意向（MCII 策略）的研究概述

心理对照与执行意向相结合的干预主要包含下面四个步骤：第一，写下自己在某个领域的目标或愿望（如"考上研究生"）；第二，具体想象实现这一目标或愿望带来的积极影响（如"感觉很自豪"）；第三，具体想象在现实生活中阻碍这一目标或愿望实现的障碍（如"考试时容易焦虑"）；第四，针对想象到的障碍，制订克服障碍的计划（如"如果考试时我感到焦虑，那么我会先深呼吸几次来减轻我的焦虑感"）。另外，根据研究需要，还可以在此之后再进一步指导被试形成行动计划（如"我计划周一到周五有时间就去图书馆复习考研资料"）。

一、心理对照与执行意向相结合的效果

心理对照与执行意向相结合的干预对目标达成的促进效果好于单独的心理对照干预或单独的执行意向干预对目标达成的促进效果。由于心理对照是目标设定阶段的自我调节思维策略，执行意向是目标执行阶段的自我调节思维策略，所以，两者相结合对目标追寻的促进效果会更明显。首先，心理对照不仅能为执行意向提供其发生作用的重要前提——强烈的目标承诺（Sheeran et al.，2005），同时还有助于个体明确现实中的障碍，让个体处于形成计划的准备状态（Kappes et al.，2012b）。其次，执行意向可以通过减小目标意向和行为之间的鸿沟来增强心理对照的效果。虽然心理对照增强了现实和工具性行动之间的联系，个体可能会在实现目标的路上踌躇，尤其是未来遇到障碍时。形成执行意向可使个体在遇到障碍时自发做出目标相关行为，进而增强心理对照的效果。

心理对照与执行意向相结合带来的增强益处在实验室情景和田野干预研究中均得到了验证。Kirk 等（2013）在实验室模拟的汽车交易情景中，将每对被试随机分到三个组别中，即心理对照组、执行意向组和 MCII 组，结果发现，形成 MCII 策略的被试得分最高。Adriaanse 等（2010）将旨在改变吃零食这一不良习惯的女大学生随机分到了心理对照组、执行意向组和 MCII 组，一周后的追踪结果发现，MCII 组的女大学生吃零食这一不良习惯的改变效果显著好于心理对照

组和执行意向组的女大学生。

二、心理对照与执行意向相结合的干预应用研究

MCII 策略的干预效果已经在多个领域得到了验证（Oettingen et al.，2013）。

在健康领域中，Stadler 等（2009）的研究发现，在健康知识学习的基础上增加 MCII 策略干预的中年女性在未来的 1 个月内的身体活动量，是仅学习健康知识的中年女性的身体活动量的两倍，而且这种干预效果一直持续到了干预后的 4 个月后。另一项研究也发现，MCII 策略能帮助有慢性背痛的病人增加他们的身体活动量（Christiansen et al.，2010）。一项有关水果和蔬菜摄入量的长期追踪研究发现，在干预后的四个月时间里，信息组以及信息+自我调节组（MCII）中年女性的水果和蔬菜摄入量均高于基线水平，但是两年后，信息+自我调节组（MCII）中年女性的水果和蔬菜摄入量仍然维持较高水平，但信息组中年女性的水果和蔬菜摄入量返回到了基线水平（图 2-2）。这说明，MCII 策略的效果随着时间并没有减弱（Stadler et al.，2010）。与此类似，Adriaanse 等（2010）的研究发现，MCII 策略有助于大学生改变不健康的零食习惯。除了身体健康外，研究还发现，MCII 策略有助于人们对自身的心理压力进行有效的管理（Gollwitzer et al.，2018）。

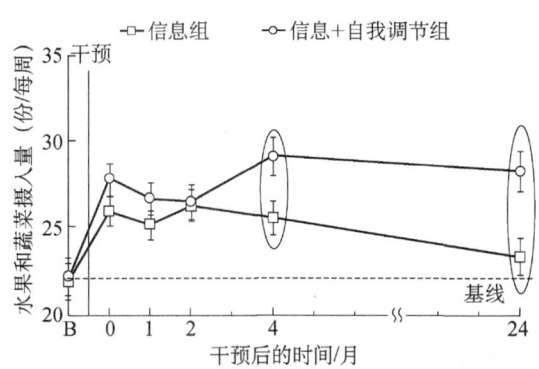

图 2-2　信息组以及信息+自我调节组（MCII）中年女性在 24 个月内的水果和蔬菜摄入量
资料来源：Stadler G，Oettingen G，& Gollwitzer P M. 2010. Intervention effects of information and self-regulation on eating fruits and vegetables over two years. Health Psychology，29（3）：274-283.

在学业领域的研究发现，MCII 策略不仅有助于正常学生的学业发展，同时有助于特殊儿童（ADHD 儿童）的学业发展。例如，Duckworth 等（2011）的研究发现，接受了 MCII 策略干预的青少年在暑假中完成的学术水平测试（scholastic assessment test，SAT）相关练习题比没有接受 MCII 策略干预的青少年多 60%。

同时，MCII 策略还有助于社会经济地位低的儿童提高其成绩、出席率，减少行为问题（Duckworth et al.，2013），也能帮助西方文化背景下的个体完成在线学习课题（Kizilcec & Cohen，2017）。Gawrilow 等（2013）研究了 MCII 策略是否有助于 ADHD 儿童的自我调节，结果发现，与仅接受了学习方式干预的儿童相比，学习方式+MCII 干预组儿童在两周后家长评价的自我调节能力中的得分更高；同时，ADHD 儿童从 MCII 策略中的获益高于非 ADHD 儿童。

在人际关系方面，Houssais 等（2013）的研究发现，MCII 策略不仅能帮助处于恋爱中的个体减少不利于恋爱关系的行为，还有助于提高他们对恋爱的承诺水平。

第三章

自发形成的心理对照与目标追寻

有关心理对照的研究主要集中于在实验者诱导下形成的心理对照策略对目标追寻的影响，仅有较少研究者关注人们自发形成心理对照的情况及其对目标追寻的影响。关注这一问题的价值主要有两点。第一，有研究发现，实验者诱导形成的心理对照组的目标追寻过程并未显著好于空白对照组，有可能源于空白对照组存在自发使用心理对照的情况，因此，有必要分析不同个体自发使用心理对照的情况及其影响因素。第二，了解人们自发使用心理对照策略的情况，有助于开展有针对性的干预，即只对那些不会自发使用心理对照策略的人进行培训和干预，以节省资源。

本章考察了集体主义文化背景以及战乱环境下人们自发使用心理对照的现状，并分析了自发形成的心理对照与目标追寻的关系。研究1以中国大学生为被试，调查其暑假目标的自我调节思维模式，并追踪其自我调节思维模式对暑假目标达成的预测作用；研究2以叙利亚大学生为被试，调查其学业目标相关的自我调节思维模式，并分析其自我调节思维模式对当下目标承诺的作用。结果发现，大学生更倾向自发使用空想策略，只有不到15%的大学生会自发形成心理对照策略，自发形成的心理对照策略能有效预测目标达成情况。

第一节 自发形成的心理对照的研究进展

一、自发形成的心理对照的测量方法

对自发形成的心理对照的测量方法主要有两种，更常用的是第二种测量方法。

第一种测量方法：首先，让被试写下他的重要愿望；然后，让被试写下4个有关期望未来的关键词和4个有关现在的关键词；最后，让被试从8个关键词中选择4个进行具体想象。如果被试选择更多的未来关键词，就被归类为空想组；如果被试选择了更多的现在关键词，就被归类为驻足组；如果被试选择了2个未来关键词和2个现在关键词，若先想象的是未来关键词，则被归类为心理对照组，若先想象的是现在关键词，则被归类为逆向心理对照组（Kappes et al., 2011）。

第二种测量方法：首先，研究者直接让被试想象自己的重要愿望并将想象到的所有内容写下来；然后，研究者对被试写下的想法进行内容分析。若内容的顺序是未来→现在，则为心理对照组；若内容的顺序是现在→未来，则为逆向心理对照组；若内容只有未来，则为空想组；若内容只有现在，则为驻足组（Sevincer & Oettingen, 2013）。

二、自发形成的心理对照的分布情况

目前有少数研究考察了个体自发使用自我调节思维策略的情况（Schrage et al., 2020; Sevincer & Oettingen, 2013; Sevincer et al., 2017, 2020），详细的研究结果如表3-1所示。

表3-1 自发的自我调节思维策略分布情况 （单位：%）

文章信息	心理对照	空想	驻足	逆向心理对照	其他
Sevincer 和 Oettingen（2013）研究二	9	36	24	11	19
Sevincer 和 Oettingen（2013）研究三	27	51	3	12	7
Sevincer 等（2017）研究一	22	30	27	17	4
Sevincer 等（2017）研究二	14	10	47	20	9
Schrage 等（2020）	11	21	39	26	3

文章信息	心理对照	空想	驻足	逆向心理对照	其他
Sevincer 等（2020）研究一	20	11	42	12	14
Sevincer 等（2020）研究二	24	50	12	10	4

注：因四舍五入存在误差，部分数据和不为 100%，下同

由表 3-1 可看出，人们自发使用心理对照策略的比例并不高，为 9%—27%。相对而言，人们自发使用空想和驻足策略的比例较高。此外，这些研究均发现，自发形成的心理对照策略对目标追寻过程有积极影响。

第二节　研究 1：自发形成的心理对照与暑假目标追寻

一、研究目的

虽然已有部分研究考察了人们自发使用心理对照策略的情况，但是这些研究所涉及的被试均来自西方个体主义文化（Schrage et al., 2020; Sevincer & Oettingen, 2013; Sevincer et al., 2017, 2020）。心理对照策略的特征及其效果会受到文化特定的影响（Oettingen, 1997; Oettingen et al., 2008），因此有必要在东方集体主义文化背景下，进一步考察个体自发使用自我调节思维策略的情况以及自发形成的自我调节思维策略对目标达成的影响。

本次研究的具体假设如下：①在自发情况下，多数个体会自发使用空想自我调节思维策略，部分个体会自发使用心理对照、驻足和逆向心理对照自我调节思维策略；②自发形成心理对照的被试的目标达成好于自发使用其他自我调节思维策略被试的目标达成。

二、研究方法

（一）被试

在中国某师范类大学的某学院随机选择 193 名大学生参加本次研究的第一次测试，其中有 19 人未参加第二次测试，有效被试率为 90.2%。被试年龄在

19—24 岁，平均年龄为 21.19 岁（*SD*=0.99），其中男生有 24 人，女生有 150 人。

（二）研究程序

本次研究由 4 名女性主试主持完成，分两次测试。

在放暑假的前两周进行第一次测试，1 名主试对应 3—8 名被试。第一次测试内容共四个部分：在第一部分，被试首先写下想在暑假里完成的最重要的目标以及这一目标当前的完成程度，然后回答针对该目标的相关问题（目标难度、成功期望、激励价值和预期的失望）。在第二部分，测量被试的自我调节思维策略，具体测量方式是：让被试自由想象出现在脑海中的与该目标相关的内容，指导语为："说起这一目标，你会想到什么？尽管发散你的思维，自由地想象任何出现在你脑海中的与该目标相关的内容。请在下面空白处写下你想到的内容。"在第三部分，测量被试当下的激励状态（包含动机激励、预期失望、投入决心、行动准备）。在第四部分，测量被试当下的行动准备状况。

开学后进行第二次测试，主要内容是目标终点以及暑假里为实现目标付出的努力程度。主试在开学后的前三天将后测问卷发送到被试的电子邮箱，并短信提醒被试在一周内回复。

（三）测量工具

1）目标起点。测量项目如下："在实现这一目标的路上，你走了多远（1 代表没开始；2 代表刚开始；3 代表完成 25%；4 代表完成 50%；5 代表完成 75%；6 代表马上完成；7 代表已经完成）。"

2）目标难度。测量项目如下："对你来说，这一目标的难度是（1 代表容易；2 代表适中；3 代表困难）。"

3）目标期望。目标成功期望的测量项目如下："你认为你有多大可能实现这一目标。"采用利克特七点评分（Oettingen，2000）。

4）目标价值。目标激励价值的测量项目如下："实现这一目标对你来说有多重要。"采用利克特七点评分（Oettingen，2000）。

5）当下目标承诺。测量项目主要改编自 Oettingen（2000）以及 Oettingen 等（2001）对目标承诺的测量方式，共包含如下 4 个方面。①动机激励：采用 5 个图形与文字相结合的项目以及 2 个纯文字七点评分的项目测量，如"你现在感觉有多强大"。7 个项目的内部一致性信度为 0.79。②预期失望：采用 2 个测量项目，如"如果你没有实现这一目标，你会有多失望"，2 个项目的内部一致性信度为

0.75。③投入决心：采用 3 个项目来测量，如"我愿意投入大量的努力来实现这一目标"，3 个项目的内部一致性信度为 0.45。④行动准备：具体测量通过四组造句题来完成，每组造句题包含两个句子，一个是概括性的一般描述（原则上说，我会……），另一个是关于具体计划的描述（如果……那么……），让被试从每组造句题中选出一个句子补充完整（补充的内容是有关目标的想法）。将被试选择有关具体计划的描述的句子个数作为行动准备指标。四组造句题的内部一致性信度为 0.94。

6）开学后目标承诺。其包含目标终点和努力程度两个指标：①目标终点的测量项目与目标起点的测量项目相同；②对努力程度的测量项目改编自 Zhang 等（2013）对目标进步的测量，共 5 个项目，如"在过去的暑假里，你为实现这一目标付出多少努力"，内部一致性信度为 0.95。

（四）自发形成的自我调节思维策略的编码与分类

对自我调节思维策略的分类主要分为以下三步。

1. 将具体想象划分为陈述

两名评分者独立将被试写下的有关目标的想象划分为陈述。陈述是指一个短语或一个句子，包含不多于一个主谓宾结构（Cousins，1989）。例如，一个学生的暑假目标是"减肥"，她对该目标的具体想象中有"减肥对我来说很重要，因为我喜欢很多漂亮的衣服，但是身材不好不能穿"等文字，这些文字可以被划分为三个陈述：①"减肥对我来说很重要"；②"因为我喜欢很多漂亮的衣服"；③"但是身材不好不能穿"。两名评分者的一致性 Kappa 系数为 0.91（一致率为 92%）。两位评分者对不同的编码进行讨论，最终达成一致。

2. 对陈述进行编码

两位评分者独立将划分的陈述分为三类：期望的未来、当下的现实、其他。具体的分类编码标准见表 3-2。

表 3-2 分类编码标准

期望的未来
对期望的未来的描述（"我站在讲台上，下面是一群孩子，我一边讲课一边问学生问题"）
实现期望的未来的结果
感受（"期待录取通知书的那一刻，想起来就兴奋"）
事件（"考完驾照，就可以在假期里进行自驾游"）
物质奖励（"家教能得到金钱的回馈"）

续表

期望的未来
对当前状态的改善("我不会再过得无聊")
当下的现实
对当下的现实的描述("身材不好,不能穿漂亮衣服")
对阻碍实现期望的未来的当前障碍的描述
内在的("自己坚持力较差")
外在的("大多数饭店的工作都不招短工")
潜在的("家教过程中会发生一些不愉快的事情")
其他
无法编码为期望的未来和当下的现实的陈述
雄心壮志("我一定要实现目标")
过去("在六月份,我已经参加过一次六级考试")
一般性自我描述("我是学小学教育的")

注:改编自 Sevincer 和 Oettingen (2013) 的编码标准

两名评分者对陈述分类的评分者的一致性 Kappa 系数为 0.87(一致率为 91.7%)。两位评分者对不同的编码进行讨论,最终达成一致。

3. 将编码的陈述分类

采用编码后的陈述将被试分到不同的自我调节思维策略组中。如果某被试写下了至少一个期望的未来的陈述,但没有当下的现实的陈述,则将其编为"空想"自我调节思维策略组。如果某被试写下了至少一个当下的现实的陈述,但没有期望的未来的陈述,则将其划分到"驻足"自我调节思维策略组。如果被试写下了至少一个期望的未来的陈述和至少一个当下的现实的陈述,则将先写下期望的未来的陈述的被试划分到"心理对照"自我调节思维策略组,将先写下当下的现实的陈述的被试划分到"逆向心理对照"自我调节思维策略组。如果被试只写下了被编码为"其他"的陈述,那么将其划分到其他组。

三、结果分析

(一)自发形成的自我调节思维策略的人数比例

在目标的自由想象部分,被试平均写下 7.23 个陈述($SD=3.33$)。自由想象部分的分类结果见图 3-1。

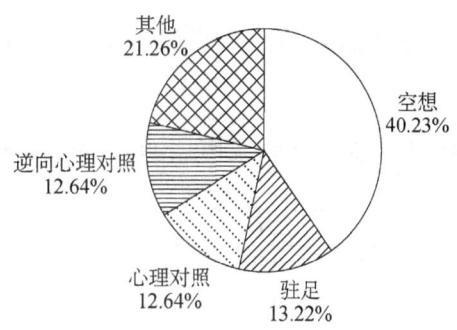

图 3-1 不同自我调节思维策略类型的人数比例

由图 3-1 可看出，在无诱导的情况下，约 40.23% 的人自发使用空想策略，而使用驻足、心理对照和逆向心理对照的被试均在 10%—15%。通过卡方分析发现，四种类型的自我调节思维策略的比例与平均期望比例（每组 25%）存在显著差异（$\chi^2=49.77$, $df=3$, $p<0.001$）。另外，约 20% 的被试的自由想象无法被归类为上述四种策略。

（二）自发形成的自我调节思维策略对目标达成的影响

1. 不同自我调节思维策略对当下目标承诺的影响

本书假设，在不同自我调节思维策略下，心理对照组被试的期望-目标承诺之间的相关系数要高于其他类型的自我调节思维策略组被试。因此将心理对照组编码为 0，将其他组编码为 1，以进行进一步的分析。心理对照组及其他自我调节思维策略组被试在当下目标承诺上的得分及差异见表 3-3 所示。

表 3-3 心理对照组及其他自我调节思维策略组的当下目标承诺得分及差异

特征	所有（$N=137$）M（SD）	心理对照组（$n=22$）M（SD）	其他策略组（$n=115$）M（SD）	组间差异 p
动机激励	4.97（0.92）	5.22（0.86）	4.93（0.92）	0.162
预期失望	5.50（0.94）	5.93（0.52）	5.42（0.98）	0.019
投入决心	5.78（0.85）	5.95（0.64）	5.74（0.89）	0.293
行动准备	2.19（1.17）	2.26（1.33）	2.18（1.15）	0.831

表 3-3 显示，心理对照组的当下目标承诺得分均略高于其他策略组的目标承诺得分，且心理对照组的预期失望显著高于其他策略组的预期失望 [$t(134)=2.38$, $p<0.05$]。

采用分层多元回归分析考察心理对照组的期望-目标承诺的关系是否高于其他自我调节思维策略组，M1 的自变量中仅放入自我调节思维策略和期望，M2 的自变量中放入自我调节思维策略、期望和自我调节思维策略与期望的交互作用。具体结果见表3-4。

表3-4 自我调节思维策略及期望对当下目标承诺的影响的分层多元回归分析

变量	动机激励		预期失望		投入决心		行动准备	
	M1	M2	M1	M2	M1	M2	M1	M2
自我调节思维策略	−0.09	−1.11*	−0.20*	0.04	−0.08	−0.03	−0.02	−0.09
期望	0.54***	0.10	0.03	0.13	0.32*	0.33	0.08	0.05
自我调节思维策略×期望		1.10*		−0.26		−0.05		0.08
R^2	0.56***	0.58***	0.04+	0.04	0.11***	0.11**	0.01	0.01
ΔR^2		0.02*		0.00		0.00		0.00

注：*代表$p<0.05$，**代表$p<0.01$，***代表$p<0.001$；+代表边缘显著，下同

分层多元回归分析发现，自我调节思维策略与期望的交互作用仅对动机激励有显著的影响，具体交互作用见图3-2（期望的评分为1—7分，由于每个分数对应的人过少，因此将期望分为高、低两个水平，6—7分为高水平，1—5分为低水平）。

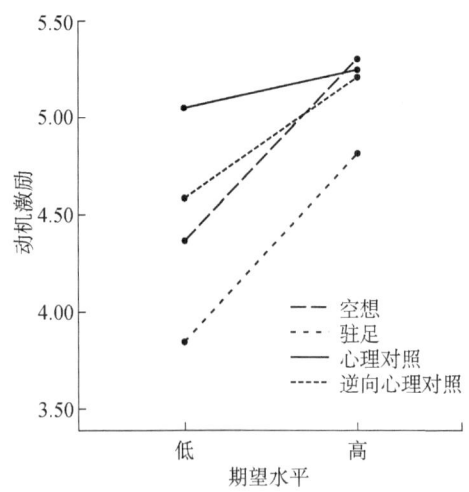

图3-2 不同自我调节思维策略下期望与动机激励的关系

采用回归分析分别检验空想、驻足、心理对照和逆向心理对照组期望水平对动机激励的预测作用，结果发现，空想组（$\beta=0.65$，$t=7.13$，$p<0.001$）、驻足组（$\beta=0.66$，$t=3.97$，$p<0.01$）、逆向心理对照组（$\beta=0.45$，$t=2.22$，$p<0.05$）的期望水平均能显著地影响动机激励水平，但并未发现心理对照组期望水平能显著影响

动机激励水平（$\beta=0.10$，$t=0.43$，$p=0.672$）。结合图3-2可看出，心理对照组的期望-动机激励的关系最弱。

2. 不同自我调节思维策略对开学后目标达成的影响

心理对照组及其他自我调节思维策略组的被试在开学后的目标达成上的得分及差异见表3-5。

表3-5 心理对照组及其他自我调节思维策略组的开学后目标达成得分及差异

特征	所有 M（SD）	心理对照组 M（SD）	其他策略组 M（SD）	组间差异 p
目标终点	3.56（1.84）	3.77（1.74）	3.51（1.87）	0.548
努力程度	4.04（1.62）	3.96（1.54）	4.06（1.64）	0.799

表3-5显示，心理对照组与其他自我调节思维策略组在目标终点和努力程度上并不存在显著差异。

采用分层多元回归分析考察心理对照组的期望-目标承诺的关系是否高于其他自我调节思维策略组，M1的自变量中仅放入自我调节思维策略和期望，M2的自变量中放入自我调节思维策略、期望和自我调节思维策略与期望的交互作用。具体结果见表3-6。

表3-6 自我调节思维策略及期望对开学后目标承诺的影响的分层多元回归分析

变量	目标终点		努力程度	
	M1	M2	M1	M2
自我调节思维策略	−0.04	−0.88	0.03	−1.10*
期望	0.26**	−0.08	0.28**	−0.19
自我调节思维策略×期望		0.91		1.22*
R^2	0.07**	0.09**	0.08**	0.11**
ΔR^2		0.02		0.03*

分层多元回归分析发现，自我调节思维策略与期望的交互作用仅对努力程度有显著的影响，具体交互作用见图3-3。

采用回归分析分别检验空想、驻足、心理对照和逆向心理对照对动机激励的预测作用，结果仅发现空想组的期望水平能显著地影响动机激励水平（$\beta=0.47$，$t=4.32$，$p<0.001$）。但并未发现驻足组（$\beta=0.28$，$t=1.33$，$p=0.197$）、心理对照组（$\beta=-0.18$，$t=-0.84$，$p=0.409$）、逆向心理对照组（$\beta=0.16$，$t=0.54$，$p=0.598$）的期望水平能显著影响动机激励水平。

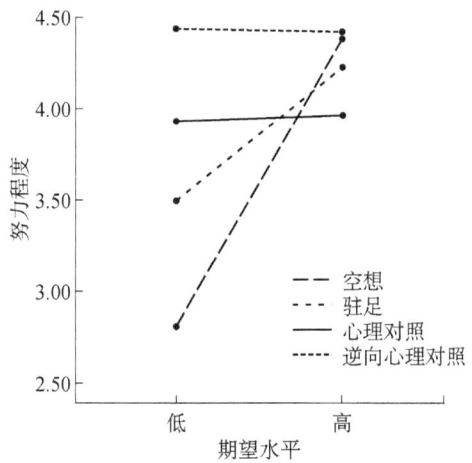

图 3-3 不同自我调节思维策略下期望与努力程度的关系

四、讨论与结论

本部分采用内容分析法考察了自发形成的自我调节思维策略及其对目标追寻的影响。结果发现，12.64%的大学生会自发使用心理对照自我调节思维策略。同时，自发使用心理对照自我调节思维策略的大学生的当下目标承诺高于非心理对照自我调节思维策略的大学生的当下目标承诺，但是自发形成的心理对照组期望-目标承诺之间的关系并不高于其他组期望与目标承诺之间的关系。

与研究假设①相同，本次研究发现，在无诱导情况下，仅有不到13%的大学生自发形成了心理对照自我调节思维策略，更多的大学生使用了空想的自我调节思维策略（比例高达40.23%），还有21.26%的大学生的想象无法归类。这一结果与以往 Sevincer 等的研究结果类似（Sevincer & Oettingen，2013；Sevincer et al.，2017，2020），即在无诱导情况下，大学生更倾向对未来进行积极的思考。同时，进一步的分析发现，单面想象（空想和驻足）的大学生占了52.87%，而双面想象（心理对照和逆向心理对照）的大学生仅占了25.86%。造成以上结果可能有两个原因：第一，双面想象的认知负担大于单面想象（Achtziger et al.，2009），在资源有限的情况下，个体倾向选择需要较少资源的单面想象。第二，消极的概念（现实的障碍）启动后，更可能启动消极的思维而非积极的思维，个体很难从对现实障碍的想象转到对期望的积极未来的想象，同理，积极的概念更容易启动积极的思维（Bargh et al.，1996），因此，单面想象的人数比例会较高。

与研究假设②相同，心理对照组大学生当下的目标承诺（预期失望）显著高于其他组的大学生的当下目标承诺，这一结果表明，自发形成的心理对照也是促进目标追寻的有效自我调节思维策略。但与以往研究（Oettingen et al.，2000）不同，本次研究中，心理对照组的期望-目标承诺之间的关系并不高于其他组的期望-目标承诺之间的关系，不管期望水平高低，心理对照组被试的目标承诺均较高（图3-2和图3-3）。这一结果与以往的研究结果不同，以往多数研究发现，心理对照组的期望-目标承诺之间的关系高于其他组。造成结果不一致的主要原因可能有两点：一是实验选择的目标不同于以往实验的目标；二是文化差异。第一，以往有关心理对照研究的目标多是限定在某一领域，如指导语为"你近期在人际领域的最重要目标是……"，实验者让被试对人际领域的最重要目标进行心理对照，若期望较低，被试可能会放弃该领域目标，转而追寻其他领域的期望水平较高的重要目标，进而造成期望较低时目标承诺降低。而本次研究的目标并没有设定特定领域，指导语为"暑假里你想实现的最重要的目标是……"，因为选定的目标是暑假里最重要的目标，即使期望水平较低，被试可能也不会放弃追寻该目标，反而可能会激励被试努力投入精力来实现这一目标，所以无论期望高低，目标承诺均较高。这一结果提示，期望水平较低时，心理对照并不一定有利于被试放弃目标或降低目标承诺。第二，以往的研究均是在西方较为松散的文化背景下进行的，而本次研究是在东方较为紧密的文化背景下进行的。与西方较为松散的文化背景相比，在紧密文化背景下，个体的目标更可能是他人委派的必须完成的目标，期望水平对目标设定、目标承诺的影响较小（Oettingen，1997；Oettingen et al.，2008）。未来应进一步研究心理对照作为放弃目标的自我调节思维策略的机制。

本次研究的结果表明，在无诱导情况下，部分个体会自发形成心理对照，且心理对照自我调节思维策略组被试的目标承诺高于其他自我调节思维策略组。由此可以推测，在实验研究中，若控制组被试自发形成心理对照，而实验组被试诱导形成心理对照，那么两组被试的目标追寻行为都会有所增加，可能会造成实验操作无效的假象。

本次研究存在一定的局限。本次研究关注的是暑假目标，由于大学生的暑假目标各不相同，虽然在进行具体分析时对目标的难度、意向、起点等都做了控制，但仍然可能会影响结果的准确性，未来的研究需考察自发形成的心理对照对相同目标追寻的作用。

本次研究的结论如下：第一，在无诱导情况下，自发使用空想自我调节思维策略的大学生占40%左右，而自发使用心理对照、驻足和逆向心理对照自我调节思维策略的大学生均占13%左右;第二,自发形成的心理对照是预测目标追寻的有效自我调节思维策略。

第三节　研究2:自发形成的心理对照与学业目标追寻

一、研究目的

在学业领域中,以往的研究发现,有效地运用心理对照策略能够提高学业不良学生的学习成绩(Gollwitzer et al.,2011)。然而,少有研究考察学生自发形成的心理对照策略对学业目标的影响。另外,社会文化因素会影响个体对目标的自我调节策略的选择(Oettingen et al.,2008)。具体来说,文化和政治体制会影响人们追求目标的动机,进而影响其对目标的追求;与此同时,文化价值观也会影响人们对目标承诺和行动的自我调节策略的偏好。比如,按照规范取向的强弱来说,在规范取向强的国家中,个体目标的设定在很大程度上会受到他人或组织指派的影响,因此不管成功期望水平的高低,个体都得努力完成目标,空想策略的效果可能优于心理对照策略。尤其是在战乱国家,其环境中有很多的不确定性,个体对未来进行积极的幻想可能会在一定程度上缓解其当下的消极体验,提升当下的目标承诺感。本次研究拟选取叙利亚的大学生为被试,考察他们自发形成的自我调节思维策略及其对当下目标承诺的影响。

本次研究的具体假设如下:假设一,在无诱导的情况下,多数个体会自发使用空想自我调节思维策略,部分个体会自发地使用心理对照、驻足和逆向心理对照自我调节思维策略;假设二,自我调节思维策略受文化和国家安全等因素的影响,自发使用空想自我调节思维策略的被试的目标承诺优于心理对照组;假设三,在社会规范强大的叙利亚国家,大学生的学业动机表现为社会价值与自我目标的融合。

二、研究方法

(一)被试

被试来自叙利亚大马士革大学的100名学生("叙利亚百万青年免费培训的

项目"的参与者),其中男生有 51 人,女生有 49 人;本科生有 96 人,硕士生有 4 人,被试年龄为 20—26 岁。

(二)研究程序

本次研究分为两个步骤完成:第一步为测量阶段,测量被试的自我调节思维策略、目标追寻动机及目标承诺;第二步为编码和分类阶段,由两名评分者完成,对被试的自我调节思维策略、目标追寻动机的文字陈述进行编码、分类。首先,两名评分者独立将被试写下的学业目标的具体想法转化为陈述,然后进行编码并且归类到不同的自我调节思维策略组中。其次,两名评分者对被试追求学业目标的原因(动机)进行编码,并且归类到不同的目标追寻动机组中。

(三)测量工具

自发形成的自我调节思维策略:被试回答两道主观题,分别是"请写下你最重要的学业目标是什么""说起这一目标,你会想到什么?尽量发散你的思维,自由地想象任何出现在你脑海中的与该目标相关的内容"。

当下目标承诺:测量项目主要改编自 Oettingen(2000)以及 Oettingen 等(2001)对目标承诺的测量,共 5 个项目,如"如果没有实现这一目标,你会有多失望",采用利克特七点评分,内部一致性信度为 0.79。

目标追寻动机:测量项目来自 Ryan 和 Connell(1989)对目标追寻动机的测量方式,如"你努力实现这一目标是为了什么?"。

(四)编码和分类

1. 自我调节思维策略的编码和分类

首先,两位评分者将被试写下的有关学业目标的具体想象转换为陈述。例如,一个学生对学业目标的具体想象是"我想成为一名医生,并拥有一个大型诊所,因此,现在我必须好好学习专业知识并通过考试",这些文字可以被划分为四个陈述:"我想成为一名医生";"拥有一个大型诊所";"必须好好学习";"通过考试"。

其次,两名评分者独立将拆分的陈述进行编码,共分为三类:期望的未来、当下的现实、其他。两位评分者对不同的编码进行讨论,最终达成一致。

最后,根据 Sevincer 和 Oettingen(2013)的分类方法,将被试分到不同的自我调节思维策略组中:①空想组:写下了至少一个期望的未来的陈述,但没有当下的现实的陈述；②驻足组：写下至少一个当下的现实的陈述，但没有期望的未来的陈述；③心理对照组：写下了至少一个期望的未来的陈述和至少一个当下的现实的陈述，且先写下期望的未来的陈述；④逆向心理对照组：写下了至少一个期望的未来的陈述和至少一个当下的现实的陈述，且先写下当下的现实的陈述。

2. 目标追寻动机的编码和分类

两位评分者独立将被试写下的目标追寻动机的陈述进行编码，分为四类：内部动机、认同动机、内摄动机和外部动机。具体分类编码标准见表3-7。

表3-7 目标追寻动机分类编码标准

分类	含义
内部动机	内部奖励驱动，满足自身的好奇心和兴趣
认同动机	个体充分认同外部的规则，并认识到某种行为对自己的重要性
内摄动机	个体在乎外部规范或价值，但并没有完全内化这些外部规范或价值，为避免焦虑、内疚或为提高自尊而从事活动
外部动机	外部奖励驱动，为了满足外部的要求或者为了附带的好处

两名评分者对陈述分类的一致性Kappa系数为0.86。两位评分者对不同的编码进行讨论，最终达成一致。

三、结果分析

（一）自发形成的自我调节思维策略的人数比例

对被试目标的自由想象陈述进行分类，结果如图3-4所示。

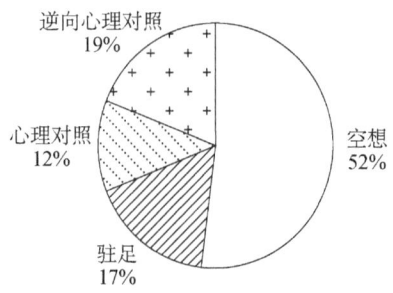

图3-4 不同自我调节思维策略类型的人数比例

从图3-4中可以看出，在无诱导的情况下，52%的被试自发使用空想策略，而使用驻足、心理对照和逆向心理对照策略的被试均在12%—19%。

（二）自发形成的自我调节思维策略对目标承诺的影响

自我调节思维策略各组的被试在目标承诺上的平均分如表3-8所示。

表3-8 自我调节思维策略各组的当下目标承诺平均分差异

自我调节思维策略	目标承诺 M（SD）
空想	30.67（2.51）
驻足	26.76（1.71）
心理对照	27.16（1.02）
逆向心理对照	28.89（3.76）

采用单因素方差分析发现，自发形成的自我心理调节思维策略各组被试的目标承诺水平存在显著性差异[F（3，96）=13.28，$p<0.01$]。进一步采用事后比较分析发现，空想组和逆向心理对照组的目标承诺水平显著高于驻足组、心理对照组（$p<0.05$）。

（三）目标追寻动机的特点分析

为了进一步了解社会文化背景因素对自我调节思维策略的影响，本次研究对在战争中的叙利亚大学生的100条目标追寻动机的文字陈述进行归类总结，结果如表3-9所示。

表3-9 目标追寻动机的特点分析

目标追寻动机的类型	人数（占比）	特点	举例
内部动机	28（28%）	实现个人愿望或理想	学习法律是我儿时的梦想，我期待成为一名律师
外部动机	19（19%）	①追寻学业目标是为了进入一个好的社会阶层 ②追寻学业目标的动机是为了毕业后获得好工作、可观的收入	①我希望人们看着我说"他具有大学学历"。我希望我能在我的职业中成名 ②努力完成学业是为了赚更多的钱，因为更多的钱意味着更舒适的生活
认同动机	53（53%）	①反映出对社会的关心，期望竭尽全力为他人、社会服务；个人目标与他人利益融为一体 ②反映出优先考虑父母的期望，与实现父母的梦想联系在一起，如让父母感到骄傲	①我想帮助和发展社区并达到最佳状态。受教育能够让我成为社会中有用的人 ②这是我父母的梦想。他们把所有的希望都寄托在我身上，我想让他们高兴并为我感到骄傲

研究发现，叙利亚大学生的目标追寻动机中，认同动机占比最高（53%），其次是内部动机、外部动机，没有内摄动机。

四、讨论与结论

本部分采用内容分析法考察了自发形成的自我调节思维策略，结果发现，在处于战争中的叙利亚，52%的大学生会自发使用空想自我调节思维策略，12%的大学生会自发使用心理对照自我调节思维策略。同时，自发使用空想、逆向心理对照自我调节思维策略是大学生实现目标承诺的有效方法。最后，对追寻目标的动机进行特点分析，发现53%的大学生学业目标动机为认同动机。

与研究假设一相同，本次研究发现，在自发情况下，更多的大学生使用了空想自我调节思维策略，比例高达52%，而另外三种自我调节思维策略中，使用逆向心理对照自我调节思维策略的大学生占19%，使用驻足自我调节思维策略的大学生占17%，而使用心理对照自我调节思维策略的大学生则仅占12%。这一结果与Sevincer和Oettingen（2013）的研究发现类似，即在无诱导情况下，大学生更倾向对未来进行积极的思考。本次研究还发现，在叙利亚，大学生自发使用逆向心理对照策略的人数较多（占比为19%），这可能与叙利亚的社会文化背景有关。通常，在叙利亚社会的道德结构中，乐观、尊重老人、归属感和帮助家庭成员至关重要。在这里，学生接受现实并不意味着投降（Carver & Scheier，2018），而是努力奋斗。因此，在倡导乐观地接受现实的文化下，绝大多数大学生使用空想和逆向心理对照自我调节思维策略（两者总占比为71%）。

与研究假设二相同，本次研究发现，自发使用空想、逆向心理对照自我调节思维策略的被试在目标承诺上优于使用其他策略的被试。而以往的幻想实现理论认为，自发形成的心理对照才是促进目标追寻的有效自我调节思维策略（Kappes et al.，2011）。造成两者不一致的原因可能有以下几种：首先，从目标的属性来看，在叙利亚，个体设定未来的目标必须符合家庭或社会的利益，这是一种备受推崇的精神。在这样的社会中，没有"小我"，个人的目标也是家庭和社会的目标，每个个体都有义务推动社会目标和家庭目标的实现。在这种规范性较高的社会中，空想自我调节思维策略可能更有利于个体坚定对目标的承诺，帮助大学生应对战争带来的种种限制。其次，生活方式的差异也可能是造成叙利亚大学生自发使用空想自我调节思维策略更有利于目标追寻的原因。在松散文化背景下和紧密文化背景下，人们的生活方式有很大的差异（Oettingen et al.，2008）。正如Oettingen所强调的，人们在战争中生活，没有选择离开或结束战争的权利，只能依赖于幻想。在松散文化背景下，个体能自由安排自己的时间，拥有较多的自由时间，而在紧密文化、饱受战争折磨的叙利亚，个体感受到的情景是模糊的、不可预测的，少有的自由时间也很容易受到集体事件干扰。在这样的环境中，人们既无法掌握也无法离开，更倾向从对未来的积极幻想中获得好处。另外，研究发现，自发使用逆向心理对照自我调节思维策略的被试的目标承诺优于自发使用驻足、心理对照自我调节思维策略的被试。这一结果与以往研究不一致的原因可能是，对于战争国家而言，个体在目标建立和追寻的过程中，在一定程度上依赖于外部环境是否提供了实现目标的机会，而逆向心理对照自我调节思维策略包括对当前障碍有更明确的了解，以及可以确定目标承诺的可行性，因此更有利于目标承诺。

与研究假设三相同，内部动机、外部动机和认同动机是叙利亚大学生学业动机的主要类型，其中认同动机占主导地位。本次研究中未发现内摄动机，可能的原因是，叙利亚虽然有较强的社会规范，仍然支持个体的自主性，然而这并不意味着个体可以与社会脱离（Deci & Ryan，2000）。个人需要保持与社会或家庭的连接，将社会或家庭的外部价值整合到自身的价值中（La Guardia et al.，2000）。认同动机也反映出在叙利亚战争时期，人们更加亲密和合作，更愿意将个人价值和社会价值进行整合。由于暴力冲突和恐惧，关系和生存构成了社会资本。大多数学生提供的答案中都提到了帮助他人、改善社会状况以及让父母生活得更好，这些价值观在学生的生活中起着不可或缺的作用。从这个意义上说，人们倾向为自己的生活赋予意义。大多数学生将他们的学业承诺转变成填补"存在的空虚"。虽然外部环境处于威胁和无法控制的状态中，但个体通过将其目标承诺与更高的价值联系起来，使他们的生活更有意义。

本次研究存在一定的局限性。一方面，本次研究关注当下的学业目标承诺，但是对后续的目标实现程度、努力程度并未进行测量，而这些因素是目标追寻过程的重要组成部分。另一方面，本次研究虽然发现幻想实现理论中的文化差异性，但是并未在同一研究中比较不同文化对自发形成的自我调节思维策略的作用。未来可以进一步开展跨文化研究，探索文化特征对自发形成的自我调节思维策略的影响。

本次研究的结论如下：第一，在无诱导情况下，自发使用空想自我调节思维策略的大学生占52%，使用逆向心理对照自我调节思维策略的大学生占19%，使用驻足自我调节思维策略的大学生占17%，而使用心理对照自我调节思维策略的大学生则占12%。第二，自我调节思维策略受文化背景因素的影响，在高度规范化并且战乱、不稳定的文化背景下，自发形成的空想和逆向心理对照是预测目标追寻的有效自我调节思维策略。第三，学业动机受到文化背景因素的影响，在战争的背景下，认同动机占主导地位。

第四节 集体主义文化下的自发形成的心理对照与目标追寻

一、自发心理对照的分布情况

本章通过两个研究分析了集体主义文化背景以及战乱环境下的大学生自发使用自我调节思维策略的分布情况,以及对目标追寻的影响。两个研究均发现,自发使用心理对照策略、逆向心理对照策略的人都不足20%,自发使用驻足策略的人也不到20%,而自发使用空想策略的人大约为50%。由此可见,在集体主义文化下,人们自发使用自我调节策略的原因并不完全在于节省资源(Achtziger et al., 2009),或者在积极思维与消极思维之间转换存在困难(Bargh et al., 1996),这两个原因会导致单面思维的人更多。在本章的两个研究中,自发使用驻足策略的人数比例与自发使用心理对照或逆向心理对照的人数比例相近,且远低于自发使用空想策略的人。这表明,在集体主义文化背景下,个体的目标设定与完成在很大程度上会受到重要他人或组织指派的影响(Oettingen et al., 2008),不管成功期望的高低,个体都得努力完成目标。若自发使用心理对照策略,个体会在心里想要放弃成功期望较低的目标,但现实条件又不允许个体放弃目标,这样会造成个体的心理冲突。因此,集体主义文化下的个体会更多主动地使用空想策略,这样更有利于维持对必须完成的组织或上级指派目标的积极态度,有利于个体在心理上得到暂时的平衡。综上,文化背景是影响个体自发使用心理对照的重要因素之一。

二、自发形成的心理对照对目标追寻的影响

与已有的研究发现不同(Sevincer & Oettingen, 2013;Sevincer et al., 2017),本章研究1发现,心理对照组被试的当下目标承诺高于其他组被试,但未发现期望水平与自我调节思维类型之间的交互作用,即不管期望水平高或低,心理对照组被试的目标承诺水平均较高。研究2发现,空想组和逆向心理对照组被试的当下目标承诺高于驻足组和心理对照组。这表明,自发形成的心理对照策略的效果

会受到背景文化的影响。尤其是在战乱环境下，个体掌握改变环境的能力有限，对未来的积极幻想可能会暂时提升其当下积极情绪感受的作用，激发其对未来目标的当下承诺。但是这一效应能否持续到实际的目标追寻过程中，还有待进一步的证实。

三、自发形成的心理对照的影响因素

本章只探讨了集体主义文化下个体自发使用心理对照策略的现状，但未探讨在集体主义文化下，究竟具有什么特征的人在什么情境下会更倾向自发使用心理对照策略。近期在个体主义文化背景下的研究发现，具有高自我调节能力和高责任感的人也更倾向使用自发心理对照策略（Sevincer et al.，2017，2020）。相对于中性情绪状态和愉悦情绪状态，在伤心情绪状态下，自发使用心理对照策略的人较多（Kappes et al.，2011）。未来可以进一步探索其他相关的影响因素，鉴于心理对照是一种问题解决倾向的自我调节策略，那些自主定向和自我效能感水平高的人可能会更倾向使用心理对照策略。

第四章

自发形成的执行意向与目标追寻

　　执行意向是指将情境线索与有效反应联系起来的"如果—那么"计划。执行意向既可以由实验者诱导形成,也可以由被试自发形成。而有关执行意向的研究主要集中于诱导形成的执行意向,还未对被试自发形成的执行意向的分布情况、影响因素及其对目标追寻的作用进行深入探讨。本章将聚焦于人们自发使用执行意向策略的情况、自发执行意向的影响因素以及自发执行意向对目标达成的影响。研究1聚焦于月目标追寻,研究2聚焦于身体锻炼目标。结果发现:①大部分个体能自发形成中等偏上水平的执行意向,其中绝大多数个体会自发使用行动计划,多数个体会自发使用应对计划;②目标意向和计划行为理论水平越高,个体越容易形成执行意向;③行动计划和应对计划均与目标追寻过程呈正相关;④在控制其他相关变量后,只有应对计划对目标达成有预测作用。

第一节 自发形成的执行意向的研究进展

一、自发形成的执行意向的测量工具

目前对自发形成的执行意向的测量,主要改编自 Sniehotta 等(2005b)的《体育锻炼行动计划和应对计划量表》,其中,行动计划有 6 个项目("我已经规划了完成该锻炼的相关步骤""我已经计划了在什么时间做运动""我已经计划了如何去做运动""我已经计划了在什么地点去做运动""我已经计划了和他人一起或独立一人去运动""我会按照我的行动计划来运动");应对计划有 5 个项目("我已经思考了如果有事情和我的计划冲突我会怎么做""我已经想好了如何应对可能出现的其他障碍""我已经想好了遇到困难时,我会做什么""我会时刻反省自己是否还在实现锻炼目标的路上行进""我会按照自己已制订的应对障碍计划来实现锻炼目标")。

二、自发形成的执行意向对目标达成的影响

Brickell 等(2006)考察了自发形成的行动计划对锻炼行为的影响,结果发现,自发形成的行动计划只能预测那些过去没有锻炼习惯的人们的锻炼行为。Churchill 和 Jessop(2010)考察了自发形成的行动计划对减少吃零食行为的影响,结果发现,自发形成的行动计划能预测吃零食行为的减少,尤其是对高冲动型的人。

第二节 研究 1:自发形成的执行意向与月目标追寻

一、研究目的

目前的多数研究集中于考察诱导形成的执行意向对目标达成的影响,且发现诱导形成的执行意向是促进目标达成的有效自我调节策略(效应量为 0.65)

（Gollwitzer & Sheeran，2006）。只有少数研究采用问卷测量方式考察了自发形成的行动计划对目标达成的促进作用，但没有考察自发形成的应对计划对目标达成的促进作用（Brickell et al.，2006）。因此，本次研究旨在考察在无诱导情况下，个体自发使用执行意向（包含行动计划和应对计划）的情况，以及自发形成的执行意向对目标达成的作用。

本次研究的具体假设如下：假设一，在无诱导情况下，多数个体会自发形成执行意向；假设二，自发形成的执行意向对目标达成有积极的预测作用。

二、研究方法

（一）被试

在某理工科大学某学院随机选择143名大学生参加本次研究的第一次测试，其中138人参加第二次测试。在参加第二次测试的被试中，有33人填写的目标与第一次测试时不同，因此在具体分析时删除这部分被试，最后有效被试为105人，有效率为76.1%。被试年龄为18—24岁，平均年龄为20.10岁，其中男生有78人，女生有27人。

（二）研究程序

本次研究由1名女性主试完成，研究分为两次测试。

在2013年11月初进行第一次集体测试。第一次测试分为两部分：在第一部分，被试首先写下本月里最重要的目标，并回答与该目标相关的问题（如目标起点、目标难度、目标意向、成功期望、激励价值等）；在第二部分，被试回答自己是否形成了计划，以及形成计划的水平。

在2013年11月末进行第二次集体测试。第二次测试的主要目的是考察被试月目标的实现情况以及为实现目标而付出的努力程度。

（三）测量工具

目标起点和终点：本次研究采用相同的项目来考察被试月目标的初始状态和终点状态，即"在实现该目标的路上，你走了多远"。采用利克特七点评分来进行评估（1代表还没开始；2代表刚开始；3代表完成25%；4代表完成50%；5代表完成75%；6代表马上完成；7代表已经完成）。

目标意向和难度：目标意向的测量项目来自Ajzen（2006）的《计划行为理

论量表》，采用利克特七点评分，用 3 个项目来测量，如"我已下定决心要在未来一个月里实现该目标"，其内部一致性信度为 0.75。采用 1 个项目来测量目标的难度，即"对你来说，这个目标的难度多大？" 1 代表容易，2 代表适中，3 代表困难。

目标的期望价值：测量项目来自 Oettingen（2000）对目标期望价值的测量，采用利克特七点评分，分别用"你有多大可能在未来一个月内实现该目标"和"在未来一个月内实现该目标有多重要"来评估目标的成功期望和激励价值。

执行意向水平测量：执行意向水平的测量分为行动计划和应对计划两个部分，测量项目改编自 Sniehotta 等（2005b）的《体育锻炼行动计划和应对计划量表》。

在行动计划部分，首先询问被试已经制订了多少个行动计划（何时何地做哪种与目标相关的行动）；然后采用利克特七点评分，用 6 个项目来测量其行动计划的质量水平，如"我已经规划了完成该目标的相关步骤"，6 个项目的内部一致性信度为 0.86。

在应对计划部分，首先询问被试已经形成了多少个应对计划（如何应对可能出现的障碍）；然后采用利克特七点评分，用 5 个项目来测量其应对计划的质量水平，如"我已经想好如何应对可能出现的障碍"，5 个项目的内部一致性信度为 0.87。

目标的努力程度：改编自 Zhang 等（2013）的《目标进步量表》，采用利克特七点评分，用 5 个项目来测量，如"在过去一个月里，你为实现这一目标付出多少努力"，5 个项目的内部一致性信度为 0.93。

三、结果分析

有效被试（105 人）与无效被试（38 人）在目标难度[$t(141)=1.08$, $p=0.283$]、目标意向[$t(141)=0.16$, $p=0.877$]、成功期望[$t(141)=-0.52$, $p=0.607$]、激励价值[$t(141)=0.66$, $p=0.512$]上均没有显著差异。

（一）自发形成执行意向的人数比例

本次研究中，被试形成的行动计划和应对计划的人数及百分比如表 4-1 所示。

由表 4-1 可以看出，多数被试都自发地形成了行动计划和应对计划，其中 91.4%的大学生自发形成了行动计划，81.9%的大学生自发形成了应对计划。被试平均形成了 1.90 个行动计划（$SD=0.89$）和 1.69 个应对计划（$SD=0.74$）。

表 4-1 自发形成执行意向的人数比例表

计划个数	行动计划		应对计划	
	人数/人	百分比/%	人数/人	百分比/%
0	5	4.8	15	14.3
1	36	34.3	40	38.1
2	39	37.1	34	32.4
3	18	17.1	11	10.5
4	1	1.0	1	1.0
5	2	1.9	0	0
缺失	4	3.8	4	3.8
总计	105	100.0	105	100.1

自发形成的行动计划水平的平均分为 5.32（$SD=0.90$），自发形成的应对计划水平的平均分为 5.36（$SD=0.87$）。由于计划的水平测量采用的是利克特七点评分，因此，行动计划和应对计划的水平是中等偏上的。

（二）目标相关变量对自发形成的执行意向的影响

进一步的相关分析发现，行动计划水平与目标难度（$r=-0.18$，$p<0.05$）、目标意向（$r=0.49$，$p<0.01$）、成功期望（$r=0.43$，$p<0.01$）和激励价值（$r=0.24$，$p<0.01$）之间均存在显著相关；应对计划水平与目标难度（$r=-0.30$，$p<0.01$）、目标意向（$r=0.50$，$p<0.01$）、成功期望（$r=0.33$，$p<0.01$）之间也存在显著相关。因此，目标难度、目标意向、成功期望和激励价值可能是自发形成的执行意向的影响因素。

采用多元回归分析考察目标难度、目标意向、成功期望、激励价值对行动计划和应对计划水平的影响，结果如表 4-2 和表 4-3 所示。

表 4-2 目标难度、目标意向、成功期望、激励价值对行动计划水平的多元回归分析

变量	B	SEB	β	t	p
目标难度	0.00	0.16	0.00	0.02	0.987
目标意向	0.30	0.11	0.32	2.79	0.006
成功期望	0.13	0.07	0.22	1.82	0.071
激励价值	0.14	0.09	0.14	1.57	0.120

注：$R^2=0.30$（$N=103$，$p<0.001$）

表 4-3　目标难度、目标意向、成功期望、激励价值对应对计划水平的多元回归分析

变量	B	SEB	β	t	p
目标难度	−0.29	0.16	−0.18	−1.83	0.070
目标意向	0.42	0.10	0.46	4.06	0.000
成功期望	−0.02	0.07	−0.03	−0.21	0.831
激励价值	0.09	0.08	0.10	1.07	0.285

注：$R^2=0.30$（$N=103$，$p<0.001$）

由表 4-2 可看出，目标意向（$p<0.01$）是影响行动计划水平的因素，且可以解释行动计划水平变异的 30%。这一结果说明，目标意向越强的被试越有可能做出高水平的行动计划。

由表 4-3 可看出，目标意向（$p<0.001$）是影响应对计划水平的因素，且能解释应对计划水平变异的 30%。这一结果说明，目标意向越强的被试越有可能做出高水平的应对计划。

（三）自发形成的执行意向对目标达成的影响

1. 自发形成的执行意向对目标终点的预测

相关分析发现，行动计划与目标终点（$r=0.19$，$p<0.05$）之间，以及应对计划与目标终点（$r=0.25$，$p<0.05$）之间均存在显著的正相关。由于采用同一题目考察了目标起点和目标终点，因此采用偏相关控制目标起点，考察行动计划和应对计划对目标终点的影响，结果发现，应对计划与目标终点之间存在显著的偏相关（$r=0.24$，$p<0.05$），但未发现行动计划与目标终点之间存在显著的偏相关（$r=0.12$，$p=0.258$）。进一步采用偏相关控制目标起点、目标难度、目标意向、成功期望和激励价值，结果仍发现应对计划与目标终点之间存在显著的偏相关（$r=0.23$，$p<0.05$），仍未发现行动计划与目标终点之间存在显著的偏相关（$r=0.06$，$p=0.594$）。这意味着应对计划是预测目标终点的重要因素，即应对计划水平越高，目标的完成情况越好。

在目标相关变量与执行意向的关系分析中发现，目标意向是自发形成的行动计划和应对计划的影响因素，而在执行意向对目标达成的作用的分析发现，应对计划可以预测目标终点，据此推测计划可能在目标意向和目标终点之间起中介作用。因此，采用路径分析来考察各目标变量以及计划对目标终点的影响。具体结果见图 4-1。

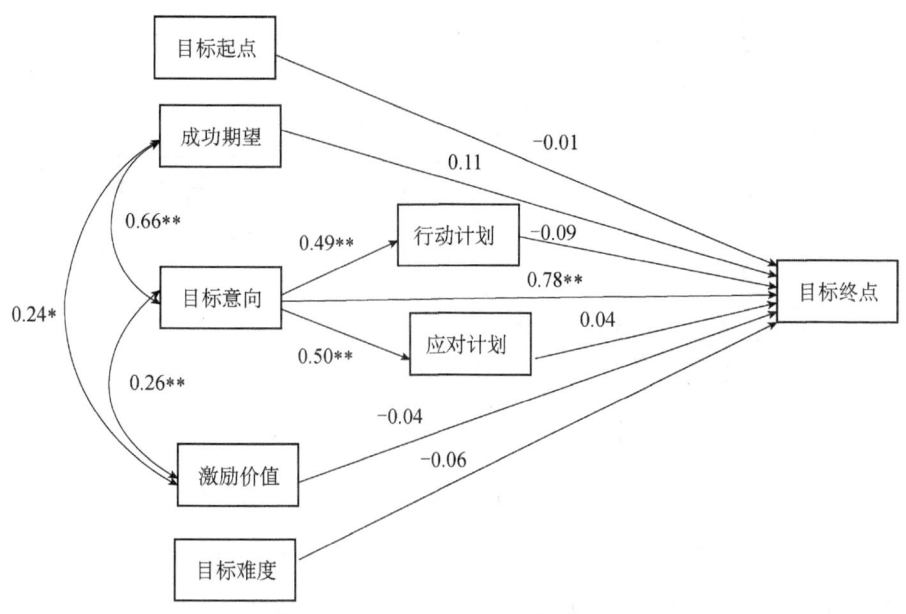

图 4-1　执行意向中介效应的路径模型（目标终点）

从图 4-1 中可以看出，在整体模型下，只有目标意向对目标终点有显著的影响，行动计划和应对计划对目标终点没有显著影响。

2. 自发形成的执行意向对努力程度的预测

相关分析发现，行动计划与努力程度（$r=0.23$，$p<0.01$）之间，以及应对计划与努力程度（$r=0.29$，$p<0.01$）之间均存在显著的正相关。进一步采用偏相关控制目标难度、目标意向、成功期望和激励价值，考察行动计划和应对计划对努力程度的影响，结果发现，应对计划与努力程度之间存在显著的偏相关（$r=0.23$，$p<0.05$），而未发现行动计划与努力程度之间存在显著的偏相关（$r=0.13$，$p=0.221$）。这意味着应对计划的水平越高，被试在目标追寻中的努力程度也越高。

在目标相关变量与执行意向的关系分析中发现，目标意向是自发形成的行动计划和应对计划的影响因素，而在执行意向对目标达成的作用的分析中发现，应对计划可以预测努力程度，据此推测计划可能在目标意向和努力程度之间起中介作用。因此，采用路径分析来考察各目标变量以及计划水平对努力程度的影响。具体结果见图 4-2。

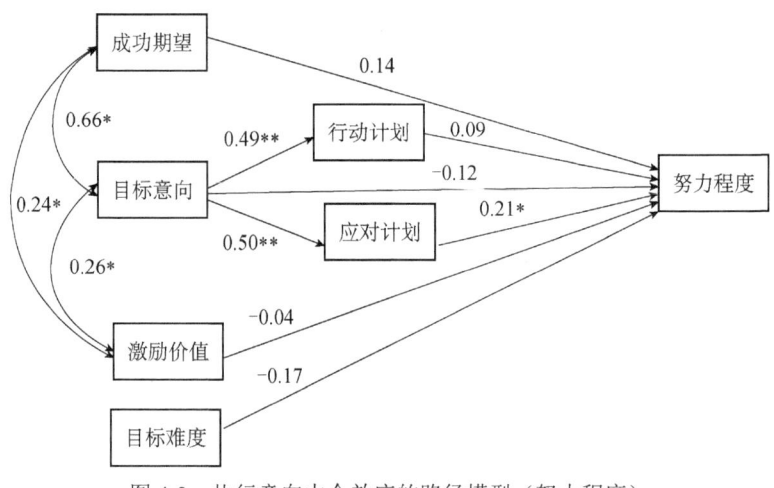

图 4-2　执行意向中介效应的路径模型（努力程度）

从图 4-2 中可以看出，在整体模型下，只有目标意向通过应对计划对努力程度有显著的影响，即应对计划水平在目标意向和努力程度之间起中介作用。

四、讨论与结论

本次研究主要探讨了大学生自发形成的执行意向的概况，以及自发形成的执行意向对大学生月目标追寻的影响。结果发现，多数大学生会自发形成质量较高的执行意向，而且自发形成的执行意向对月目标追寻有积极的促进作用。

与研究假设一相同，在本次研究中，91.4%的大学生自发形成了行动计划，81.9%的大学生自发形成了应对计划。且大学生形成的计划水平均在 5.0 以上（1—7 评分），这表明在自发情况下，多数大学生都会形成中等水平以上的执行意向。进一步的分析发现，目标意向是影响大学生自发形成计划的重要因素，可以解释行动计划和应对计划水平变异的 30%。这一结果与 Brickell 等（2006）的研究结果相似。也就是说，目标意向强烈的被试更倾向自发地形成较高水平的行动计划和应对计划，将目标意向转化为行动。这与 Gollwitzer（1999）提出执行意向时的假设一致，他认为执行意向是帮助执行目标意向的策略，是连接目标意向和行动之间的桥梁。

与研究假设二以及前人研究结果相似，本次研究结果也发现，自发形成的行动计划和应对计划均对大学生月目标追寻有积极的影响（Brickell et al., 2006; Churchill & Jessop, 2010）。而进一步的偏相关分析发现，行动计划对目标终点和努力程度的预测力减弱，而应对计划不仅可以预测目标终点和努力程度，还是目标意向和努力程度之间的中介因素，这表明与行动计划相比，应对计划是预测努力程度和目标完成情况的更重要指标。这与 Carraro 和 Gaudreau（2013）在身体活动领域的元分析结果不同，其研究发现，自发形成的行动计划和应对计划均是身体活动的重要影响因素。两者不一致的主要原因可能有两个：第一，Carraro 和 Gaudreau（2013）的元分析并没有控制目标意向、成功期望等影响因素；第二，Carraro 和 Gaudreau（2013）的研究以松散文化背景下的西方人为被试，而松散文化背景下和紧密文化背景下人们的生活方式有很大的差异（Oettingen et al.，2008）。在松散文化背景下，个体能自由安排自己的时间；而在紧密文化背景下，个体的自由时间较少，且少有的自由时间也很容易受到集体事件或上级安排事件的干扰，正如"计划赶不上变化"，行动计划很有可能受到无法抗拒的其他安排的干扰，因此，想象出可能的障碍并做出应对计划可能是有利于目标达成的更有效方法。

由本次研究结果可以推论，在实验室研究或干预研究中，当控制组被试有较强烈的目标意向时，他们可能会自发地形成较高水平的执行意向，这样可能会导致对实验组执行意向操控无效的结果。另外，Brickell 和 Chatzisarantis（2007）的研究发现，出于自主原因设立目标的人更可能自发形成执行意向，这意味着在干预研究中，若控制组被试的目标是自主设立的，他们就可能会自发形成高水平的执行意向，这样也可能会导致干预无效的结果。

本次研究存在一定的局限。第一，本次研究关注的是大学生的月目标，由于月目标有不同的内容，虽然在进行具体分析时对目标的难度、意向、起点等都做了控制，但仍然可能会影响结果的准确性，未来的研究可以考察自发形成的执行意向对相同目标的作用。第二，对自发形成的执行意向的测量方式还有待改善，本次研究采用的问卷调查方法可能会在无意中诱发被试自发形成执行意向，因此可能无法了解真正的、无任何诱导下的被试自发形成的执行意向的情况。

本次研究的结论如下：第一，在自发条件下，被试也有较高的计划倾向。具体来说，91.4%的大学生自发形成了行动计划，81.9%的大学生自发形成了应对计划，同时大学生自发形成的计划水平为中等偏上。第二，执行意向的水平，尤其是应对计划的水平，是目标追寻的努力程度和目标终点的重要预测因素。

第三节 研究2：自发形成的执行意向与体育锻炼目标追寻

一、研究目的

本次研究的目的与本章研究1的目的相同，但对研究1进行了改进，具体如下：第一，研究1的目标为月目标，由于每个被试的目标类型可能不同（如学业目标、人际目标、健康目标等），这可能会影响研究结果，因此，研究2采用的是单一目标（身体锻炼目标）；第二，研究1测量的影响执行意向的因素主要包含目标难度、目标意向、成功期望和激励价值，而研究2对影响因素的测量则基于计划行为理论的模型；第三，对于后测，研究1只测量了努力程度，而研究2除了测量努力程度外，还测量了自我报告的身体活动量；第四，研究1的被试来自理工科大学，男生偏多，而研究2的被试来自师范大学，女生偏多。

二、研究方法

（一）被试

本次研究在某师范大学随机选取154名持有体育锻炼目标的学生，其中123人参加了后测，有效被试率为79.87%。被试年龄为21—30岁，平均年龄为23.24岁（$SD=1.42$），男生有11人，女生有112人。

（二）研究程序

本次研究包括前后两次问卷测量，时间间隔为1个月。

在前测中，主要测量以下内容：过去7天身体活动情况；锻炼目标；行为意向、行为态度、主观规范和知觉行为控制；执行意向。

在后测中，主要测量以下内容：过去7天身体活动情况；为实现目标而付出努力的程度。

（三）测量工具

1.《计划行为理论量表》

采用 Ajzen（2006）编制的《计划行为理论量表》，共有 4 个维度，每个维度各有 3 个题目，共 12 个题目，采用利克特七点评分，总体内部一致性信度为 0.872。行为意向的内部一致性信度为 0.747，例如，"我已下定决心要实现该身体锻炼目标"；行为态度的内部一致性信度为 0.821，例如，"对我来说，实现该身体锻炼目标是一件令人愉悦的事"；主观规范的内部一致性信度为 0.630，例如，"我的亲人和朋友认为我应该实现身体锻炼目标"；知觉行为控制的内部一致性信度为 0.861，例如，"我能克服障碍，实现身体锻炼目标"。

2. 自发形成的执行意向

首先请被试回答已形成的行动计划和应对计划的数量。问卷题目源自 Sniehotta 等（2005b）编制的《体育锻炼行动计划和应对计划量表》，采用利克特七点评分。行动计划包括 6 个题目，例如，"我已经规划了完成身体锻炼目标的相关步骤"，其内部一致性信度为 0.937。应对计划包括 5 个题目，例如，"我已经想好了遇到困难情境，我会如何继续锻炼身体"，其内部一致性信度为 0.920。

3. 实现目标过程中的努力程度

采用 Zhang 等（2013）编制的《目标进步量表》中的 5 个题目，采用利克特七点评分。例如，"在过去两周里，你为锻炼身体付出多少努力"，其内部一致性信度为 0.946。

4. 身体活动量测量

采用 Craig 等（2003）编制的《国际身体活动问卷》来测量被试的身体活动量，该问卷适用于成人且具有较高的信效度。该问卷将身体活动分为高强度身体活动（如跑步、爬山、武术等）、中等强度身体活动（如慢跑、游泳、太极拳等）、步行（持续 10 分钟以上）和静坐。根据被试在过去 7 天内参与每类身体活动的天数和具体时间来计算身体活动总量。总分的计算方式如下：3.3×走路（分钟）×天+4.0×中等强度（分钟）×天+8.0×高强度（分钟）×天。

三、结果分析

（一）自发形成执行意向的数量和水平

执行意向既可通过诱导形成，也可由个体自发形成。为了解被试自发形成执行意向的情况，对其人数比例和平均水平进行统计，结果如表4-4和表4-5所示。

表4-4 自发形成的不同数量执行意向的人数比例

计划数量	行动计划		应对计划	
	人数/人	百分比/%	人数/人	百分比/%
0	12	9.8	39	31.7
1	60	48.8	55	44.7
2	31	25.2	13	10.6
≥3	11	8.9	9	7.3
缺失	9	7.3	7	5.7
总计	123	100.0	123	100.0

表4-5 自发形成执行意向的平均数量和水平

变量	行动计划		应对计划	
	M	SD	M	SD
数量	1.56	0.81	1.47	0.90
水平	4.79	1.39	4.42	1.31

结果表明，大部分被试形成了1—3个行动计划和应对计划。其中，自发形成行动计划和应对计划的人数比例分别为82.9%和62.6%，没有自发形成行动计划和应对计划的人数比例分别为9.8%和31.7%。

表4-5呈现了被试自发形成执行意向的平均数量和水平。鉴于对执行计划的测量采用利克特七点评分，被试的行动计划和应对计划的平均水平大于均值4，表明他们自发形成了中等偏上水平的执行意向。

（二）计划行为理论对执行意向的影响

计划行为理论指出，行为意向受到行为态度、主观规范和知觉行为控制的驱动，进而影响个体的行为表现。为了考察上述变量与执行意向的关系，采用相关分析对其关系加以梳理，结果如表4-6所示。

表4-6 计划行为理论与执行意向的相关分析

变量	行为意向	行为态度	主观规范	知觉行为控制
行动计划	0.580**	0.382**	0.492**	0.566**
应对计划	0.519**	0.297**	0.392**	0.611**

相关分析结果表明，执行意向中的行动计划和应对计划均与行为意向、行为态度、主观规范以及知觉行为控制呈显著正相关（$p<0.01$）。由此推测，计划行为理论中的行为意向、行为态度、主观规范、知觉行为控制可能是个体执行意向的影响因素。

（三）计划行为理论和执行意向对体育锻炼目标达成的影响

对身体锻炼目标达成的测量包括身体活动量和锻炼过程中的努力程度两部分。

1. 计划行为理论和执行意向对身体活动量的影响

为了探究自发形成的执行意向对身体活动量的影响，本次研究采用分层多元回归分析，将自变量按表 4-7 的顺序纳入方程。

表 4-7　TPB 和自发形成的执行意向对身体活动量的预测结果

步骤	自变量	B	β	t	p	F	R^2	ΔR^2
1	前测身体活动量	0.280	0.151	1.616	0.109	3.687	0.030	
2	行为意向	226.671	0.078	0.547	0.585	1.888	0.075	0.045
	行为态度	−11.541	−0.030	−0.028	0.978			
	主观规范	310.605	0.094	0.924	0.357			
	知觉行为控制	535.350	0.188	1.181	0.240			
3	行动计划	−986.626	−0.377	−2.855**	0.005	2.623**	0.138	0.063**
	应对计划	598.794	0.215	1.719+	0.088			

结果显示，当控制了被试测试前的身体活动量、行为意向、行为态度、主观规范和知觉行为控制后，执行意向能够显著正向预测被试 1 个月后的身体活动量，且对行为结果的解释率为 6.3%。其中行动计划能够显著负向预测行为结果（$p<0.01$），应对计划对行为结果的预测呈边缘显著（$p=0.088$）。这表明，执行意向是影响身体活动量的重要因素。

基于计划行为理论内容及其与执行意向之间关系的理论假设，本书通过 AMOS 软件构建路径分析模型，旨在进一步从整体上直观描述计划行为理论与执行意向以及二者关系对身体活动量的影响，结果如图 4-3 所示。

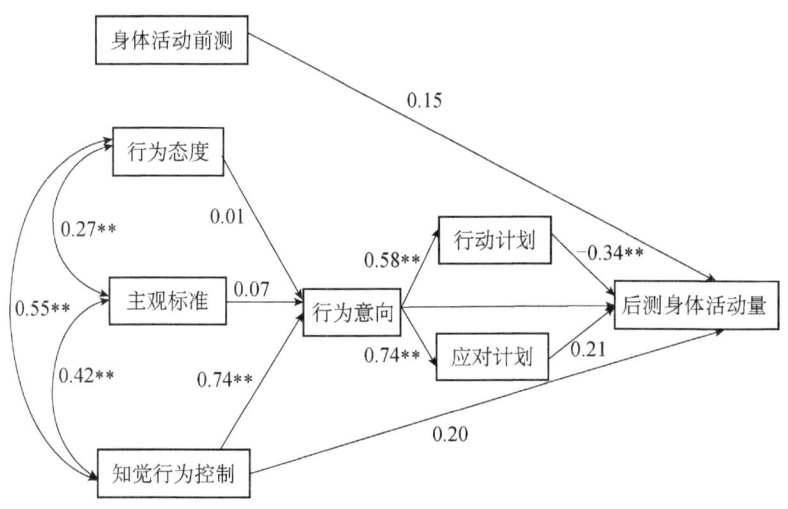

图 4-3 行为意向和身体活动量关系中执行意向中介效应的路径模型

结果显示，该模型整体拟合指数良好，χ^2/df=3.327，GFI=0.923，NFI=0.886，IFI=0.917，CFI=0.914，RMSEA=0.138。在整体模型下，知觉行为控制能够显著预测行为意向，行为意向通过行动计划和应对计划显著预测后测的身体活动量，即执行意向（行动计划和应对计划）在行为意向和身体活动量之间起中介作用。

2. 计划行为理论和执行意向对锻炼过程中努力程度的影响

为了探究自发形成的执行意向对锻炼过程中努力程度的影响，本次研究采用分层多元回归分析，将自变量按表 4-8 的顺序纳入方程。

表 4-8　TPB 和自发形成的执行意向对努力程度的预测结果

步骤	自变量	B	β	t	p	F	R^2	ΔR^2
1	行为意向	0.222	0.195	1.506	0.135	8.300**	0.220	
	行为态度	−0.251	−0.162	−1.693	0.093			
	主观规范	0.022	0.017	0.181	0.857			
	知觉行为控制	0.254	0.229	1.578	0.117			
2	行动计划	−0.137	−0.134	−1.131	0.260	7.228**	0.272	0.053**
	应对计划	0.358	0.331	2.888**	0.005			

结果显示，当控制了被试的行为意向、行为态度、主观规范和知觉行为控制后，执行意向能够显著预测被试实现目标过程中的努力程度，可以解释努力程度中 5.3% 的变异，其中应对计划能够显著正向预测努力程度（$p<0.01$）。这表明，应对计划是预测个体在达成目标过程中努力程度的重要因素，应对计划水平越高的个体会越努力。

同上，基于计划行为理论内容及其与执行意向之间关系的理论假设，通过 AMOS 软件构建路径分析模型，考察计划行为理论与执行意向以及二者关系对努力程度的影响，结果如图 4-4 所示。

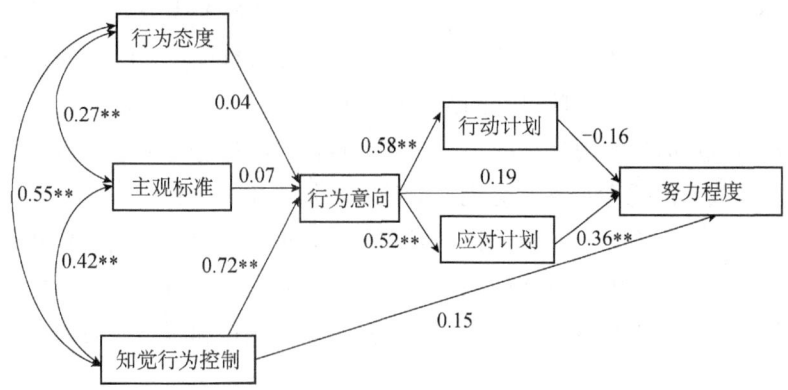

图 4-4　行为意向和努力程度关系中执行意向中介效应的路径模型

结果显示，该模型整体拟合指数良好，χ^2/df=4.907，GFI=0.922，NFI=0.897，IFI=0.916，CFI=0.913，RMSEA=0.179。在整体模型下，知觉行为控制能够显著预测行为意向，行为意向通过应对计划显著预测个体的努力程度，即应对计划在行为意向和努力程度之间起中介作用。

四、讨论与结论

本次研究以持有体育锻炼目标的大学生为被试，考察他们自发形成执行意向的情况，以及自发形成的执行意向对体育锻炼目标达成的影响。

研究结果发现，多数个体自发形成了中等偏上水平的执行意向，其中自发形成行动计划和应对计划的人数比例分别为 82.9%和 62.6%。进一步分析发现，计划行为理论中的核心要素与个体的执行意向水平呈显著正相关，即计划行为理论水平越高，个体越容易形成高水平的执行意向。该结果与 Gollwitzer（1999）提出的执行意向有助于将行为意向转化为行动的理论假设一致。

为了考察自发形成的执行意向在达成身体锻炼目标过程中的作用，研究中采用分层多元回归分析，当控制了被试测试前的身体活动量和计划行为理论后，他们的执行意向仍然能显著预测 1 个月后的身体活动量和努力程度。在对身体活动量的预测中发现，个体的行动计划对后测身体活动量具有显著的负向预测作用，即行动计划水平越高，1 个月后的身体活动量越少。分析其原因可能是高水平的行动计划具有一定的刻板性，形成严格刻板的计划可能会削弱行动计划的益处。行动计划水平越高，意味着个体对行动计划规划得越具体、越刻板。如果由于各种原因，行动计划未能执行或受到干扰，个体的身体活动量就会减少。Masicampo 和 Baumeister（2012）在关于计划与目标达成关系的研究中也发现了类似结果，制订具体的计划并不都有助于成功实现目标，需要对目标实现路径的开放性和具体性特征加以权衡。当实现目标的路径明确而清晰时，具体的行为计划可能更有助于目标达成；但当实现目标的路径布满荆棘，在选择时充满了较多的不确定性时，持有开放的思想和观念则会比提前计划发挥更重要的作用。

应对计划对1个月后的身体活动量和努力程度均具有显著的正向预测作用，这表明，应对计划是影响身体锻炼目标达成的重要因素。与行动计划相比，应对计划是基于各种可能出现的变化产生的，只有基于变化和基于应对的计划，对目标的实现才更有帮助。

本次研究的结论如下：①在非诱导情况下，大部分个体会自发形成中等偏上水平的执行意向；②计划行为理论与执行意向呈显著正相关，计划行为理论水平越高，个体越容易形成行动计划和应对计划；③当控制了计划行为理论的相关变量后，自发形成的执行意向仍是影响身体锻炼目标达成的重要因素；④在行为意向与身体锻炼目标达成的关系中，行为意向通过行动计划和应对计划影响个体的身体活动量，只通过应对计划影响个体的努力程度。

第四节　自发形成的执行意向的使用现状以及影响因素

一、自发形成的执行意向使用的分布情况

本章两个研究调查了在自发状态下，人们使用执行意向的情况。月目标的研究发现，91.4%的大学生自发使用行动计划，82.9%的大学生自发使用应对计划；体育锻炼的研究发现，81.9%的大学生自发使用行动计划，而62.6%的大学生自发使用应对计划。这些结果表明，第一，在自发状态下，相对于应对计划，人们更倾向使用行动计划；第二，在不同目标领域，人们自发使用计划的比例存在一定的差异。

对自发形成的执行意向的质量进行自我评价时，月目标的行动计划和应对计划的平均分分别为 5.32、5.36，体育锻炼目标的行动计划和应对计划的平均分分别为 4.79、4.42。这些结果表明，第一，人们自发形成的执行意向的质量均在中等偏上水平；第二，在不同目标领域，人们自发使用执行意向的质量水平存在一定差异。

基于以上结果，未来应该在以下两个方面继续开展研究，以期更加全面、准确地描述自发状态下人们使用执行意向的情况。第一，选择不同年龄阶段的个体，如儿童、青少年等，以发现不同年龄阶段自发使用执行意向的情况是否存在差异；第二，研究同一个体在不同目标领域下自发使用执行意向的情况。

二、自发形成的执行意向对目标达成的影响

在月目标和体育锻炼目标中的研究结果均发现，自发形成的行动计划和应对计划与目标相关的努力程度存在显著的正相关；而在加入目标意向、计划行为理论等的整体模型中，应对计划与目标相关的努力程度仍然存在显著的正相关，而行动计划与目标相关的努力程度的关系不再显著，或者变成负向的关系。这表明，自发形成的应对计划是预测目标追寻的稳定因素。

三、自发形成的执行意向的影响因素

本章考察了目标的相关变量（研究 1 考察目标意向，研究 2 考察计划行为理论）对自发形成的执行意向的影响，结果发现，目标意向和计划行为理论均与自发形成的执行意向的水平存在显著正相关。这表明，对目标的态度越积极、实现目标的信心越高、目标的社会支持度越高、目标的意向越高，个体更倾向针对这一目标自发形成执行意向。

未来可以进一步探索究竟具有哪种特征（如自我调节能力、人格特征等）的个体在哪种情况下会更倾向自发形成执行意向。

第五章

不同视觉视角下的心理对照与目标追寻

诱导形成的心理对照相关研究主要集中于比较心理对照策略是否优于空想、驻足、逆向心理对照或空白对照组（Oettingen et al., 2018）。近些年，研究者开始探讨什么类型的心理对照策略会更有效。Ruissen等（2018）在身体活动领域比较了情感型心理对照、工具型心理对照和标准型心理对照的作用，结果发现，情感型心理对照策略的效果更好。本章将从视觉视角（第一人称视角和第三人称视角）出发，考察不同视觉视角下的心理对照策略的效果。

第一节 视觉视角与心理对照

一、视觉视角的概念

人们对事件进行心理模拟的时候会产生视觉图像（Nigro & Neisser，1983）。研究者发现，个体在对以往的记忆事件进行自我反省的时候会采用两种视角：一种是自我沉浸视角，即从自己的视角看发生的事情；另一种是自我抽离视角，即从观察者的视角看自己（李天然等，2015；Johnson et al.，2012）。Libby 等（2007）根据记忆和想象依赖许多共同的认知过程，认为人们想象未来行为时的视觉视角对个体达成目标具有重要作用。Libby 和 Eibach（2011）认为，视觉图像在对过去或未来事件的心理模拟中扮演着重要的角色，且会采用两种视角生成视觉图像，即第一人称视角和第三人称视角。第一人称视角是指个体基于自身角度看周围环境。在个体的心理图像中，他们通过自己的眼睛可以看到自己和周围环境；从第一人称视角来描绘一个事件涉及的是一种自下而上的定义方式，在这种方式中，人们将所描绘情景的具体特征与由描绘情景引发的经验信息结合起来，并根据这些信息来定义事件。以第三人称视角描绘一个事件涉及的是一种自上而下的方式，在这种方式中，人们将所描绘的事件与更广泛的背景相结合，并根据结果的抽象意义来定义事件（Johnson et al.，2012；Libby & Eibach，2011；Miles et al.，2014）。例如，莎莉想象自己即将去取邮筒里的信件，她可以描绘邮筒的形状和信件在邮筒中的样子，就好像她正在取信件一样（第一人称视角）；或者，她可以看到自己站在邮筒旁边，一只手搭在邮筒上，另一只手从邮筒里拿出信件，就像旁边路人看到的那样（第三人称视角）。两种视角呈现的画面如图 5-1 所示（Libby et al.，2009）。

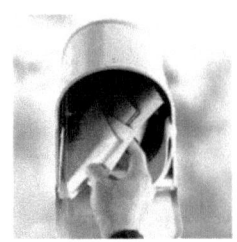 

图 5-1 第一人称视角与第三人称视角示例图

资料来源：Libby L K，Shaeffer E M，& Eibach R P. 2009. Seeing meaning in action: A bidirectional link between visual perspective and action identification level. Journal of Experimental Psychology：General，138（4）：503-516.

二、视觉视角对动机和行为的影响

心理意象的不同视角决定了影响行为的认知过程,也决定了人们定义行为的抽象层次(Libby et al., 2009)。当采用第一人称视角时,人们倾向关注具有具体意义的短期目标和任务(如减肥或中奖);相反,当从第三人称视角进行心理想象时,人们倾向关注更广泛的生活目标、信仰和其他抽象的意义(如变得健康或致力于慈善事业)。此外,一些研究表明,由于心理距离的减小,人们从第一人称视角而不是第三人称视角思考时更注重事件的具体细节(Kross et al., 2005)。无论采用哪种视角,都会影响个人当前的动机和未来的行动(McIsaac & Eich, 2002)。

第一人称视角倾向将焦点指向人们应该做的事情,在人们想象目标相关情境时会提高其行动的计划性和自我效能感,从而激发动机。研究发现,第一人称视角能够加强人们的献血、戒烟意向(Rennie et al., 2014a)和水果消费意向(Rennie et al., 2014b),以及加强有高地位需求的富裕消费者的奢侈品消费意向(Mou et al., 2019)。第三人称视角倾向引发人们对做事的原因进行深刻思考,而且能够通过加强人们对目标感知的重要性,从而增强其动机,进而影响其之后的行为。研究发现,第三人称视角能够增强学生的学业成就动机(Vasquez & Buehler, 2007)、抑制个体对不健康饮食的消费(Christian et al., 2016),以及能够激发人们在选举中的投票行为(Libby et al., 2007)。

三、视觉视角与心理对照策略

个体对积极的未来进行想象时会采用不同的视觉视角进行表征,因此获得的信息、产生的情绪、对行为的理解和加工方式会不同,从而对个体的目标追寻过程产生不同的作用。第一人称视角采用自下而上的加工方式,能够获得有关目标情境更详细、具体的信息,以及产生更多的主观体验。第三人称视角则采用自上而下的加工方式,在对行为的理解和信息的获得上较为抽象。因此,视觉视角在对期望的未来进行想象时会影响自我调节思维策略的形成。Vasquez(2010)在研究 1 中将被试随机分到第一人称视角组和第三人称视角组,然后让被试分别按照不同的视角想象几周后的重要学术考试的顺利进行,并以书面形式进行描述,之后让其完成自发形成的心理对照策略量表和动机量表。结果发现,从第三人称视角想象一个期望的未来会促进心理对照策略的形成,即引导个体接着想象目前的障碍,从而激发其更强的动机,而且回归分析结果表明,心理对照在视觉视角对动机影响中具有中介作用。

个体在使用心理对照策略时采用不同视觉视角想象未来积极的结果和当前的障碍,不仅有助于未来与现在的紧密连接,更能够提高个体的动机水平,使个体更努力地追寻目标。第一人称视角能够具体地表征未来和障碍,使个体在想象相关情境时能获得更详细的信息,聚焦于具体行为的执行;第三人称视角能够抽象地表征未来和障碍,帮助个体深刻地思考相关行为,增强对目标的承诺,增加行为执行的可能性。在学习领域,视觉视角与心理对照策略会协同影响动机。Vasquez(2010)在研究 2 中采用了 2(第一人称视角,第三人称视角)×3(心理对照,空想,驻足)的组间因子设计。被试被随机分配到六种条件中的一种,然后按照指导语对几周后的重要学术考试进行想象。在实验操作之后,测量被试感知到的任务重要性和行为意向(要求被试指出他们打算为即将到来的考试准备的时间)。结果发现,在心理对照条件下,第三人称视角的被试认为他们的任务更重要。此外,研究还发现,被试采用第三人称视角进行心理对照时,会计划花更多的时间来准备他们的考试。

四、本章研究目的

随着社会发展的加速、生活节奏的加快,大学生面临着来自学业、就业、情感等多方面的压力,如何帮助大学生减压,成为许多研究者关注的问题。研究发现,体育运动不仅能增强大学生的身体素质,也能帮助大学生减少抑郁、愤怒、紧张等不良情绪(Klompstra et al.,2018),还能通过影响情绪调节自我效能感,进而影响其心理健康(姜媛等,2018)。由此可见,体育运动对大学生的身心健康具有积极的作用。2014 年的国民体质监测公告表明,与 2010 年相比,中小学生身体素质呈稳中向好的趋势,但大学生身体素质呈下降趋势(国家体育总局,2015)。张中江等(2009)研究发现,与男大学生相比,女大学生锻炼的频率低、时间短、强度低、坚持性较差;而且女大学生的高强度身体活动主要来源于体育课,自发的体育运动偏少,身体活动也多以步行等低强度活动为主,大多数时间久坐不动,因此有必要通过干预手段来增加女大学生的身体活动量。

心理对照策略是一种通过将未来与现实相结合来帮助人们达成目标的自我调节策略,在帮助大学生增加身体活动量方面十分有效(Johannessen et al.,2012)。

视觉视角作为一种图像表征方式，在个体想象未来时也会影响目标达成，而且研究发现，视觉视角与心理对照策略的协同作用能够影响目标追寻（Vasquez，2010）。但是以往研究只是考察了视觉视角与心理对照相结合对目标意向和计划制订的影响，并未考察其对实际目标追寻过程的行为以及目标达成效果的影响。

因此，本章针对这一问题，将视觉视角与心理对照自我调节策略相结合来增加高校女大学生的身体活动量。

第二节 研究方法

一、被试

被试来自长春某师范高校。通过微信、海报等方式发布招募信息，说明本次研究的主要目标（帮助女大学生增加身体活动量）、参加本次研究的时间（约1小时）以及参加本次研究的报酬（25元），然后让被试自愿来到实验室参加本次研究。共招募女大学生被试101人，被试流失6人，无效数据1个，剔除9个异常值，最终保留85人的研究数据。

二、研究程序

本次研究的干预程序包括五步，如图5-2所示。

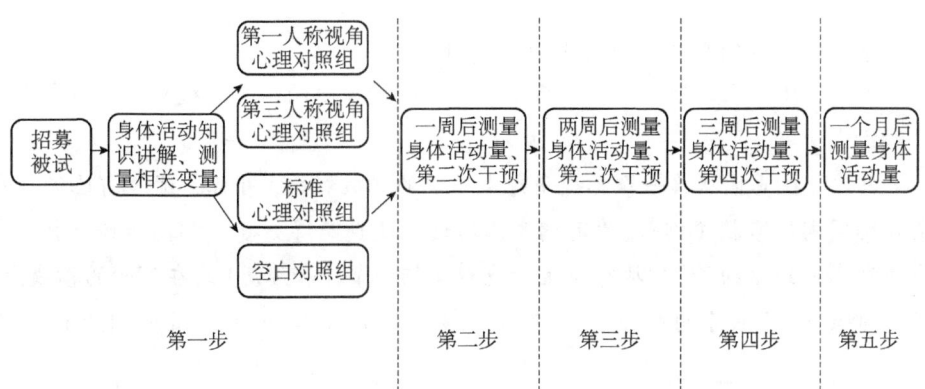

图5-2 "不同视觉视角心理对照策略对女大学生身体活动量的影响"干预流程图

第一步包含三个阶段：第一阶段，邀请自愿参加本次研究的被试来到实验室，主试给被试介绍本次研究的目标、流程以及保密原则（1名主试对应2—4名被试）。第二阶段，所有被试的干预内容是完全相同的。首先，主试给被试讲解有关身体活动的相关知识，主要内容包括三个方面：①身体活动的定义，最佳身体活动量；②身体活动对健康的益处，缺乏身体活动的危害；③参与身体活动的注意事项，如适宜的运动时间、运动的安全性、不同身体活动的不同益处等。然后让其填写相关问卷，主要包括三个方面：锻炼动机（具体内容见"测量工具"部分）；上一周的身体活动量的测量；身体活动目标意向的测量（具体内容见"测量工具"部分）。第三阶段，被试被随机分配到第一人称视角心理对照组、第三人称视角心理对照组、标准心理对照组和空白对照组。给四个组分别呈现不同的指导语（具体内容见"分组及操纵"部分）。

第二步是在一周后进行第二次干预，主要包括两方面：①测量干预后一周的身体活动量；②给四个组分别呈现不同的指导语（与第一次的指导语相同）。

第三步和第四步是进行第三次干预（两周后）和第四次干预（三周后），具体内容与第二次干预相同。

第五步是一个月后对四组被试的身体活动量进行后测。

三、分组及操纵

根据研究目的，将被试随机分成以下四组：第一人称视角心理对照组、第三人称视角心理对照组、标准心理对照组和空白对照组。

（一）第一人称视角心理对照组

第一人称视角心理对照组的指导语如下：

首先，请想象定期身体活动后给你带来的最重要的一个积极影响，写在下面的横线上＿＿＿＿＿＿。

其次，认真地从第一人称视角想象写下的积极影响，即你是通过自己的视角来观察周围的事物（例如，"定期身体活动能使我变得更瘦，当我抬起手臂，我能明显感觉到变细了"）。尽可能生动地想象相关事件和经历！写在下面的横线上。尽可能多地写下你的想法，如果你需要更多的书写空间，请使用页面背面＿＿＿＿＿＿＿＿＿＿＿＿。

再次，有时候事情并没有我们希望得那么顺利。是什么阻碍了你定期参加身体活动的愿望？你身上有什么能够阻止你的愿望成真？想想看，写下可能会阻碍你定期参加身体活动的个人障碍＿＿＿＿＿。

最后，从第一人称视角好好想想这个障碍：通过你自己的视角来观察周围的事物（例如，"我拿着手机在玩，忘记了跑步，我的同伴说不锻炼也没关系"）。尽可能生动地想象相关事件和经历！写在下面的横线上。尽可能多地写下你的想法。如果你需要更多的书写空间，请使用页面背面＿＿＿＿＿。

（二）第三人称视角心理对照组

第三人称视角心理对照组的指导语如下：

首先，请想象定期身体活动后给你带来的最重要的一个积极影响，写在下面的横线上＿＿＿＿＿。

其次，认真地从第三人称视角想象写下的积极影响，即你从观察者的视角看到的事件的结果，也就是说，你在图像中既看到了自己，也看到了周围的事物（例如，"定期身体活动能使我变得更瘦，我看到自己穿着喜欢的裙子走在路上，我看到我自信地站在人群当中"）。尽可能生动地想象相关事件和经历！写在下面的横线上。尽可能多地写下你的想法，如果你需要更多的书写空间，请使用页面背面＿＿＿＿＿。

再次，有时候事情并没有我们希望得那么顺利。是什么阻碍了你定期参加身体活动的愿望？你身上有什么能够阻止你的愿望成真？想想看，写下可能会阻碍你定期参加身体活动的个人障碍＿＿＿＿＿。

最后，从第三人称视角好好想想这个障碍：采用第三人称视角观察你和周围的事物（例如，"我看到我和其他人一起打游戏，没有按计划去打球"）。尽可能生动地想象相关事件和经历！写在下面的横线上。尽可能多地写下你的想法。如果你需要更多的书写空间，请使用页面背面＿＿＿＿＿。

（三）标准心理对照组

标准心理对照组的指导语如下：

首先，请想象定期身体活动后给你带来的最重要的一个积极影响，写在下面的横线上＿＿＿＿＿。

其次，认真地想象你所写下的积极影响。尽可能生动地想象相关事件和经历！写在下面的横线上。尽可能多地写下你的想法，如果你需要更多的书写空间，请使用页面背面＿＿＿＿＿。

再次，有时候事情并没有我们希望得那么顺利。是什么阻碍了你定期参加身体活动的愿望？你身上有什么能够阻止你的愿望成真？想想看，写下可能会阻碍你定期参加身体活动的个人障碍_____。

最后，现在好好想想这个障碍，尽可能生动地想象相关事件和经历！写在下面的横线上。尽可能多地写下你的想法。如果你需要更多的书写空间，请使用页面背面_____。

（四）空白对照组

对空白对照组未进行心理对照相关的练习作业。

四、测量工具

（一）身体活动目标意向测量

采用 Ajzen（2006）的《计划行为理论量表》，该量表包含行为意向、行为态度、知觉行为控制感及主观规范四个维度。采用利克特七点评分，用 12 个项目来测量，如"我会尽全力实现这一目标"，本次研究的内部一致性信度为 0.71。

（二）身体活动量测量

采用 Armstrong 和 Bull（2006）编制的《全球身体活动问卷》来测量被试的身体活动量。该问卷分为工作（包含家务在内）、休闲娱乐、交通以及久坐四个方面，其中工作和休闲娱乐方面又可分为高强度和中等强度身体活动，一共 6 个部分。询问被试在过去的 7 天里参与每类身体活动的天数和具体时间，如"你通常每周有多少天进行剧烈运动、健身和娱乐性（休闲）体力活动（持续 10 分钟以上）""你通常每天花多长时间进行剧烈运动、健身和娱乐性（休闲）体力活动"。该问卷适用于成人且有较高的信效度。以中国成人为被试的信度分析发现，该问卷的分类变量重测信度为 0.91—1.00，连续变量重测信度为 0.92—1.00（Bull et al., 2009）。

参与身体活动总量的评估有两种：一是连续变量，将个体在一周内不同方面的身体活动量相加，即可得出一周内的总代谢当量（metablic equivalent for task，MET），具体计算方式如下：总分（具体单位是每周以分钟计算的代谢当量，以下简称 MET-min/week）=8.0×工作时剧烈强度（分钟）×天+4.0×工作时中等强度（分钟）×天+4×交通（分钟）×天+8.0×娱乐性剧烈强度（分钟）×天+4.0×娱乐性中等强度（分钟）×天。二是分类变量（身体活动水平类型），将每周运动总量分为低强度、中等强度和高强度三类。高强度身体活动需满足以下两个条件中的一个：①每周至少进行 3 天高强度身体活动，且总分至少累计 1500 MET-min/week；② 7 天或以上的混合运动（高强度身体活动、中等强度身体活动或步行的混合），每周总分至少累积 3000 MET-min/week。中等强度需满足以下三个条件中的一个：①高强度身体活动 3 天以上，且每天 20 分钟以上；② 5 天以上中等强度的身体活动或步行，且每天 30 分钟以上；③至少 5 天的混合活动（可包含高强度身体活动、中等强度身体活动或步行），且每周总分至少为 600 MET-min/week。低强度是指，被试没有报告任何身体活动，或报告了某些活动，但这些活动没有满足中、高强度的要求。

（三）身体活动动机测量

采用 Liu 等（2015）根据 Markland 和 Tobin（2004）编制的《运动行为调节量表（第二版）》改编的中文版运动行为调节量表，来测量被试的身体活动动机。该量表包括外部动机、内摄动机、内部动机、认同动机和无动机 5 个维度，分别代表身体活动动机的不同方面。采用利克特五点评分，分数越高，则表明动机越高。本次研究中的内部一致性系数为 0.61。在本次研究中，身体活动动机的计算方式如下：3×内部动机+2×认同动机-内摄动机-2×外部动机-3×无动机。

第三节 结果分析

本次研究中的连续资料服从正态分布，因此采用均值形式描述，为了评估干预效果，采用线性混合模型对重复测量数据进行分析，采用单一因素方差分析进行组间比较。对本次研究中的分类资料，采用例数（百分比）形式进行描述，采用广义估计方程对重复测量数据进行分析，采用卡方检验进行组间比较。使用 SPSS 20.0 软件进行统计分析，采用双侧检验，当 $p<0.05$ 时，认为差异有统计学意义。

一、样本特征与随机化检验

第一人称视角心理对照组、第三人称视角心理对照组、标准心理对照组和空白对照组被试的基线身体活动量、目标意向和动机水平的单因素方差分析如表 5-1 所示。单因素方差分析并未发现四个组被试在基线身体活动量[$F(3,81)=1.98$, $p=0.123$]、目标意向[$F(3,81)=1.75$, $p=0.164$]和动机水平[$F(3,81)=0.25$, $p=0.860$]上存在显著差异,这表明,本次研究的随机分组是成功的。

表 5-1 基线身体活动量、目标意向和动机水平的单因素方差分析

项目	所有 (N=85)	第一人称视角 心理对照组 (n=20)	第三人称视角 心理对照组 (n=21)	标准 心理对照组 (n=22)	空白对照组 (n=22)	F	组间差异 p
基线身体 活动量	2660.52 (2024.24)	3000.20 (1796.01)	3302.73 (2930.17)	2392.38 (1543.69)	1965.45 (1223.27)	1.98	0.123
目标意向	5.18 (0.62)	5.43 (0.57)	5.07 (0.79)	5.03 (0.48)	5.19 (0.57)	1.75	0.164
动机水平	8.27 (4.68)	8.92 (4.95)	8.38 (3.67)	7.65 (4.51)	8.19 (5.62)	0.25	0.860

注:括号外为平均数,括号内为标准差,下同

二、干预策略对目标达成的影响

(一)四组被试的身体活动量比较

第一人称视角心理对照组、第三人称视角心理对照组、标准心理对照组和空白对照组被试在基线、一周后、两周后、三周后以及一个月后的身体活动量如表 5-2 所示,身体活动量变化趋势如图 5-3 所示。

表 5-2 四组被试的身体活动量描述性统计 (单位:MET-min/week)

时间点	第一人称视角心理对照组 (n=20)	第三人称视角心理对照组 (n=21)	标准心理对照组 (n=22)	空白对照组 (n=22)
基线	3000.20 (1796.01)	3302.73 (2930.17)	2392.38 (1543.69)	1965.45 (1223.27)
一周后	5024.00 (3730.39)	4538.18 (3536.08)	3604.19 (3057.16)	2770.00 (1881.14)
两周后	5137.80 (4003.94)	3660.91 (2437.68)	3692.95 (2536.29)	2574.91 (1756.61)
三周后	3940.00 (2779.44)	4364.55 (3082.31)	4332.19 (3317.65)	2952.73 (2078.14)
一个月后	5271.40 (4213.57)	3745.46 (2791.86)	4232.00 (2473.70)	3084.36 (2241.82)

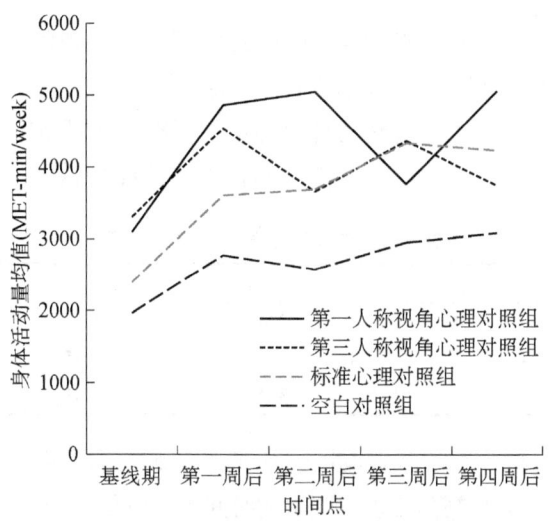

图 5-3　四组被试的身体活动量变化趋势

由于身体活动量数据隶属于不同的个体，同一个体的身体活动量数据之间具有相关性，且不同个体的身体活动量数据之间的相关性也不一致，这不满足方差分析的数据独立性假设。为了避免标准误估计值偏小、Ⅰ型错误的概率增加和置信区间变窄等问题，在对身体活动量干预效果进行分析时，采用混合线性模型。KS 检验（Kolmogorov-Smirnov test）证实，基线和四次后测的身体活动量服从正态分布（$p>0.05$）。

将五次身体活动量作为因变量，将组别和时间作为固定效应变量，考察四组被试的身体活动量变化趋势的差异，固定效应的检验结果见表 5-3。结果发现，时间的主效应显著[$F(3,81)=6.12$，$p<0.05$]，组别的主效应显著[$F(4,324)=3.05$，$p<0.001$]，时间和组别的交互作用不显著[$F(12,324)=1.01$，$p=0.443$]。事后多重检验表明，干预一周后的身体活动量显著高于基线水平[$M_{(一周后-基线)}=1318.90$，$p<0.001$]；干预两周后的身体活动量显著高于基线水平[$M_{(两周后-基线)}=1101.45$，$p<0.01$]；干预三周后的身体活动量显著高于基线水平[$M_{(三周后-基线)}=1232.18$，$p<0.001$]；干预一个月后的身体活动量显著高于基线水平[$M_{(一个月后-基线)}=1418.11$，$p<0.001$]。事后多重检验还表明，第一人称视角心理对照组的身体活动量显著高于空白对照组（$M_{(第一人称视角心理对照组-空白对照组)}=1805.19$，$p<0.01$）；第三人称视角心理对照组的身体活动量显著高于空白对照组[$M_{(第三人称视角心理对照组-空白对照组)}=1252.87$，$p<0.05$]；标准心理对照组与空白对照组的身体活动量之间无差异显著[$M_{(标准心理对照组-空白对照组)}=981.25$，$p=0.111$]；第一人称视角心理对照组与标准心理对照组的身体活动量之间无差异显

著[$M_{(第一人称视角心理对照组-标准心理对照组)}$=823.94, p=0.190];第一人称视角心理对照组与第三人称视角心理对照组的身体活动量之间无差异显著[$M_{(第一人称视角心理对照组-第三人称视角心理对照组)}$=552.32, p=0.373];第三人称视角心理对照组与标准心理对照组的身体活动量之间无差异显著[$M_{(第三人称视角心理对照组-标准心理对照组)}$=271.62, p=0.657]。

表 5-3 三种固定效应的检验结果

效应	分子 df	分母 df	F	p
时间(组内)	4	324	6.12	0.033
组别(组间)	3	81	3.05	<0.001
时间×组别	12	324	1.01	0.443

用混合线性模型分别对四组被试的基线、后测、延后测的身体活动量进行分析,结果发现,第一人称视角心理对照组的时间主效应显著[$F(4,76)$=2.54, $p<0.05$];事后多重检验表明,干预一周后的身体活动量显著高于基线水平[$M_{(一周后-基线)}$=2023.80, $p<0.05$];干预两周后的身体活动量显著高于基线水平($M_{(两周后-基线)}$=2137.60, $p<0.05$);干预三周后的身体活动量与基线水平不存在显著差异[$M_{(三周后-基线)}$=939.80, p=0.283];干预一个月后的身体活动量显著高于基线水平[$M_{(一个月后-基线)}$=2271.20, $p<0.05$]。标准心理对照组的时间主效应显著[$F(4,80)$=3.51, $p<0.05$];事后多重检验表明,干预一周后的身体活动量显著高于基线水平[$M_{(一周后-基线)}$=1211.81, $p<0.05$];干预两周后的身体活动量显著高于基线水平[$M_{(两周后-基线)}$=1300.57, $p<0.05$];干预三周后的身体活动量与基线水平存在显著差异($M_{(三周后-基线)}$=1939.81, $p<0.01$);干预一个月后的身体活动量显著高于基线水平[$M_{(一个月后-基线)}$=1839.62, $p<0.01$];第三人称视角心理对照组的时间主效应不显著[$F(4,84)$=1.11, p=0.358];空白对照组的时间主效应不显著[$F(4,84)$=1.73, p=0.151]。

采用单因素方差分析,结果发现,基线水平时,四组被试之间无显著差异[$F(3,81)$=1.98, p=0.123];干预两周后,四组被试之间存在显著差异[$F(3,81)$=2.99, $p<0.05$];使用 Bootstrap 95%置信区间进行的事后比较表明,与空白对照组相比,第一人称视角心理对照组有更高的身体活动量,校正的 SE 为 943.17,Bootstrap 95%置信区间为[858.26,4267.52],第一人称视角心理对照组和第三人称视角心理对照组之间无显著差异(p=0.089),第一人称视角心理对照组和标准心理对照组之间没有显著差异(p=0.099)。

(二)四组被试的身体活动类型的比较

四组被试在基线、一周后、两周后、三周后、一个月后的身体活动类型如

表 5-4 所示。

表 5-4 四组被试在基线、一周后、两周后、三周后、一个月后的身体活动类型

时间点	组别	高水平	中等水平	低水平
基线	第一人称视角心理对照组	8	11	1
	第三人称视角心理对照组	9	11	2
	标准心理对照组	8	10	3
	空白对照组	5	15	2
一周后	第一人称视角心理对照组	13	7	0
	第三人称视角心理对照组	14	8	0
	标准心理对照组	10	8	3
	空白对照组	11	8	3
两周后	第一人称视角心理对照组	14	6	0
	第三人称视角心理对照组	13	7	2
	标准心理对照组	11	8	2
	空白对照组	8	12	2
三周后	第一人称视角心理对照组	11	7	2
	第三人称视角心理对照组	14	7	1
	标准心理对照组	12	8	1
	空白对照组	8	12	2
一个月后	第一人称视角心理对照组	15	4	1
	第三人称视角心理对照组	12	7	3
	标准心理对照组	14	6	1
	空白对照组	10	11	1

Fisher 精确检验结果显示，四组被试的身体活动类型在基线（$p=0.777$）、一周后（$p=0.379$）、两周后（$p=0.364$）、三周后（$p=0.659$）、一个月后（$p=0.376$）均不存在显著差异。采用广义估计方程对四组被试前测、后测和延后测的身体活动类型进行分析，结果发现，时间的主效应显著[$\chi^2(4)=16.83$，$p<0.01$]，组别的主效应不显著[$\chi^2(3)=5.94$，$p=0.115$]，时间和组别的交互作用不显著[$\chi^2(12)=12.45$，$p=0.410$]。

（三）四组被试的久坐时间比较

第一人称视角心理对照组、第三人称视角心理对照组、标准心理对照组和空白对照组被试在基线、一周后、两周后、三周后、一个月后的久坐时间如表 5-5 所示。

表 5-5　四组被试久坐时间描述性统计　　　　（单位：分钟）

时间点	第一人称视角心理对照组（$n=20$）	第三人称视角心理对照组（$n=21$）	标准心理对照组（$n=22$）	空白对照组（$n=22$）
基线	535.50（228.32）	505.91（198.41）	521.43（128.15）	471.14（126.83）
一周后	468.00（158.27）	452.27（191.76）	509.52（137.71）	482.50（191.60）
两周后	483.60（252.66）	444.55（203.18）	480.95（149.53）	446.45（141.84）
三周后	517.50（240.37）	471.36（208.63）	504.76（184.05）	459.41（127.35）
一个月后	387.50（192.96）	406.82（271.76）	472.38（161.34）	491.14（206.48）

KS检验证实，基线和四次后测的久坐时间均服从正态分布（$p>0.05$）。混合线性模型在保留一般线性模型的反应变量具有正态性的前提条件下，放宽了对数据的完整性和反应变量的方差齐性、独立性的要求，因此采用混合线性模型对久坐时间干预效果进行分析。

将久坐时间作为因变量，将组别和时间作为固定效应变量，考察四组被试久坐时间变化趋势的差异，结果发现，时间的主效应显著[$F(4,342)=3.17$, $p<0.05$]；组别的主效应不显著[$F(3,81)=0.39$, $p=0.762$]；组别和时间的交互作用不显著[$F(12,324)=0.99$, $p=0.461$]。事后多重检验表明，干预两周后的久坐时间显著低于基线水平[$M_{(两周后-基线)}=-44.61$, $p<0.05$]；干预一个月后的久坐时间显著低于基线水平[$M_{(一个月后-基线)}=-63.10$, $p<0.01$]；干预一个月后的久坐时间显著低于干预三周后久坐时间[$M_{(一个月后-三周后)}=-42.87$, $p<0.05$]。采用混合线性模型分析四组被试的久坐时间，结果发现，第一人称视角心理对照组的时间主效应不显著[$F(4,76)=0.91$, $p=0.464$]；第三人称视角心理对照组的时间主效应显著[$F(4,84)=6.17$, $p<0.001$]；标准心理对照组的时间主效应不显著[$F(4,80)=0.81$, $p=0.521$]；空白对照组的时间主效应不显著[$F(4,84)=0.63$, $p=0.640$]。

第四节　讨论与结论

本次研究以心理对照和视觉视角理论为基础设计干预方案，通过设置干预组和对照组，采用"前测—干预—后测1—干预—后测2—干预—后测3—干预—延后测"的研究设计，以检验本次研究针对女大学生身体活动量所设计的干预方案的干预效果。

一、干预策略效果的组间差异

在图像中转换视觉视角可能看起来是一个小操作,即不管视觉视角如何,人们仍然会思考事件。然而,采用自己的观点与局外人的观点之间的差异对于理解心理学许多领域中的各种现象是至关重要的,而且采用不同视觉视角去想象未来事件,能够帮助个体达成目标(Libby et al., 2007;Vasquez & Buehler, 2007)。本次研究基于心理对照理论,探索第一人称视角心理对照策略、第三人称视角心理对照策略和标准心理对照策略在增加女大学生身体活动量方面的作用。

首先,研究发现,标准心理对照组与空白对照组的身体活动量之间没有显著差异,这与以往的研究结果不一致(Oettingen et al., 2018)。两组之间没有显著差异的原因可能在于本次研究追踪的持续时间较短(只有1个月时间)。以往研究发现,心理对照的作用效果随着时间的延长而不断增强(Sheeran et al., 2013)。在本次研究中,标准心理对照组的身体活动量在干预后的四次测量中均稳步上升,而空白对照组的上升趋势不明显,据此猜测随着追踪时间的延长,两组之间可能会出现显著差异。

其次,研究发现,第一人称视角心理对照组和第三人称视角心理对照组的身体活动量显著高于空白对照组。这表明,无论采用第一人称视角还是第三人称视角,对未来积极结果和当前障碍进行想象都有利于激发个体的行为。

最后,研究发现,第一人称视角心理对照组和第三人称视角心理对照组的身体活动量之间不存在显著差异。这与以往有关第一人称视角和第三人称视角的研究略有差异(Mou et al., 2019;Rennie et al., 2014a, 2014b),也与假设不一致,原因可能有:第一,本次研究是探索视觉视角与心理对照相结合对实际目标追寻行为的影响,而以往有关第一人称视角优于第三人称视角的研究则是探索不同视觉视角对动机和行为意向的影响。根据Gollwitzer(1999)的观点,行为的产生需要经过两个阶段:第一阶段是动机阶段,在此阶段,个体形成了整体意向;第二阶段是执行阶段,处于意向和行为之间,此阶段,个体制订具体的执行计划,从而执行行为。因此,视觉视角与心理对照相结合对行为的影响仍需要进一步的研究。第二,本次研究对个体从第一人称视角和第三人称视角想象未来的积极结果和现实障碍时所想象内容的其他特征没有加以控制,这可能会影响结果,例如,王国霞(2014)的研究发现,障碍的可控性与内在性会影响个体的身体活动量。

二、干预策略效果的时间效应

本次研究分别对每组五个时间点的身体活动数据进行了分析,结果发现,标准心理对照组以及第一人称视角心理对照组的身体活动量显著增加,第三人称视角心理对照组的久坐时间显著减少。

首先,标准心理对照组被试的身体活动量相对于基线显著增加,这与以往的研究结果相同(Oettingen et al., 2018)。研究结果发现,第三人称视角心理对照组与第一人称视角心理对照组和标准心理对照组在干预后的身体活动量总体上是增加的,但是,第一人称视角心理对照组与第三人称视角心理对照组的效果不稳定,在干预期间存在部分下降趋势,标准心理对照组的身体活动量则是稳步上升的,即标准心理对照策略的作用具有持续性(Sheeran et al., 2013)。

其次,第一人称视角心理对照组的被试在干预后的身体活动量显著增加。这与以往的研究结果类似,许多研究者证明了第一人称视角能够使个体产生强烈的行为意向:采用第一人称视角的人更愿意献血、戒烟以及进行健康饮食(Rennie et al., 2014a, 2014b)。因此,第一人称视角的心理对照策略能够帮助个体产生健康行为,促进个体的目标达成。

最后,虽然本次研究并没有发现第三人称视角心理对照组在五个时间点上的身体活动量之间存在显著差异,但第三人称视角心理对照组在干预后的久坐时间显著减少。尽管体育活动能够带来重要的、长期的健康结果,第三人称视角自上而下的加工方式也有助于个体感知目标的重要性,但人们更喜欢的是即时奖励而非延迟奖励。比如,人们在从事身体活动后能够立即体验到积极的情感结果。Ruissen等(2018)的研究也发现,相对于工具型心理对照策略,情感型心理对照策略在干预女大学生身体活动水平方面是一种低成本、高效率的干预措施。因此,采用第一人称视角进行想象时会更多地涉及情感内容,从而让个体立即体验到执行行为的情感结果,更容易实现他们的目标。第三人称视角在增加身体活动量上没有显著作用,而在减少久坐时间上有显著作用,原因可能是:第三人称视角能够削弱相关的感官体验,降低诱人物品的感知价值,增强个体对不良诱惑的抵制力(Christian et al., 2016),也就是说,第三人称视角使个体抵制了久坐的诱惑。

三、本次研究的局限性与未来展望

本次研究的局限性有以下四点:第一,在被试数量上,因为要进行四组的干预训练，每组只选取 25 人，被试数量有限，在以后的研究中应适当增加被试数量。第二，在追踪时间上，没有对一个月之后的持续性效果进行检验，在以后的研究中应进行追踪检验，这更有利于验证干预的有效性。第三，本次研究的主要结果是自我报告的身体活动量，容易出现测量误差，需要对身体活动的客观测量方法进行研究，以提高现有测量方法的可靠性和有效性。第四，本次研究中的样本在动机水平上可能与一般人不同。被试的招募主要是通过线下海报和线上微信广告形式进行的，因此，本次研究可能招募了一些对改变身体活动量有兴趣的学生。此外，根据设计的纵向性质，这项研究需要大量的时间投入，只有那些更渴望获得积极结果的人才会自愿参与。

本次研究得出以下结论：①标准心理对照策略与第一人称视角心理对照策略能有效增加女大学生的身体活动量；②第一人称视角心理对照策略和第三人称视角心理对照策略在增加女大学生身体活动量上的效果显著好于空白对照组。

第六章
不同类型的执行意向与目标追寻

　　有关诱导形成的执行意向的研究主要集中于比较有无执行意向策略对目标追寻效果的影响的差异（Oettingen et al., 2018），而对什么类型的执行意向策略会更有效这一问题研究得较少。本章将从具体性和合作性两个角度出发，考察不同类型执行意向策略的效果。研究1以大学生为被试，探究不同具体程度的执行意向（高度具体的执行意向、低度具体的执行意向、自发形成的执行意向）对个体焦虑情绪的影响，采用回想任务唤起被试的焦虑情绪，随后不同组别的被试按要求形成执行意向策略以缓解自身的焦虑情绪。研究2以英语学习为目标，进行了2（合作组，个人组）×2（执行意向组，控制组）的被试间实验设计。

第一节　执行意向的具体性对情绪调节目标的影响

一、研究目的

目前已有多个领域的实证研究表明，在目标执行阶段，配合使用执行意向策略对目标达成有促进作用。执行意向的类型、特征等均会影响执行意向的效果，进一步研究发现，执行意向的具体性程度会调节其作用效果。执行意向策略的具体性是指个体定义特定情境线索以及采取相应行为的精确性（Gollwitzer & Brandstätter，1997）。有关执行意向具体性的研究结果并不一致。van Osch 等（2010）在一个戒烟项目中指导被试自主形成如何应对抽烟意图的执行意向（即应对计划），然后评估这些执行意向的具体性，并追寻被试在生活中的戒烟行为。结果发现，与低度具体性相比，中等和高度具体性的执行意向策略在相应的现实情境中能更好地促进戒烟行为的产生。在另一项有关实验室网页搜索任务的 2（有无执行意向）×2（时间是否充足）研究中，研究者引导被试形成在什么情景下进行何种行动的执行意向（即行动计划），结果发现，执行意向虽然提高了被试对与执行意向相关的目标行为的承诺，但可能会使得其在时间有限的情况下忽略其他可能的达成目标的方法和线索，最终导致无法完成任务（Masicampo & Baumeister，2012）。王国霞（2014）针对被试使用MCII策略中的执行意向部分（行动计划）的具体性进行评价，结果发现，行动计划的具体性程度越高，目标达成的分数越低。综合以上研究结果，对于行动计划的具体性，实验研究（Masicampo & Baumeister，2012）和相关研究（王国霞，2014）均表明，行动计划越具体，效果可能越差。对于应对计划的具体性，只有 van Osch 等（2010）在相关研究中发现了中等和高度的具体性更有利于目标达成。因此，有必要在实验室环境下操纵应对计划的具体性以检验其效果差异。

焦虑作为一种情绪体验，通常被认为是一种没有具体根据的，对于"可能会发生的不好的事情"的较为广泛的预期。虽然焦虑作为一种情绪体验有其适应性功能的一面，但是焦虑带来的不良影响也不容忽视。针对焦虑情绪调节的研究发现，缓和焦虑情绪具有一定的难度。也有研究发现，执行意向策略能有效地缓解个体内心的不安、焦虑、生气等消极情绪（Achtziger et al.，2008）。因此，有必要进一步探究执行意向与焦虑情绪调节之间的关系，为指导个体缓解焦虑情绪提供一种更可能的有效方法。

综合以上两点，本次研究拟在实验室情境下，以大学生为被试，探究不同具体程度（低度具体或高度具体）、不同类型（主试诱导形成或被试自发形成）的执行意向能否有效缓解被试的焦虑情绪，从而为执行意向策略的影响因素及优化途径提供实证研究的支持。

二、研究方法

（一）被试

在某师范大学通过网络招募的形式进行，共108名被试参与实验，收集有效数据102份，有效率为94.4%。被试年龄为18—23岁，其中男生有24人，女生有78人。所有被试视力及矫正视力正常，之前未参加过类似实验。

（二）实验程序

本次实验使用E-prime 2.0软件进行指导语的编写，所有问卷均采用纸笔测验方式完成。

（三）实验流程

实验前，所有被试阅读并签署知情同意书，并被随机分至控制组（$n=20$）、低度具体执行意向组（$n=19$）、高度具体执行意向组（$n=20$）以及自发形成的执行意向组（$n=43$）。

实验开始后进入第一环节，要求所有被试完成包括一般自我效能感量表、主观幸福感量表、情绪评估量表及状态焦虑量表在内的第一套问卷，其中状态焦虑量表的结果作为被试焦虑情绪的基线水平。

第一环节结束后，被试在指导语的提示下进行回想，指导语如下："现在请你仔细回忆一下，在过去的六个月时间当中，有没有发生过让你感到十分焦虑的事情？请你从学习、工作、生活等各个方面经历的焦虑事件中，挑选出印象最深、感受最强的事件，在接下来的2分钟时间内，尽可能详细地回顾当时的情景，比如，为什么感到焦虑？在多长时间内感到焦虑？程度有多深？有什么具体表现？等等，充分感受当时的情绪体验。"被试完成第二环节的回想任务后，再次填写状态焦虑量表，将其得分作为情绪诱发后的焦虑水平。

第二环节结束后，通过显示屏给予不同组别的被试不同的指导语，让被试对焦虑情绪进行调节。

控制组的指导语是："再次回到曾经让你感到焦虑的那个情境，你是否再次感受到了当时的情绪？现在，你有 30 秒的自由时间来缓解自己的焦虑情绪。"

低度具体执行意向组的指导语是："再次回到曾经让你感到焦虑的那个情境，你是否再次感受到了当时的情绪？请慢速、轻声读以下提示语 5 遍：'如果感到焦虑，我就想办法缓解这一情绪。'"

高度具体执行意向组的指导语是："再次回到曾经让你感到焦虑的那个情境，你是否再次感受到了当时的情绪？请慢速、轻声读以下提示语 5 遍：'如果感到焦虑，我就让自己尝试放松。'"

自发形成的执行意向组的指导语是："再次回到曾经让你感到焦虑的那个情境，你是否再次感受到了当时的情绪？现在，请你认真思考在实验室环境下，此时此刻就能帮助你缓解焦虑情绪的任何可行的行动或想法，并在弹出框内补充完整。"

各组被试按照指导语要求完成操作后，再次填写状态焦虑量表与实验后问卷。

（四）测量工具

由于自我效能感及主观幸福感较高的个体更少地产生消极情绪，为了避免执行意向的作用产生混淆，事先采用若干量表控制无关变量。

1.《一般自我效能量表》

量表共包括 10 个项目，用于评估个体的一般自我效能感水平，采用利克特四点评分，所有项目相加即为该量表的总分，得分越高说明个体的自我效能感越强。中文版的一般自我效能感量表的内部一致性系数为 0.87，分半系数为 0.90（王才康等，2001）。

2.《主观幸福感量表》

量表共包括 5 个项目，用于评价个体的整体生活满意度，是目前使用较为广泛的总体满意感量表之一，要求被试用利克特七点评分评估其对题干描述内容的赞同程度。所有项目相加即为该量表总分，得分越高说明个体对生活的满意度也越高。其内部一致性系数为 0.87，间隔两个月的重测信度为 0.82（Diener et al.，1985）。

3.《情绪评估量表》

量表共包括 20 个项目,由 10 个正性形容词和 10 个负性形容词组成,采用利克特五点评分法,由正性负性情绪量表(positive and negative affect scale,PANAS)英文版翻译修订而来(邱林等,2008)。目前已被证实中、英文量表的积极情绪与消极情绪分量表均具有较高的内在一致性信度,表明其符合心理测量学要求。

4.《状态焦虑量表》

《状态焦虑量表》的使用较为广泛,经李文利和钱铭怡修订后的《状态焦虑量表》共包括 20 个项目,采用利克特四点评分法,其中第 1、2、5、8、10、11、15、16、19、20 题为反向计分。问卷得分越高,表明个体的焦虑水平越高。该量表的中文版经修订后具有良好的信度与效度(李文利,钱铭怡,1995)。

5. 自发形成的执行意向组的策略特征分析

为将自发形成的执行意向组被试形成的所有执行意向策略进行高、低具体性的分类,邀请两名研究者分别对所有有效的执行意向策略的具体性程度进行评估,当两者意见相悖时,与第三名研究者进行讨论并确认最终结果。

执行意向具体性程度的划分为"低度具体程度(1 分)""中等具体程度(2 分)""高度具体程度(3 分)",选取得分排名前、后各 27% 的执行意向策略分别作为自发形成的执行意向组的低度具体部分和高度具体部分。在本次研究中,两名评分者的一致性 Kappa 系数为 0.64(一致率为 76.7%)。

三、结果分析

(一)随机化检验

单因素方差分析并未发现四组被试在自我效能感[$F(3,98)=1.882$,$p=0.138$]、主观幸福感[$F(3,98)=0.817$,$p=0.488$]以及初始情绪状态[$F(3,98)=0.466$,$p=0.707$]上存在显著差异,这表明,本次实验的完全随机分组是有效的。各组被试在基线水平的各测量指标结果如表 6-1 所示。

表 6-1 各组被试在基线水平下控制变量的差异比较

变量	控制组	低度具体执行意向	高度具体执行意向	自发形成的执行意向	F	p
自我效能感	22.65 (4.73)	24.16 (4.85)	26.00 (4.52)	23.88 (4.32)	1.882	0.138

续表

变量	控制组	低度具体执行意向	高度具体执行意向	自发形成的执行意向	F	p
主观幸福感	19.90 (5.73)	19.68 (5.08)	21.55 (4.34)	21.40 (5.35)	0.817	0.488
初始情绪状态	57.90 (7.22)	59.84 (9.19)	59.70 (8.91)	60.30 (6.19)	0.466	0.707

（二）情绪诱发的有效性检验

各组被试在基线、情绪诱发任务之后以及情绪调节之后的焦虑水平见表6-2。

表6-2 被试在实验过程中的三次焦虑水平

组别	基线	情绪诱发	情绪调节
控制组	29.50（9.27）	43.35（12.78）	30.65（10.60）
低度具体执行意向	29.95（9.21）	42.89（12.83）	31.53（8.44）
高度具体执行意向	28.90（9.89）	43.30（9.55）	31.80（8.31）
自发形成的执行意向	27.84（7.75）	38.23（11.93）	28.70（7.35）

整体来看，所有被试基线的焦虑水平均值（$M=28.76$，$SD=8.68$）显著低于情绪诱发任务之后的焦虑水平均值[$M=41.10$，$SD=11.94$，$t(101)=11.69$，$p<0.01$]，表明情绪诱发任务是有效的。进一步采用配对样本 t 检验发现，四组被试在完成情绪诱发任务之后，焦虑水平均有显著提升，与预实验结果保持一致[$t(19)_{控制组}=5.62$，$p<0.001$；$t(18)_{低度具体组}=4.82$，$p<0.001$；$t(19)_{高度具体组}=5.99$，$p<0.001$；$t(42)_{自发组}=6.82$，$p<0.001$]。其中，高度具体执行意向组被试前、后测的均值差异最大，自发形成的执行意向组被试的最小。

以情绪诱发前、后的焦虑水平之差为因变量，各组被试焦虑水平的差值从高到低依次为高度具体执行意向组（$M=14.40$，$SD=10.75$）、控制组（$M=13.85$，$SD=11.03$）、低度具体执行意向组（$M=12.94$，$SD=11.72$）与自发形成的执行意向组（$M=10.40$，$SD=10.00$）。进一步采用单因素方差分析发现，各组被试的情绪唤起程度之间的差异不显著[$F(3,98)=0.877$，$p=0.456$]，表明各组被试间的焦虑程度变化无显著差异。

（三）各组情绪调节策略对焦虑水平的影响

1. 基线与情绪调节之后的焦虑水平比较

整体来看，所有被试情绪调节之后的焦虑水平均值（$M=30.22$，$SD=8.43$）与其基线的焦虑水平均值（M=28.76，SD=8.68）无显著差异[$t(101)$=1.75，p= 0.083]。进一步采用配对样本 t 检验发现，各组被试在进行情绪调节之后的焦虑水平与其各自的基线焦虑水平也无显著差异[$t(19)$_{控制组}=0.61，p=0.548；$t(18)$_{低度具体组}=0.82，p=0.424；$t(19)$_{高度具体组}=1.05，p=0.307；$t(42)$_{自发组}=0.95，p=0.349]，表明本次实验采用的若干情绪调节策略均能有效帮助被试缓解焦虑。

以情绪调节之后的焦虑水平与基线水平的焦虑水平之差为因变量（四组均值差的平均值和标准差分别为：M_{控制组}=1.15，SD_{控制组}=8.40；M_{低度具体组}=1.58，SD_{低度具体组}=8.41；M_{高度具体组}=2.90，SD_{高度具体组}=12.35；M_{自发组}=0.86，SD_{自发组}=5.96），进一步采用单因素方差分析发现，控制组、低度具体执行意向组、高度具体执行意向组、自发形成的执行意向组被试的焦虑水平在经历情绪唤起与各情绪调节作用后的情绪变化差异不显著[$F(3,98)$=0.276，p=0.843]，表明在情绪调节之后，所有被试的焦虑水平基本恢复至基线水平。

2. 情绪诱发之后和情绪调节之后的焦虑水平比较

整体来看，所有被试在情绪调节之后的焦虑水平均值（M=30.22，SD=8.43）显著低于完成情绪诱发任务之后的焦虑水平均值（M=41.10，SD=11.94），$t(101)$=11.81，p<0.01，表明所有被试的焦虑水平均有显著下降。

采用配对样本 t 检验发现，四组被试在运用不同的情绪调节策略后，焦虑水平均有显著下降[$t(19)$_{控制组}=4.19，p<0.001；$t(18)$_{低度具体组}=5.44，p<0.001；$t(19)$_{高度具体组}=6.95，p<0.001；$t(42)$_{自发组}=8.01，p<0.001]。

以情绪诱发之后和情绪调节之后的焦虑水平之差为因变量，各组被试焦虑水平的差值从高到低依次为控制组（M=12.70，SD=13.56）、高度具体执行意向组（M=11.50，SD=7.40）、低度具体执行意向组（M=11.37，SD=9.11）与自发形成的执行意向组（M=9.53，SD=7.81）。进一步采用单因素方差分析发现，各组被试间的情绪变化差异不显著[$F(3,98)$=0.595，p=0.620]，说明在本次实验情境下，各情绪调节策略均有效，且调节效果无显著差异。

（四）是否形成执行意向对情绪调节的影响

按照是否形成执行意向策略，将所有被试分为未形成执行意向（控制组）与形成执行意向（包含低度具体执行意向、高度具体执行意向以及自发形成的执行意向）两个组别，两组被试情绪调节前后的焦虑水平情况如图6-1所示。

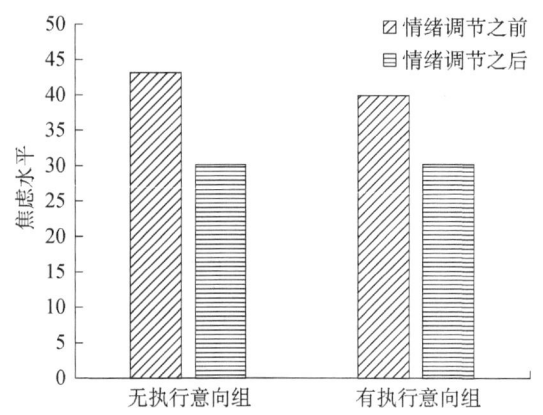

图 6-1 两组被试使用情绪调节策略前后的焦虑水平情况

以情绪调节前后的焦虑水平之差为因变量，采用独立样本 t 检验发现，是否使用执行意向对个体焦虑情绪的调节效果无显著差异[$t(22)=0.716$，$p=0.481$]。

（五）执行意向具体性程度对情绪调节的影响

1. 诱导形成的执行意向策略的具体性对焦虑水平的影响

以高度具体执行意向组与低度具体执行意向组被试在情绪调节前后的焦虑水平之差为因变量，发现高度具体执行意向组（$M=11.50$，$SD=7.40$）与低度具体执行意向组（$M=11.37$，$SD=9.11$）的焦虑变化均值之间几乎没有差异。进一步采用独立样本 t 检验发现，本次实验中操纵的不同具体程度的执行意向策略对个体焦虑情绪的调节无显著差异[$t(37)=0.05$，$p=0.961$]。

2. 自发形成的执行意向策略的具体性对焦虑水平的影响

根据评分者评定的结果，将自发形成的执行意向组被试形成的执行意向策略分为高度具体组和低度具体组。删去两组被试中情绪唤起异常的被试 1 名（大于 3 个标准差），以有效被试情绪调节前后的焦虑程度之差为因变量，发现高度具体自发形成的执行意向组（$M=11.33$，$SD=6.80$）与低度具体自发形成的执行意向组（$M=6.00$，$SD=5.14$）的差异较大。进一步采用独立样本 t 检验发现，本次实验中，被试自发形成的不同具体程度的执行意向策略对个体焦虑情绪的调节具有显著差异[$t(21)=2.12$，$p<0.05$]，具体性程度较高的自发形成的执行意向策略对焦虑情绪的调节效果更好。

（六）诱发和自发形成的执行意向对情绪调节的影响

根据执行意向策略形成途径的不同，将部分被试分为诱导形成的执行意向组

（低度具体执行意向组和高度具体执行意向组）与自发形成的执行意向组，以被试进行情绪调节前后的焦虑水平之差为因变量，发现诱导形成的执行意向组被试（M=11.44，SD=8.17）焦虑水平的前后差异均值高于自发形成的执行意向组被试（M=9.53，SD=7.81）。但进一步采用独立样本 t 检验发现，本次实验情境下被试是自发形成还是诱导形成的执行意向策略对个体焦虑情绪的调节效果无影响 [$t(80)$=1.01，p=0.285]。

四、讨论与结论

从各组被试报告的主观情绪感受来看，执行意向策略对于焦虑情绪的调节是有效的，能显著减少个体的焦虑情绪；且在自发形成的执行意向组被试中，高度具体执行意向策略对焦虑情绪的调节效果显著优于低度具体执行意向策略。本次研究中关于自发形成的执行意向的研究结果与前人的研究结果相同（van Osch et al.，2010）。

与以往多数研究结果（Gollwitzer & Oettingen，2016）不同的是，本次研究未发现执行意向组和控制组之间存在显著差异。这可能是由于控制组被试不仅能够自主选择不同类型的情绪调节策略，还能够同时运用多种策略进行情绪调节。根据实验后问卷的内容，发现控制组被试在 30 秒的自由时间内，普遍采用包括抑制、分心、放松、认知重评等策略在内的多种情绪调节策略，与单独使用执行意向策略进行情绪调节的被试相比具有一定优势，体现了个体在情绪调节策略选择方面的灵活性。

与研究假设不同，本次研究未在实验室情境下发现高度具体执行意向组（应对计划）和低度具体执行意向组（应对计划）之间存在显著差异。诱导形成的不同具体程度的执行意向策略对于情绪的调节效果无显著差异，可能是由主试给出的执行意向策略的区分度较低导致的。本次实验的实验情境较简单，两种执行意向策略的具体性较难区分，因此这两组被试的情绪调节效果差异并不显著。为解决这一问题，可以在后续实验中修改执行意向策略的内容或丰富实验情境，增加两种执行意向策略的区分度。

针对本次实验目前存在的不足与局限，可以在后续实验中从以下四个方面进行相应的完善与改进。

第一，可以在本次实验的基础上丰富执行意向策略的情境线索部分。在本次实验中，对具体性的操纵主要集中于"如果（线索）—那么（行为）"计划中的

"行为"部分，原因在于所有被试的情境线索都完全一致，且较为单一，无法对执行意向策略中"线索"部分的具体性进行操纵。Fleig等（2017）在对身体锻炼的行动计划的分析中发现，"线索"部分越具体，人们的计划执行效果越好，而"行为"部分越具体，人们越不可能去执行他们的计划。因此，有必要在未来的实验研究中分别操纵"线索""行为"的具体性，以同时分析执行意向两个成分的具体性对目标达成的效果。

第二，可以考虑丰富执行意向策略的类型与情绪测量的因变量指标。Gallo等（2012）的一项研究表明，原因调节类型的执行意向策略与反应调节类型的执行意向策略对情绪的影响在不同维度上存在差异。国内也有相关研究表明，原因调节与反应调节对情绪的影响机制有所不同（黄敏儿，郭德俊，2002）。本次实验中，（诱导形成的）低度具体执行意向组与（诱导形成的）高度具体执行意向组形成的执行意向策略均属于反应调节类型，因此，仅选取被试的主观感受作为情绪反应的因变量具有一定局限性，未来可以结合被试的生理指标等做进一步的分析，探究不同情绪成分的调节效果是否存在差异，综合分析情绪反应的变化。同时，可考虑在反应调节类型的执行意向基础上，增添原因调节类型的执行意向策略作为对比。

第三，可以进一步探究各情绪调节策略在消极事件二次出现时被试的情绪波动。有研究者运用事件相关电位（event related potential，ERP）技术进行实验研究，结果表明，分心在负性刺激初次呈现时能够降低个体的消极情绪体验，但再次向被试呈现负性刺激时，分心组被试会对负性情绪做进一步加工，从而出现更大的 LPP 波幅（王敬欣等，2015）。本次实验的持续时间较短，无法进行二次测量，因此无法确认长期来看执行意向组被试的情绪调节是否更具优势。

第四，可以开展不同情境下的相关研究。由于实验室情境较为单一，不利于执行意向策略具体性的区分，因此结合日常生活目标开展研究也是未来方向之一。探索不同类型的执行意向策略对真实生活中焦虑情绪调节的作用，更具实践推广的价值。

本次研究得出以下结论：①回想任务能够成功引起个体的焦虑情绪；②执行意向策略能够显著缓解个体的焦虑情绪；③在自发形成的执行意向组被试中，高度具体执行意向策略对焦虑情绪的调节效果显著优于低度具体执行意向策略。

第二节 执行意向的合作性对英语学习目标的影响

一、研究目的

合作通常指为了共同的目的一起工作或共同完成某项任务。合作执行意向是指在有伙伴参与的情况下，与伙伴一起将情景线索与有效反应联系起来的"如果—那么"计划，其结构为"如果情境 Y 出现，我就和伙伴一起启动行为 Z 以达成目标 X"（Prestwich et al., 2005）。个人执行意向和合作的执行意向有助于目标的实现。Prestwich 等（2005）的研究发现，个人执行意向和合作的执行意向都提高了女性进行乳房自我检查的比例，而有伙伴参与的合作执行意向组的全部被试都在未来一个月内进行了乳房自我检查。这表明在制订计划和执行计划时有同伴的参与，能在很大程度上缩小意向和行为之间的鸿沟。Prestwich 等（2012）的研究表明，个人执行意向和合作的执行意向都能增加个体进行身体锻炼的次数，而有伙伴参与的执行意向组在身体锻炼方面表现得最活跃（相对于合作组、执行意向组和控制组）。Prestwich 等（2014）测试了以伙伴和执行意向为基础的干预措施来减少饮食脂肪摄入量的有效性。结果表明，合作伙伴的参与使被试感知到了更大的社会影响、伙伴支持和避免摄入高脂肪食物的乐趣，但发现执行意向的效果很有限。

综上，以往研究主要从健康领域考察了有无合作和执行意向的作用，发现合作对行为改变的作用更大，而执行意向对行为改变的作用相对较小。本次研究拟从两个方面改进已有研究：第一，更换目标行为的领域，选择学业领域的英语学习目标。以往研究发现，执行意向对困难目标的促进作用更大（Gollwitzer & Brandstätter, 1997），而与学习目标相比（需要更持续的时间投入和意志投入，完成目标的步骤比较复杂），像乳房自我检查、减少脂肪摄入量等健康行为的完成，需要更少的努力和更少的步骤。因此，我们预期在学业领域，执行意向的效应会有所增强。第二，改变合作的方式。Prestwich 等（2005，2012，2014）的研究中的合作执行意向均是让被试形成与自己的伙伴一起做某件事的计划（例如，"如果我和我的男朋友逛街买东西，我们不会去买高热量的食物"）。然而，在学业领域，一起确定时间共同学习是比较困难的。因此，我们设计让被试一起商量目标和计划，各自做出更合理的英语学习目标和个人执行意向，同时伙伴会在过程中不断了解对方的进度，起到监督的作用。

因此，本次研究将在英语学习目标领域，采用2（有无合作）×2（有无执行意向）的研究设计，考察合作和执行意向对学业目标追寻的影响。

二、研究方法

（一）被试

随机招募某师范大学98名女性大学生参加本次研究，其中有4人未参加后测，被试有效率为95.9%。被试年龄为18—26岁，平均年龄为20.34岁，标准差为0.85。

（二）研究程序及干预

本次研究由4名女性主试完成，研究分为前测与后测两部分。首先通过线上/线下招募，询问大学生是否愿意与伙伴一起参加实验，并向被试说明本次研究的主要目标为"调查大学生英语学习状况"、实验时间为30—40分钟以及报酬为价值15元的精美小礼品。被试均为自愿来到实验室参加本次研究。

实验按照是否有伙伴将被试分为合作组以及个人组，并将每组人数平均随机划分为执行意向组和控制组，实验处理如下。

个人执行意向组：首先，被试填写近期的英语学习目标；其次，根据英语学习目标形成行动计划和应对计划；最后，填写《大学生英语学习习惯问卷》《学生英语学习投入问卷》。

个人控制组：首先，被试填写近期的英语学习目标；其次，为保证控制组与执行意向组被试进行实验的时长相近，被试完成一份瑞文标准智力问卷；最后，填写《大学生英语学习习惯问卷》《学生英语学习投入问卷》。

合作执行意向组：首先，被试先与伙伴进行讨论，之后填写近期的英语学习目标；其次，根据英语学习目标讨论并形成各自的行动计划和应对计划；最后，填写《大学生英语学习习惯问卷》《学生英语学习投入问卷》《朋友亲密关系问卷》。

合作控制组：首先，被试需要和伙伴进行讨论之后填写近期的英语学习目标；其次，为保证控制组与执行意向组被试进行实验的时长相近，被试完成一份瑞文标准智力问卷；最后，填写《大学生英语学习习惯问卷》《学生英语学习投入问卷》《朋友亲密关系问卷》。

在第一次实验过后,每周通过线上方式联系被试,收集被试的英语学习时间,三周以后通过线上方式联系被试收集后测的《大学生英语学习习惯问卷》《学生英语学习投入问卷》。

(三)测试工具

1.《大学生英语学习习惯问卷》

《大学生英语学习习惯问卷》来自甘露(2012),题目如"听课时,我把重点内容在书或笔记上标注出来",采用利克特五点评分,选项从"从不"到"总是",本次研究中的内部一致性信度为0.835。

2.《学生英语学习投入问卷》

《学生英语学习投入问卷》来自荣卫曼(2016),题目如"我有意识地积累英语词汇",采用利克特五点评分,选项从"非常不符合"到"完全符合",本次研究中的内部一致性信度为0.881。

3.《朋友亲密关系问卷》

《朋友亲密关系问卷》改编自Dibble等(2012),由英文水平良好的心理学本科生在高校心理专业教师的指导下翻译完成,题目如"我和我的伙伴关系很近",采用利克特七点评分,选项从"非常不同意"到"非常同意",本次研究中的内部一致性信度为0.936。

三、结果分析

(一)随机化检验

表6-3呈现了四组被试在各变量上的前测结果,采用单因素方差分析检验四组之间的差异,结果表明,四组被试在英语入学成绩、英语学习习惯、英语学习投入、朋友亲密关系上均没有显著差异。该结果表明,本次研究的随机化分组是成功的。

表6-3 各组的前测结果比较

特征	个人控制组	个人执行意向组	合作控制组	合作执行意向组	F	p
英语入学成绩	3.35(1.37)	4.13(1.18)	3.83(1.04)	4.07(1.20)	1.719	0.170
英语学习习惯	56.80(11.97)	54.10(13.05)	54.25(9.73)	52.30(10.88)	0.697	0.556

续表

特征	个人控制组	个人执行意向组	合作控制组	合作执行意向组	F	p
英语学习投入	66.38（8.07）	76.00（16.30）	73.40（15.20）	73.30（13.65）	1.831	0.148
朋友亲密关系			67.20（15.47）	63.60（13.48）	0.766	0.386

（二）有无合作和执行意向对英语学习习惯、英语学习投入的影响

首先，采用配对样本 t 检验分别分析四组被试的英语学习习惯、英语学习投入是否发生显著变化，具体结果见表 6-4。结果表明，合作执行意向组的英语学习习惯显著提升，个人控制组的英语学习投入显著提升，合作控制组的英语学习投入提升边缘显著。

表 6-4　实验前后各组的英语学习习惯、英语学习投入的差异

因变量	组别	前测	后测	df	t	p
英语学习习惯总分	个人控制组	56.80（11.97）	52.33（13.60）	20	1.123	0.275
	个人执行意向组	54.42（13.50）	55.85（11.20）	13	−0.482	0.638
	合作控制组	55.26（8.85）	54.94（8.72）	18	0.153	0.880
	合作执行意向组	52.37（9.67）	56.53（10.22）	31	−2.411	0.022
英语学习投入总分	个人控制组	66.38（8.08）	74.66（8.05）	20	−3.822	0.001
	个人执行意向组	76.00（16.30）	80.42（9.80）	13	−1.678	0.117
	合作控制组	73.73（15.56）	77.21（7.29）	18	−1.117	0.058
	合作执行意向组	73.37（13.66）	77.65（11.17）	31	−1.571	0.126

其次，采用配对样本 t 检验，分别检验有无执行意向、有无合作对英语学习习惯和英语学习投入前后测变化的影响，具体结果见表 6-5。有执行意向组中，英语学习习惯和英语学习投入都显著提高，而无执行意向组中，只有英语学习投入有显著提高。合作组的英语学习习惯和英语学习投入的提高边缘显著，而无合作组的英语学习投入有显著提高。

表 6-5　有无合作、有无执行意向对英语学习习惯和英语学习投入的影响

组别	因变量	前测	后测	t	p
无执行意向组（n=40）	英语学习习惯	56.08（10.50）	53.58（11.47）	−1.08	0.285
	英语学习投入	69.88（12.61）	75.88（7.71）	3.19	0.003
有执行意向组（n=46）	英语学习习惯	53.00（10.86）	56.33（10.41）	2.22	0.031
	英语学习投入	74.17（14.38）	78.50（10.74）	2.12	0.040
无合作组（n=35）	英语学习习惯	55.86（12.47）	53.74（12.64）	−0.79	0.436
	英语学习投入	70.23（12.76）	76.97（9.11）	4.01	0.000

续表

组别	因变量	前测	后测	t	p
合作组 (n=51)	英语学习习惯	53.45（9.39）	55.94（9.63）	1.85	0.071
	英语学习投入	73.51（14.24）	77.49（9.83）	1.95	0.087

再次，采用独立样本 t 检验，分析有无执行意向、有无合作对英语学习习惯和英语学习投入前后测变化的影响（以前后测差值为因变量），结果发现，有执行意向组的英语学习习惯提升程度显著高于无执行意向组[$t(84)=2.17$，$p<0.05$]，有执行意向组和无执行意向组在英语学习投入提升程度上无显著差异[$t(84)=0.60$，$p=0.552$]，合作组和无合作组在英语学习习惯提升程度[$t(84)=1.67$，$p=0.098$]和英语学习投入提升程度[$t(84)=0.97$，$p=0.333$]上无显著差异。

最后，以英语学习习惯和英语学习投入前后测的差值为因变量，采用 2（有无合作）×2（有无执行意向）的方差分析考察合作和执行意向对英语学习习惯、英语学习投入的影响。结果发现，在英语学习习惯上，执行意向的主效应边缘显著[$F(1,82)=3.43$，$p=0.068$]，合作的主效应不显著[$F(1,82)=1.51$，$p=0.222$]，执行意向与合作的交互作用不显著[$F(1,82)=0.07$，$p=0.799$]。在英语学习投入上，执行意向的主效应不显著[$F(1,82)=0.27$，$p=0.605$]，合作的主效应不显著[$F(1,82)=0.71$，$p=0.401$]，执行意向与合作的交互作用不显著[$F(1,82)=0.63$，$p=0.429$]。

（三）有无合作与有无执行意向对英语学习时间的影响

表 6-6 呈现了有无合作和有无执行意向组的英语学习时间的描述统计结果。

表 6-6　有无合作、有无执行意向组的英语学习时间的描述统计

分类类别	组别	M	SD
有/无执行意向	有执行意向组（n=40）	12.28	7.47
	无执行意向组（n=46）	12.93	8.95
有/无合作	合作组（n=51）	14.18	9.30
	无合作组（n=35）	10.26	5.43
有/无执行意向 有/无合作	个人控制组（n=21）	10.10	5.67
	个人执行意向组（n=14）	10.50	5.23
	合作控制组（n=19）	16.05	10.87
	合作执行意向组（n=32）	13.06	8.22

首先，采用独立样本 t 检验，分析有无执行意向以及有无合作对英语学习时间的影响，结果发现，有执行意向组与无执行意向组在英语学习时间无显著差异[$t(84)=0.36$，$p=0.718$]；合作组的英语学习时间显著多于无合作组[$t(84)=2.24$，

$p<0.05$]。

其次，采用2（有无合作）×2（有无执行意向）的方差分析考察合作和执行意向对英语学习时间的影响，结果发现，执行意向的主效应不显著[$F(1,82)=0.52$, $p=0.474$]，合作的主效应显著[$F(1,82)=5.62$, $p<0.05$]，执行意向与合作的交互作用不显著[$F(1,82)=0.89$, $p=0.348$]。

四、讨论与结论

本次研究考察了合作和执行意向对女大学生英语学习目标达成效果的促进作用。研究发现，合作和执行意向有助于目标达成，这与已有的研究结果相似（Prestwich et al.，2012，2014）。具体而言，组间比较的结果发现，执行意向对英语学习习惯的提升具有边缘显著的预测作用，而合作对英语学习时间有显著的预测作用。组内的前后测变化的结果发现，合作执行意向组的英语学习习惯显著提升，个人控制组的学习投入显著提升；执行意向组的英语学习习惯、英语学习投入均显著提升，无执行意向组的学习投入显著提升；无合作组的学习投入显著提升。

与已有研究结果的不同之处在于，已有研究发现，合作对目标达成的效应高于执行意向对目标达成的效应（Prestwich et al.，2012，2014），而本次研究发现，两者对目标达成均具有预测作用，但未发现程度上的差异。执行意向对英语学习习惯和英语学习投入的影响较大，而合作对英语学习时间的影响较大，可能的原因是以往研究来自健康领域（身体锻炼和减少高热量食物摄入），而本次研究来自学业领域。

对于未发现执行意向和合作之间强烈的联合优化作用（合作执行意向组和个人执行意向组之间无显著差异，但发现只有合作执行意向组的英语学习习惯有显著提升），本次研究对合作执行意向组和个人执行意向组在形成执行意向过程中所设想的障碍进行了分析，发现个人执行意向组内，有5名被试（组内总人数的33.34%）设想的是日常障碍；合作执行意向组内，有7名被试（组内总人数的20.59%）设想的是日常障碍。Kizilcec和Cohen（2017）的研究结果发现，在集体主义文化背景下，被试形成执行意向中所设想的障碍若为日常障碍（即工作、生活、忙碌等造成的障碍），则会对被试完成计划产生负面影响。因而，在本次研究中，执行意向组被试形成的日常障碍或许对研究结果产生了一定的负面影响。这也为将来在集体主义文化背景下进行有关执行意向的研究提供了一定思路：为了使执行意向更好地帮助被试达成设定的目标，研究者应尽量避免被试设想日常生活障碍，而引导被试设想时间缺乏障碍（即由缺乏时间造成的障碍）或实践障碍（由个人理解能力、网络、游戏、语言等造成的障碍）。

综上所述，本次研究得出以下结论：①与未形成执行意向相比，执行意向能促进大学生英语学习习惯和英语学习投入的提升；②与未合作相比，合作能预测大学生未来的英语学习时间。

第七章

MCII 策略对目标追寻的影响

诱导形成的 MCII 策略相关研究主要集中于比较 MCII 策略是否优于控制组、积极幻想组或其他类型干预方案，但较少有研究者关注 MCII 策略的特征对目标追寻过程的影响（Oettingen et al., 2018）。同时，在目前的 MCII 策略相关研究中，实验室研究以实验者给予的外源性目标为主，而干预研究则以被试自主设定的目标为主。基于以上两点研究现状，本章设计的三个干预研究将重点探讨有无 MCII 策略以及 MCII 策略的特征对其效果的影响，同时涉及外源性目标、不同领域自主目标和相同领域自主目标。

第一节　研究1：MCII策略对外源性目标的影响

一、研究目的

MCII策略是目标追寻的自我调节策略，目前研究主要考察有无诱导的MCII策略对目标达成的影响（Oettingen et al.，2013）。而研究结果存在分歧，即有些研究发现MCII策略能促进目标达成，而有些研究发现MCII策略对目标达成没有促进效果。本次研究认为，造成MCII策略效果研究产生分歧的一个可能原因是：诱导形成MCII策略的特征不同，且MCII策略的特征会影响目标达成，MCII策略的质量越高，对目标达成的促进效果越大。因此，本次研究拟采用实验者设定目标（艺术类书籍阅读）来考察诱导形成的MCII策略及其数量和质量特征对目标达成的影响。

根据以往研究进展和理论推导，本次研究使用的MCII策略特征包含数量特征和质量特征。数量特征包括在MCII作业中写下的总字数（Kirk et al.，2013）、心理对照的完整性和执行意向的完整性；质量指标有收获的具体性、障碍的具体性以及执行意向的工具性（van Osch et al.，2010）。

本次研究的具体假设如下：假设一，诱导形成MCII策略的被试对阅读书籍的投入和成绩好于未诱导形成MCII策略的被试；假设二，诱导形成的MCII策略的数量和质量特征能预测阅读投入和成绩。首先，在MCII作业中写下的总字数与心理对照的完整性和执行意向的完整性能正向预测阅读投入和成绩。其次，收获的具体性、障碍的具体性以及执行意向的工具性越高，被试的阅读投入和成绩也越高。

二、研究方法

（一）被试

被试为某师范学院同一专业的本科生。在第一次测量时，90名大学生自愿选择参加研究，并被随机分配到控制组（48名）和实验组（42名）。其中3名实验组被试和6名控制组被试未参加四周后的第二次测量（被试有效率为90%）。81名有效被试的平均年龄为 20.3 岁，其中女生有 79 名，男生有 2 名。

（二）研究程序及干预

图 7-1 呈现了本次研究的实验流程，共包含两次测试。

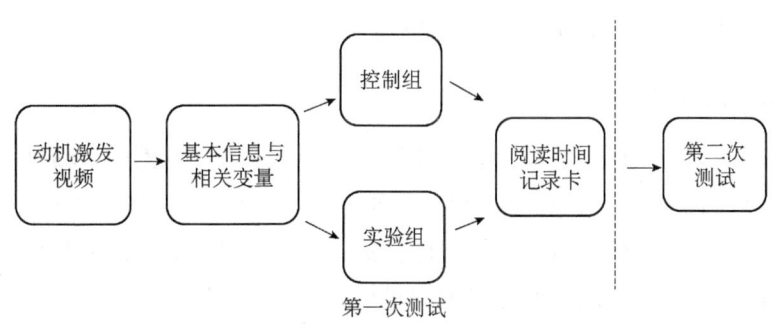

图 7-1 本次研究的实验流程图

第一次测试分为三个阶段。

第一阶段，4 名主试分别进入两个教室（分别被随机分配为控制组和实验组），简单地介绍实验的程序和目标（帮助扩展大学生艺术类书籍的阅读量，提高其人文知识底蕴），然后播放动机激发视频。该视频是由实验者前期制作的，时长约 15 分钟，内容是 2 名非艺术类专业的老师和 4 名非艺术专业的大学生讲述艺术对他们生活的积极影响。播放完视频后，主试要求对此研究不感兴趣的大学生安静地离开教室。同时，主试告知被试他们的信息将会得到保密，并强调自愿参与的原则。

第二阶段，留在教室里对研究感兴趣的被试在主试的指导下填写问卷。在问卷的前几页，控制组和实验组是一样的。首先，简单地介绍了实验任务书籍——《西方 100 名画之旅》，如"本书从历史、文化和艺术欣赏的角度介绍了西方历史上的 100 幅名画……"。然后，测试了被试的基本信息、学业表现、艺术相关知识和态度、目标意向、成功期望、激励价值和预期失望。控制组和实验组的不同之处在于，只有实验组进行了 MCII 自我调节策略的作业：首先，被试写下实现阅读目标后最积极的结果，并尽可能详细地想象这一最积极结果；其次，被试写下阻碍目标实现的与自我相关的最关键的障碍，并尽可能详细地想象这一最关键障碍；最后，被试回答了两个问题，即"这一障碍最可能在什么时间和什么地点发生""你如何克服这一障碍"，之后被试根据对两个问题的回答，形成"如果—那么"计划。为了确保被试记住了"如果—那么"计划，要求被试在另一页纸上再重新书写一遍该计划。

第三阶段，主试发给被试"阅读时间记录卡"，要求他们在未来四周内记录每天用在阅读《西方100名画之旅》的时间。

第二次测试在四周后进行。主试召集所有被试来到同一教室,首先,被试将"阅读时间记录卡"交给主试;然后,主试发给被试后测问卷。后测问卷测量了被试的阅读理解能力、阅读画作数量、阅读时间投入以及画作理解测试(事先并没有告诉被试有此测试,防止复习效应)。

(三)测试工具

1)学业表现。学业表现主要分为三部分:①专业学习态度,指对专业的喜欢程度,"你有多喜欢自己的专业";②专业学习投入,指每周投入学习的时间,"你每周用于学习或学术活动的时间有多少";③学业成绩,采用的指标为被试在上学期期末考试中成绩在90分以上的科目所占的百分比(因为所有被试均来自同一学院的同一专业,而且所在专业对考试成绩的各等级,如优秀、良好、不及格等有一定的比例要求,因此,成绩在90分以上的科目所占比例能用于代表学生的学业表现)。

2)艺术知识和态度。其中,相关艺术知识背景的问题为"你了解西方画作吗?(1代表一点也不了解,2代表了解一些;3代表了解较多;4代表了解很多)"。对艺术的整体态度的问题为"你喜欢西方画作吗?"采用利克特七点评分。

3)目标相关概念测量。阅读此书的目标意向采用"我打算在未来四周内认真阅读完此书"来测量;目标的成功期望采用"我能在未来四周内认真阅读完此书"来测量;目标的激励价值采用"对我来说,在未来四周内认真阅读完此书很重要"来测量;未完成目标的预期失望采用"如果未能在未来四周内认真阅读完此书,我会感到很失望"来测量。以上项目均采用利克特七点评分。

4)一般阅读理解能力。采用2012年国家公务员考试语言理解部分的段落阅读理解来测量被试的一般阅读理解能力。一共有16个题目,本次研究中的内部一致性信度为0.56。

5)阅读时间投入。时间投入的测量有三个指标。一是"阅读时间记录卡"上的时间总和,该记录卡采用七点评分,其标准如下:1(0小时)、2(0—30分钟)、3(30分钟—1小时)、4(1—1.5小时)、5(1.5—2小时)、6(2—2.5小时)、7(2.5小时以上)。二是第二次测量问卷上的阅读时间,例如,"在第一周,你大概用多少小时阅读此书"。三是第二次测量问卷上的扩展阅读时间,例如,"在第一周,你大概用多少小时阅读其他书籍或网络资源来更好地理解此书中的画作"。

6)阅读画作总数。采用"在过去四周内,你大概认真欣赏了多少幅名画"

来测量。

7) 画作理解测试。在画作理解测试中，给被试呈现 33 幅名画（从书中 100 幅名画中随机选择的），每幅名画下有一个题目测试被试对此画的理解程度。每一个题目下有四个选项，其中只有一个为正确答案。在这 33 个题目中，有 14 个题目的项目区分度（题目与 33 题总分的相关）低于 0.2，因此在最后分析时只用剩余的 19 个题目。这 19 个题目的区分度为 0.21—0.61，平均区分度为 0.36；内部一致性信度为 0.63。

（四）MCII 策略特征分析

1. 数量特征

在本次研究中，MCII 策略的数量特征有三个指标：第一个是在 MCII 作业中写下的总字数；第二个是心理对照的完整性；第三个是执行意向的完整性。由于集体施测，MCII 组的 39 名被试中有 11 名被试未完整完成 MCII 作业，要么是遗漏了详细想象部分，要么是只写了一遍"如果—那么"计划。在心理对照作业中，被试需要写下收获关键词、收获的详细想象、障碍关键词和障碍的详细想象四部分，因此设定总分为 4 分。在执行意向作业中，要求被试写两遍"如果—那么"计划，因此设定总分为 2 分。

2. 质量特征

为了分析 MCII 策略的质量，两名心理学研究生分别评估了心理对照作业中的收获和障碍的具体性，以及"如果—那么"计划的工具性。当两者存在不同意见时，两名评分者与第三名研究者进行讨论，并确定最后的分数。

心理对照的具体性：两名评分者评估了收获和障碍的详细想象部分的具体性。收获和障碍的具体性的评估标准均为：①没有进行详细想象（得 0 分），由于集体施测，有部分被试未按指导语答题；②比较抽象的想象（得 1 分），如"我会知道更多的艺术知识，提高了我的艺术欣赏能力"；③具体的想象（得 2 分），如"将来我可能在博物馆中看到这些画作，那时我就可以给同行的人讲解画作的相关内容"。收获的具体性和障碍的具体性的评分者的一致性 Kappa 系数分别为 0.91 和 0.80。

"如果—那么"计划的工具性：两名评分者评估了"如果—那么"计划的工具性，即计划是否有利于克服障碍。具体评分标准为：①完全不利于目标达成，即不做目标相关的行为（得 0 分），如"如果期末复习影响了阅读书籍，那么在暑假里我一定会认真阅读此书"；②有利于目标达成，但减弱了目标相关行为的强度（得 1 分），如"如果论文上交的期限到了，那么我会以完成论文为主，少抽空看此书"；③完全有利于目标达成（得 2 分），如"如果我想看电视剧，那么我会告诉自己这本书更有营养"。评分者的一致性 Kappa 系数为 0.72，这表明评分者一致性信度较好（Cicchetti，1994；Fleiss，1981）。

三、结果分析

未参加第二次测试的 9 名同学与参加第二次测试的 81 名同学仅在目标意向上存在显著差异[$t(88)$=2.56，$p<0.05$]，而在成功期望[$t(88)$=1.19，p=0.237]、激励价值[$t(88)$=0.51，p=0.614]、预期失望[$t(88)$=−0.74，p=0.462]上均不存在显著差异。

（一）随机化检验

整体、MCII 组和控制组被试在基线水平的基本特征如表 7-1 所示。

表 7-1　整体、MCII 组和控制组被试的样本特征

特征	整体 （N=81[a]）	MCII 组 （n=39）	控制组 （n=42）	组间差异 p
年龄	20.30（0.99）	20.20（1.13）	20.39（0.85）	0.392
学业态度	5.85（1.11）	5.71（1.27）	5.99（0.93）	0.252
学习时间	13.91（9.94）	15.03（9.15）	12.95（10.59）	0.361
学业成就	22.11（22.35）	23.88（26.98）	20.71（18.13）	0.546
相关的艺术知识	1.74（0.47）	1.71（0.46）	1.76（0.48）	0.629
对艺术的态度	4.95（1.14）	4.85（1.27）	5.05（1.01）	0.430
目标意向	5.83（0.85）	5.87（0.84）	5.79（0.88）	0.654
成功期望	5.58（1.13）	5.51（1.07）	5.64（1.19）	0.607
激励价值	5.00（1.27）	4.85（1.37）	5.14（1.18）	0.298
预期失望	4.96（1.40）	4.69（1.49）	5.21（1.28）	0.094
阅读理解能力	4.91（2.30）	5.51（2.40）	4.36（2.08）	0.023

注：[a] 基线数据缺失，年龄缺失 1 人，学习时间缺失 3 人，学业成就缺失 6 人，相关的艺术知识缺失 1 人

表 7-1 显示，除阅读理解能力外，MCII 组和控制组的基线特征均不存在显著差异，因此在分析时仅需控制阅读理解能力。

（二）有无 MCII 策略对目标达成的影响

本次研究中的因变量包含阅读时间投入、阅读画作总数和画作理解测试三个

指标，下面将依次检验 MCII 组和控制组在三个因变量上的差异。

1. 有无 MCII 策略对阅读时间投入的预测

表 7-2 显示了 MCII 组和控制组在四周内阅读此书的时间投入，采用独立样本 t 检验未发现 MCII 组和控制组在阅读时间记录卡时间总和[$t(79)$=0.43，p=0.666]、阅读时间总和[$t(79)$=0.34，p=0.731]和扩展阅读时间总和[$t(79)$=0.51，p=0.880]上存在显著差异。

表 7-2　MCII 组和控制组的阅读时间投入

因变量	MCII 组	控制组
阅读时间记录卡时间总和	67.67（23.13）	65.29（25.67）
阅读时间总和（小时）	13.12（7.24）	12.53（8.19）
扩展阅读时间总和（小时）	2.40（4.32）	2.52（3.14）

注：阅读时间记录卡上的时间采用的是 1—7 点评分，而后测的阅读时间和扩展阅读时间采用小时测量

MCII 组和控制组被试在四周内的阅读时间投入（包含阅读时间和扩展阅读时间）趋势如图 7-2 所示。

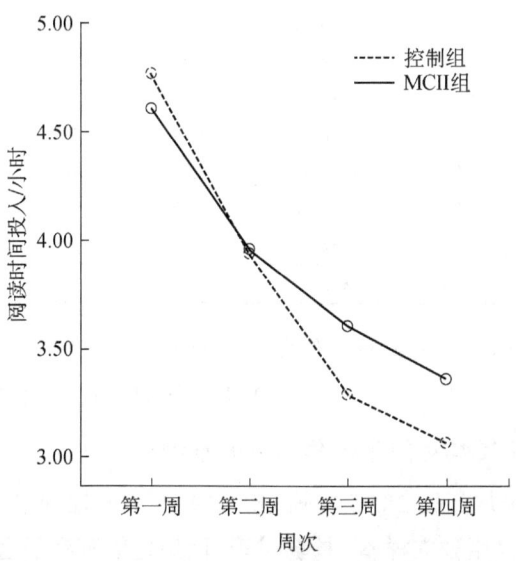

图 7-2　MCII 组和控制组四周内的阅读时间投入

由图 7-2 可看出，MCII 组和控制组被试在阅读书籍上的时间投入均逐渐减少，而控制组的减少更为明显。但是通过重复测量方差分析发现，周次的主效应显著[$F(3,75)$=12.87，p<0.001]，但组别的主效应不显著[$F(1,77)$=0.04，p=0.838]，组别和周次之间的交互作用也不显著[$F(3,75)$=0.40，p=0.880]，即研究结果未发

现 MCII 组和控制组在阅读书籍的时间投入上有所不同。

通过两两配对 t 检验发现，控制组被试在第三周的阅读时间投入显著少于第二周 $[t(40)=3.34，p<0.01]$，但第二周与第一周的阅读时间投入 $[t(40)=1.70，p=0.098]$、第四周与第三周的阅读时间投入 $[t(40)=0.63，p=0.535]$ 不存在显著差异；MCII 组被试在第二周的阅读时间投入显著少于第一周 $[t(38)=3.23，p<0.01]$，但第三周与第二周的阅读时间投入 $[t(38)=1.42，p=0.163]$、第四周与第三周的阅读时间投入 $[t(38)=1.04，p=0.301]$ 不存在显著差异。

进一步以学业表现、艺术知识、艺术态度、目标相关变量、阅读理解能力为协变量，考察不同组别对阅读时间投入（阅读时间和扩展阅读时间的总和）影响的协方差分析，具体结果见表 7-3。

表 7-3　以学业表现等为协变量，不同组别对阅读时间投入影响的协方差分析

变异源	df	SS	MS	F	p	η^2
学业表现	1.00	376.43	376.43	4.72	0.034	0.072
艺术知识	1.00	71.17	71.17	0.89	0.349	0.014
艺术态度	1.00	273.44	273.44	3.43	0.069	0.053
目标意向	1.00	0.84	0.84	0.01	0.919	0.000
成功期望	1.00	58.72	58.72	0.74	0.394	0.012
激励价值	1.00	11.91	11.91	0.15	0.701	0.002
预期失望	1.00	18.32	18.32	0.23	0.633	0.004
阅读理解能力	1.00	38.07	38.07	0.48	0.492	0.008
组别	1.00	4.37	4.37	0.05	0.816	0.001
误差	61.00	4 864.84	79.75			
合计	70.00	22 303.86				

由表 7-3 可看出，协方差分析仅发现学业表现（协变量）对阅读时间投入有正向预测作用，并未发现组别（自变量）对阅读时间投入的显著预测作用。

2. 有无 MCII 策略对阅读画作总数的预测

MCII 组被试平均阅读 28.95 幅画（$SD=19.05$），而控制组被试平均阅读 42.89 幅画（$SD=30.62$），采用独立样本 t 检验发现，两组之间存在显著差异 $[t(79)=-2.36，p<0.05]$。进一步以学业表现、艺术知识、艺术态度、目标相关变量、阅读理解能力为协变量，考察组别对阅读画作总数的影响，具体结果见表 7-4。协方差分析仅发现艺术知识（协变量）对阅读画作总数有正向预测作用，并未发现组别（自变量）对阅读画作总数的显著预测作用。

表 7-4 以学业表现等为协变量，不同组别对阅读画作总数影响的协方差分析

变异源	df	SS	MS	F	p	η^2
学业表现	1.00	188.68	188.68	0.38	0.538	0.007
艺术知识	1.00	3 522.89	3 522.89	7.16	0.010	0.110
艺术态度	1.00	112.66	112.66	0.23	0.634	0.004
目标意向	1.00	631.40	631.40	1.28	0.262	0.022
成功期望	1.00	497.05	497.05	1.01	0.319	0.017
激励价值	1.00	364.55	364.55	0.74	0.393	0.013
预期失望	1.00	990.44	990.44	2.01	0.161	0.034
阅读理解能力	1.00	1 722.32	1 722.32	3.50	0.066	0.057
组别	1.00	894.62	894.62	1.82	0.183	0.030
误差	58.00	28 534.36	491.97			
合计	67.00	141 704.00				

3. 有无MCII策略对画作理解测试的预测

MCII 组被试在画作理解测试上的得分为 7.08 分（SD=3.22），而控制组被试在画作理解测试上的得分为 6.93 分（SD=2.93）。采用独立样本 t 检验未发现两组之间存在显著差异[$t(79)$=0.22，p=0.829]。进一步控制阅读理解能力的分析仍未发现两组被试在画作理解测试上存在显著差异[$t(78)$=−0.29，p=0.771]。

进一步以学业表现、艺术知识、艺术态度、目标相关变量、阅读理解能力为协变量，考察组别对画作理解测试的影响，具体结果见表 7-5。协方差分析并未发现协变量和组别对画作理解测试存在显著的预测作用。

表 7-5 以学业表现等为协变量，不同组别对画作理解测试影响的协方差分析

变异源	df	SS	MS	F	p	η^2
学业表现	1.00	1.64	1.64	0.20	0.656	0.003
艺术知识	1.00	8.21	8.21	1.01	0.319	0.016
艺术态度	1.00	0.01	0.01	0.00	0.977	0.000
目标意向	1.00	2.60	2.60	0.32	0.574	0.005
成功期望	1.00	5.12	5.12	0.63	0.431	0.010
激励价值	1.00	3.87	3.87	0.48	0.493	0.007
预期失望	1.00	11.12	11.12	1.37	0.247	0.021
阅读理解能力	1.00	18.39	18.39	2.26	0.138	0.035
组别	1.00	0.35	0.35	0.04	0.836	0.001
误差	63.00	513.14	8.15			
合计	72.00	4274.00				

（三）MCII 策略特征对目标达成的影响

本部分首先分别分析了 MCII 策略的数量特征、质量特征与因变量的关系，然后整体分析了 MCII 策略特征对其效果的影响。

1. 数量特征对目标达成的影响

在本次研究中，MCII 策略的数量特征有三个指标：第一个指标是在 MCII 作业中写下的总字数，MCII 组被试在 MCII 作业阶段平均写下了 116.32 个字（SD=46.04）；第二个指标是心理对照的完整性，有 11 名被试未完整完成 MC 作业；第三个指标是执行意向的完整性，有 7 名被试未完整完成执行意向作业。

MCII 策略总字数、心理对照的完整性、执行意向的完整性与阅读时间投入、阅读画作总数以及画作理解测试的相关见表 7-6。

表 7-6 MCII 策略数量指标与阅读投入和成绩的相关

变量	阅读时间投入	阅读画作总数	画作理解测试
总字数	−0.10	0.26	0.44**
心理对照的完整性	0.02	0.09	0.24
执行意向的完整性	0.19	0.05	0.42**

相关分析仅发现被试在 MCII 作业中写下的总字数和执行意向的完整性与画作理解测试得分存在显著的正相关。进一步采用偏相关控制心理对照和执行意向的完整性，考察总字数与画作理解测试得分的偏相关，结果未发现两者之间的偏相关显著（r=0.30，p=0.075）。采用偏相关控制总字数和心理对照的完整性，考察执行意向的完整性与画作理解测试得分的偏相关，结果发现两者之间存在边缘显著的偏相关（r=0.31，p=0.064）。

2. 质量特征对目标达成的影响

研究采用了收获的具体性、障碍的具体性以及"如果—那么"计划的工具性三个质量指标，这三个指标与因变量之间的相关矩阵见表 7-7。

表 7-7 MCII 策略质量指标与阅读投入和成绩的相关

变量	阅读时间投入	阅读画作总数	画作理解测试
收获的具体性	0.12	0.39*	0.44**
障碍的具体性	0.11	0.20	0.07
执行意向的工具性	0.14	−0.09	−0.07

由表 7-7 可看出，仅收获的具体性与阅读画作总数和画作理解测试之间存在

显著的正相关。进一步采用偏相关控制障碍的具体性以及执行意向的工具性，考察收获的具体性与阅读画作总数和画作理解测试之间的偏相关，结果发现，收获的具体性与阅读画作总数的偏相关显著（$r_{偏}=0.38$，$p<0.01$），收获的具体性与画作理解测试的偏相关显著（$r_{偏}=0.47$，$p<0.01$）。

3. 整体特征对目标达成的影响

采用分层多元回归分析从整体上考察 MCII 策略的数量和质量特征对阅读时间投入的预测作用。第一步加入控制变量，第二步加入数量特征指标，第三步加入质量特征指标，具体结果如表 7-8 所示。分层多元回归的分析结果发现，在控制了可能的控制变量后，MCII 的数量和质量的单一指标对阅读时间投入没有显著的影响，但 MCII 的数量和质量特征共能解释阅读时间投入 16% 的变异（不显著）。

表 7-8 控制变量、MCII 策略数量和质量特征预测阅读时间投入的分层多元回归分析

步骤和预测变量	R^2	ΔR^2	sr	β
第一步	0.34	0.34		
学业表现			1.66	0.19
艺术知识			4.75	0.32
艺术态度			1.72	0.03
目标意向			2.85	0.08
成功期望			2.52	0.45
激励价值			1.93	−0.40
预期失望			1.34	−0.22
阅读理解能力			0.78	−0.20
第二步	0.47	0.13		
总字数			0.05	−0.12
心理对照的完整性			3.92	0.37
执行意向的完整性			3.87	0.26
第三步	0.50	0.03		
收获的具体性			4.64	−0.24
障碍的具体性			4.87	0.12
执行意向的工具性			3.43	0.00

采用分层多元回归分析从整体上考察 MCII 的数量和质量特征对阅读画作总数的预测作用。具体结果见表 7-9。分层多元回归的分析结果发现，在控制了可能的控制变量后，MCII 策略的数量和质量的单一指标对阅读画作总数没有显著的影响，但 MCII 策略的数量和质量特征共能解释阅读画作总数 18% 的变异（不显著）。

表 7-9 控制变量、MCII 策略数量和质量特征预测阅读画作总数的分层多元回归分析

步骤和预测变量	R^2	ΔR^2	sr	β
第一步	0.32	0.32		
学业表现			3.45	−0.22
艺术知识			9.89	0.49
艺术态度			3.57	−0.14
目标意向			5.94	0.18
成功期望			5.25	0.27
激励价值			4.02	0.10
预期失望			2.79	−0.46
阅读理解能力			1.62	−0.11
第二步	0.39	0.07		
总字数			0.10	0.23
心理对照的完整性			8.63	0.17
执行意向的完整性			8.52	0.01
第三步	0.50	0.11		
收获的具体性			9.52	0.34
障碍的具体性			10.00	0.47
执行意向的工具性			7.04	−0.15

采用分层多元回归分析从整体上考察 MCII 策略的数量和质量特征对画作理解测试的预测作用，具体结果见表 7-10。分层多元回归的分析结果发现，在控制了可能的控制变量后，MCII 策略的数量和质量的单一指标对画作理解测试没有显著的影响，但 MCII 策略的数量和质量指标共能解释画作理解测试 20% 的变异（不显著）。

表 7-10 控制变量、MCII 策略数量和质量特征预测画作理解测试的分层多元回归分析

步骤和预测变量	R^2	ΔR^2	sr	β
第一步	0.34	0.34		
学业表现			0.48	−0.11
艺术知识			1.38	−0.25
艺术态度			0.50	0.20
目标意向			0.83	−0.44
成功期望			0.73	0.41
激励价值			0.56	−0.11
预期失望			0.39	−0.23
阅读理解能力			0.23	0.09

续表

步骤和预测变量	R^2	ΔR^2	sr	β
第二步	0.52	0.17		
总字数			0.01	0.19
心理对照的完整性			1.08	−0.52
执行意向的完整性			1.06	0.08
第三步	0.55	0.03		
收获的具体性			1.28	−0.05
障碍的具体性			1.34	0.31
执行意向的工具性			0.94	−0.01

四、讨论与结论

本次研究考察了诱导形成的 MCII 策略及其特征对实验者分配的目标追寻的影响。与以往的研究结果不同（Oettingen et al.，2013），本次研究并未发现 MCII 组被试的阅读目标达成好于控制组的阅读目标达成。相反，控制组被试比 MCII 组被试阅读了更多的画作。然而，进一步的偏相关分析发现，当控制了学业表现、艺术相关知识背景、阅读理解能力等变量后，组别对阅读画作总数的影响不再显著。这表明，控制组较好的表现可能来自被试前期的控制变量的影响。另外，本次研究发现，MCII 策略的特征会影响目标达成。

本次研究未发现 MCII 策略的益处可能有以下四个原因。第一，以往的干预研究主要是与被试有高利害关系的目标或愿望，如成年人的饮食、体育锻炼等。而本次研究分配给被试阅读非专业的书籍，这与被试的生活并没有高利害关系。已有研究也发现，执行意向对受控动机的目标有负向预测作用（Smith et al.，2010），这表明 MCII 策略可能无法促进个体有效地追寻被他人分配的非自主性目标。

第二，阅读书籍需要付出更强的意志力。以往有关 MCII 策略的干预研究主要是针对饮食以及身体活动，被试在形成执行意向后，只要启动行为就行，不需要分配更多的注意力。而阅读书籍除了需要启动读书行为外，还需要高度的注意力来维持阅读活动（Kizilcec & Cohen，2017）。MCII 策略可能对这种需要高度注意力的活动效果不明显。

第三，目标间的冲突可能会造成 MCII 策略无效。在本次研究中，被试提及的障碍多数是其他干扰目标，如英语四六级、期末课程论文等，而只有小部分被试提及的障碍与目标直接相关，如意志力差等。以往有关 MCII 策略的研究中，被试提及的都是目标相关障碍，例如，有关水果和蔬菜摄入量的干预中，被试主要提及的障碍是家里没有水果和蔬菜、忘记购买水果和蔬菜等（Stadler et al., 2010）。所以，MCII 策略在本次研究中无效很有可能是由目标冲突造成的，即被试想到的障碍目标可能对他来说是更重要的目标，MCII 作业会使被试放弃阅读书籍的目标。

第四，在本次研究中，MCII 策略质量不高，这可能是造成 MCII 无效的重要原因之一。由于是集体施测，MCII 组 39 个被试中有 11 个被试没有完整地进行 MCII 作业。而后续的分析发现，MCII 策略的质量和数量会影响阅读时间投入和阅读成绩。而且以往的研究已发现，与主试有直接交流的被试的行为改变要好于仅收到打印材料的被试的行为改变（Elder et al., 2005）。因此，未来的研究应该改善 MCII 策略的干预方式，采用主试与被试面对面、一对一交流的测试方式来代替用打印或书写的小册子的测试方式。

本次研究考察的第二个问题是 MCII 策略的特征对目标追寻的影响，结果发现，MCII 策略的特征会影响目标达成。首先，在不控制其他变量的情况下，MCII 策略的数量和质量特征对 MCII 策略效果有一定的预测作用：被试在 MCII 作业中写下的总字数、执行意向的完整性对画作理解测试有积极的影响；收获的具体性与阅读画作总数和画作理解测试存在显著正相关。其次，在控制其他可能的影响因素后，MCII 策略的数量和质量特征还能解释阅读时间投入程度和成绩 16%—20% 的变异。

因此，本次研究结果表明，诱导形成的 MCII 策略并不一定能改善目标达成情况。MCII 策略的特征也会影响目标达成，若诱导形成的 MCII 策略的质量较低，可能无法进一步提高目标达成。

本次研究存在以下局限：第一，本次研究被试包含 79 名女生和 2 名男生，性别上的不均衡会限制本次研究结果的普适性。第二，本次研究的操纵是分班级的，两个不同的班级分别被分到控制组和 MCII 组，班级特征可能会影响实验结果。第三，第二次测试是在期末考试前几天进行的，这使得本次研究成为重要目标（准备期末考试）的冲突目标。未来的研究应该尽可能控制情境中的其他因素对研究结果的影响。

本次研究的结论如下：第一，研究未发现诱导形成 MCII 策略的被试的目标达成好于控制组被试的目标达成；第二，研究发现诱导形成的 MCII 策略的数量和质量特征对目标追寻有一定的预测作用，尤其是收获的具体性能显著预测阅读画作总数和画作理解测试成绩。

第二节 研究2：MCII策略对不同领域自主目标的影响

一、研究目的

研究2对研究1进行了改进。虽然研究1发现MCII策略及其特征对目标达成有影响，但仍存在以下四方面局限：第一，研究1的阅读任务是实验者分配的外源性目标（非自主目标），会影响MCII策略干预的有效性；第二，研究1中MCII策略的干预方式是集体测试，导致被试形成的MCII策略的质量较低；第三，研究1中MCII策略的干预为限制被试想象一个收获、一个障碍并做出一个应对计划，被试的自主性较差，且无法有效地分析MCII策略的数量特征对目标达成的影响；第四，在研究1的实施过程中，被试有其他重要目标（准备期末考试），干扰了实验任务的实现。因此，研究2拟以大学生在暑假中自主设立的最重要目标为研究任务，采用个别测试诱导大学生形成多个MCII策略（被试自由决定想象的收获、障碍和计划个数），以进一步验证MCII策略及其特征对目标达成的影响。

本次研究拟采用的MCII策略特征包含数量特征、质量特征和内容特征。其中，数量特征包含收获、障碍、应对计划和行动计划的个数，以及MCII作业中写下的总字数。质量特征包含收获的具体性、障碍的具体性、应对计划的工具性以及行动计划的刻板性（van Osch et al., 2010）。这些质量特征指标是根据MCII策略指导语中的关键特征选定的（如实验者指导被试具体、详细地想象收获的情境，即收获的具体性）。内容特征包含收获的吸引力，以及障碍的内在性、稳定性和可控性。这些内容特征并未在指导语中加以强调，但已有研究发现，这些特征会对目标达成产生影响，例如，Oettingen和Mayer（2002）有关心理对照的研究发现，积极幻想的积极性能负向预测目标达成；Schwörer和Oettingen（2014）的研究发现，障碍预想的内在性会正向预测目标达成。因此，本次研究拟进一步从整体上分析收获的吸引力、障碍的特征对目标达成的影响。

本次研究的假设如下：第一，诱导形成MCII策略的学生的暑假目标完成情况好于未形成MCII策略的学生的暑假目标完成情况；第二，MCII策略的特征会影响大学生的暑假目标达成：①收获个数、计划个数以及在MCII策略干预阶段写下的总字数对目标达成有正向预测作用，障碍个数对目标达成有负向预测作用；②收获描述的具体性越高、应对计划的工具性越高、行动计划的刻板性越低，目标达成水平越高；③障碍描述的可控性越高、内在性越高，目标达成水平越高。

二、研究方法

（一）被试

在某所师范学校以海报形式招募到 140 名被试，其中 91 名学生被随机分配到 MCII 组，49 名学生被随机分配到控制组。MCII 组的 61 名学生和控制组的 30 名学生参加了第二次测试，被试有效率为 65%，年龄为 19—26 岁，平均年龄为 21.23 岁。

（二）研究程序及干预

在某所师范学校以海报形式招募被试，海报的主要内容包含研究目标（帮助大学生有效地实现其暑假目标）、参加本次研究需要的时间（第一次为 30—40 分钟，第二次约为 5 分钟）以及参加本次研究的报酬（10 元人民币或价值 10 元人民币的精美小礼品）。

本次研究包含两次测试。第一次测试在暑假放假前两周，分为以下三个阶段。

第一阶段：招募到的被试自愿来到心理学实验室，主试给被试介绍本次研究的目标、程序以及保密原则（1 名主试对应 1—2 名被试）。

第二阶段：被试被随机分配到控制组和 MCII 组。控制组和 MCII 组回答的问题是完全相同的，主要内容是目标起点、目标难度、目标意向、成功期望和激励价值（详见测量工具部分）。

第三阶段：仅 MCII 组被试进行了 MCII 自我调节策略的作业。为了进一步详细检验 MCII 策略的数量和质量的效用，MCII 策略的干预部分与本章研究 1 中的 MCII 策略的干预有所不同。具体干预内容如下：首先，让被试写下实现暑假目标给生活带来的积极影响（即收获），能想到几个就写下几个，然后让被试依次具体形象地想象每一个收获的内容，每次具体想象完一个收获后，让被试评估这个收获对他的吸引程度。其次，在主试的指导下，被试写下阻碍暑假目标实现的可能障碍（能想到几个就写下几个），然后依次具体形象地想象每一个障碍的内容，每次具体想象完一个障碍后，写下如何克服障碍的"如果—那么"计划（能想到几个就写下几个），随后再评估障碍的特征（包含内在性、稳定性和可控性）。

再次，被试写下他们具体的行动计划（同样是能想到几个就写下几个），即何时何地（或者何种情境下）做哪种目标定向行为。最后，被试在暑假目标计划表上重新写下他的暑假目标以及已形成的所有计划，实验结束后，被试将暑假目标计划表带走。

第二次测试在开学后进行，主要测试内容是目标终点和暑假里为实现目标付出的努力程度。主试在开学后的前三天将后测问卷发送到被试的电子邮箱，并短信提醒被试在一周内回复。

（三）测试工具

目标起点和终点：本次研究采用同一个项目，即"在实现该目标的路上，你走了多远？"，分别在第一次测试（暑假前）和第二次测试（开学后）时来考察被试暑假目标的初始状态和终点状态。采用利克特七点评分（1代表还没开始；2代表刚开始；3代表完成25%；4代表完成50%；5代表完成75%；6代表马上完成；7代表已经完成）。

目标相关概念测量：主要包括以下四部分。①目标难度，采用"对你来说，这个目标的难度有多大"（1代表容易，2代表居中，3代表困难）来测量；②目标意向，采用Ajzen（2006）的《计划行为理论量表》中的3个项目来测量，如"我已下定决心在暑假里完成这个目标"，其内部一致性信度为0.71；③成功期望，采用Oettingen（2000）测量成功期望的项目"你有多大可能在暑假里实现这一目标"来测量；④激励价值，采用Oettingen（2000）测量激励价值的项目"对你来说，在暑假里实现这一目标有多重要"来测量。目标意向、成功期望和激励价值均采用利克特七点评分。

努力程度：采用改编自Zhang等（2013）的《目标进步量表》的5个项目来评估被试为实现目标做出的努力程度，如"在过去一个月里，你为实现这一目标付出多少努力"，其内部一致性信度为0.93。

（四）MCII策略特征分析

1. 数量特征

本次研究中使用的MCII策略数量特征是被试写下的收获、障碍、应对计划和行动计划的个数，以及在MCII作业部分写下的所有字数。

2. 质量特征

两名研究者独立评估了MCII策略的收获的具体性、障碍的具体性、应对计划的工具性以及行动计划的刻板性和工具性等质量特征，当评分出现不一致时，两名评分者相互讨论，确定最终的分数。

收获的具体性：本次研究采用被试在收获的具体想象部分写下的陈述的具体性之和作为收获的具体性指标。评分分为三步：第一步，两名研究生评估每一个收获的具体想象部分包含几个陈述[陈述是指一个短语或一个句子，包含不多于一个主谓宾结构（Cousins，1989）]。例如，一个学生的暑假目标是"支教"，她提到的一个收获是"体验"，在具体想象部分，她写下"体验教师工作；在岗位上实际操作；体验山区生活；适应新环境"，那么她写下了4个不同的陈述。两名评分者的一致性 Kappa 系数为 0.78（一致率为 83%）。第二步，两名研究生评估每一个陈述是具体的还是抽象的，若陈述的是具体的事件，得1分，如"不用在考英语听力时打小抄"；若陈述的是概括、抽象的事件，得0分，如"改善生活质量"。两名评分者的一致性 Kappa 系数为 0.69（一致率为 76.9%）。第三步，将有关每一个收获的所有陈述的具体性得分相加，即为收获的具体性的得分。

障碍的具体性：障碍的具体性的评分标准和程序与收获的具体性的评分标准和程序一样。两名评分者在陈述个数和陈述具体性上的评分者一致性 Kappa 系数分别为 0.84（一致率为 87.2%）和 0.71（一致率为 76.9%）

应对计划的工具性：应对计划采用的是"如果—那么"形式，"如果"部分的障碍发生情况的具体性已经在障碍部分进行了评估，而应对计划的工具性主要是评估"那么"部分的内容是否有利于克服障碍。其评分标准是：①"那么"部分的内容是不做目标相关的行为，得0分；②"那么"部分的内容是推迟目标相关行为的时间或降低目标相关行为的强度，得1分；③"那么"部分的内容是直接克服障碍，得2分。两名评分者的一致性 Kappa 系数为 0.56（一致率为 88.4%）。

行为计划的刻板性和工具性：由于行动计划主要包含时间、地点和行为三要素，其刻板性评估的标准是：①只写下要进行的事件或行动，得1分；②包含时间、地点或行动三者之中的两者，或包含三者，得2分。两名评分者的一致性 Kappa 系数为 0.69（一致率为 84.6%）。

工具性的评估有两个标准，若计划是有利于目标达成的，得1分；若计划是不利于目标达成的，得0分。两名评分者的一致性 Kappa 系数为 0.83（一致率为 97.8%）。在被试写下的 182 个行动计划中，只有 13 个行动计划不具有工具性，因此在分析时将其删除。

3. 内容特征

由被试评价 MCII 策略的内容特征：收获的吸引力，以及障碍的内在性、稳定性和可控性。

收获特征：采用利克特七点评分，让被试自己评估每一个收获的吸引力，即"请评估这一积极影响（或收获）对你的吸引力"（1代表一点也没有吸引力，7代表非常有吸引力）。

障碍特征：采用利克特七点评分，让被试评估写下的每一个障碍的内在性、稳定性和可控性，即"请评估这一障碍的内在性/稳定性/可控性"（1代表非常外在/一点也不稳定/一点也不可控，7代表非常内在/非常稳定/非常可控）。

三、结果分析

未参加第二次测试的49名同学与参加第二次测试的91名同学在目标难度$[t(138)=-0.65, p=0.517]$、目标起点$[t(138)=1.44, p=0.153]$、目标意向$[t(138)=0.17, p=0.866]$、成功期望$[t(138)=-0.52, p=0.604]$、激励价值$[t(138)=-0.23, p=0.818]$上均不存在显著差异。

（一）随机化检验

整体、MCII组和控制组被试在基线水平的基本特征如表7-11所示。

表7-11 整体、MCII组和控制组被试的样本特征

特征	整体（N=91）	MCII组（n=61）	控制组（n=30）	组间差异 p
目标难度	2.16（0.54）	2.20（0.51）	2.10（0.61）	0.427
目标起点	2.68（1.16）	2.54（1.10）	2.97（1.25）	0.101
目标意向	5.72（1.07）	5.74（0.96）	5.67（1.28）	0.774
成功期望	5.54（1.30）	5.75（0.94）	5.10（1.77）	0.066
激励价值	6.00（1.09）	6.15（0.93）	5.70（1.32）	0.102

表7-11显示，独立样本t检验并未发现两组被试在目标难度、目标起点、目标意向、成功期望和激励价值上存在显著差异，这表明，本次研究的随机分组是成功的。

（二）有无MCII策略对目标达成的影响

本次研究中的因变量包含目标终点和努力程度两个指标。下面将依次考察MCII组和控制组在两个因变量上的差异。

1. 有无MCII策略对目标终点的预测

控制组和MCII组在目标起点和目标终点上的平均数如图7-3所示。

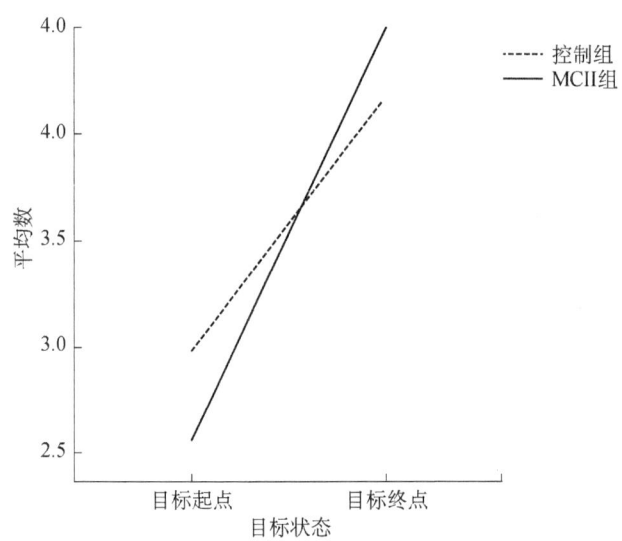

图 7-3 控制组和 MCII 组的目标起点与终点平均数

由图 7-3 可看出以下两点：第一，MCII 组和控制组的目标终点都显著高于目标起点 $[t_{MCII}(60)=8.41，p<0.001；t_{控制组}(29)=3.30，p<0.01]$；第二，MCII 组的目标起点与目标终点之间的差距大于控制组，MCII 组和控制组被试的目标起点与目标终点之间的差异分别为 1.95（SD=1.81）和 1.20（SD=1.99），但采用独立样本 t 检验未发现两者之间存在显著差异$[t(89)=1.89，p=0.075]$。

采用协方差控制目标起点，考察组别对目标终点的影响，结果如表 7-12 所示。

表 7-12 以目标起点为协变量，不同组别对目标终点影响的协方差分析

变异源	df	SS	MS	F	p	η^2
目标起点	1	6.60	6.61	2.40	0.125	0.026
组别	1	3.54	3.54	1.28	0.261	0.014
误差	88	242.81	2.76			
合计	90	2001.00				

由表 7-12 可看出，协方差分析并未发现组别对目标终点有显著影响。

由于 MCII 策略可能只对高成功期望的被试有效，进一步采用分层多元回归分析依次检验成功期望与组别之间的交互作用。检验程序如下：模型均以目标终点为因变量，M1 以成功期望和组别为自变量，M2 以成功期望、组别以及成功期望和组别的交互作用为自变量。

针对成功期望和组别之间的交互作用的分层多元回归分析结果如表 7-13 所示。

表 7-13　成功期望和组别交互作用的分层多元回归分析

变量	M1	M2
组别	−0.02	1.11*
成功期望	0.31**	1.23**
组别×成功期望		−1.30**
R^2	0.10*	0.17**
ΔR^2		0.07**

由表 7-13 可看出，成功期望与组别的交互作用显著，具体见图 7-4。横轴为成功期望水平，由于成功期望水平分布不均匀，将其分为高水平（大于等于 6 分）和低水平（小于 6 分）两组；纵轴为目标状态差异（即目标终点减去目标起点）的平均数。

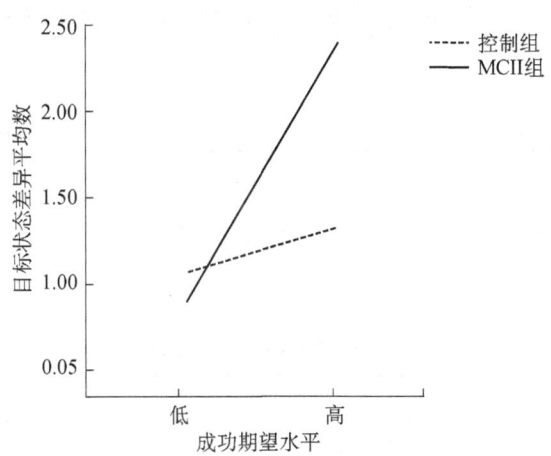

图 7-4　组别和成功期望对目标状态差异的交互作用

由图 7-4 可以看出，对于成功期望水平较低的被试来说，控制组的目标完成情况好于 MCII 组；而对于成功期望水平较高的被试来说，MCII 组的目标完成情况好于控制组。

2. 有无 MCII 策略对努力程度的预测

在努力程度上，MCII 组和控制组被试的平均分分别为 4.81（SD=1.30）和 4.15（SD=1.22）。采用独立样本 t 检验发现，MCII 组的努力程度显著高于控制组的努力程度[$t(89)$=2.27，$p<0.05$]。

由于 MCII 策略可能只对高成功期望的被试有效，接下来采用分层多元回归分析依次检验成功期望对 MCII 策略效果的调节效应。检验程序如下：模型均以努力程度为因变量,模型 1 以成功期望和组别为自变量,模型 2 以成功期望、组别以及成功期望和组别的交互作用为自变量。结果发现,成功期望与组别的交互作用不显著[ΔR^2=0.01,$F(1,83)$=0.59,p=0.443]。

(三) MCII 策略特征对目标达成的影响

1. MCII 策略数量特征对目标达成的影响

MCII 组被试在 MCII 作业部分平均写下了 3.48 个收获(SD=1.01)、2.56 个障碍(SD=1.09)、4.66 个应对计划(SD=2.31)、2.98 个行动计划(SD=1.06)。被试在 MCII 作业部分写下的总字数的平均值为 363.64(SD=180.46)。

MCII 策略数量特征与目标终点、努力程度的相关关系如表 7-14 所示。

表 7-14　MCII 策略数量特征与目标终点、努力程度的相关

变量	收获个数	障碍个数	应对计划个数	行动计划个数	总字数
目标终点	−0.25	−0.15	−0.10	0.06	0.01
努力程度	−0.39**	−0.30*	−0.21	0.03	−0.02

由表 7-14 可看出,收获个数、障碍个数与努力程度之间存在显著的负相关。

进一步采用分层多元回归分析,在控制目标意向等变量后,考察 MCII 数量特征对目标终点和努力程度的影响,具体结果见表 7-15 和表 7-16。

表 7-15　目标相关变量以及 MCII 策略数量特征对目标终点的分层多元回归分析

步骤和预测变量	R^2	ΔR^2	sr	β
第一步	0.33**	0.33**		
目标难度			0.43	−0.20
目标起点			0.18	0.25*
目标意向			0.30	−0.01
成功期望			0.28	0.42**
激励价值			0.26	−0.14
第二步	0.41**	0.08		
收获个数			0.27	−0.24
障碍个数			0.36	−0.21
应对计划个数			0.16	0.10
行动计划个数			0.20	0.05
总字数			0.00	0.27

表 7-16　目标相关变量以及 MCII 策略数量特征对努力程度的分层多元回归分析

步骤和预测变量	R^2	ΔR^2	sr	β
第一步	0.13	0.13		
目标难度			0.35	−0.16
目标意向			0.25	−0.16
成功期望			0.24	0.36*
激励价值			0.22	−0.03
第二步	0.41**	0.28**		
收获个数			0.19	−0.48**
障碍个数			0.26	−0.31
应对计划个数			0.11	−0.09
行动计划个数			0.15	−0.05
总字数			0.00	0.51**

表 7-15 呈现了 MCII 策略数量特征对目标终点的预测，结果发现，当控制了目标难度、目标起点、目标意向、成功期望和激励价值后，MCII 策略的数量特征并不能进一步预测目标终点的变化。

表 7-16 呈现了 MCII 策略数量特征对努力程度的预测，结果发现，当控制了目标难度、目标意向、成功期望和激励价值后，MCII 策略的数量特征能显著解释努力程度 28%的变异，收获个数能显著负向预测努力程度的变化，总字数能显著正向预测努力程度的变化。

2. MCII 策略质量特征对目标达成的影响

被试在收获的具体想象部分平均写下了 2.66 个陈述（SD=1.12），其中具体的陈述（收获的具体性）平均为 1.69 个（SD=0.95）；在障碍的具体想象部分平均写下了 2.84 个陈述（SD=1.06），其中具体的陈述（障碍的具体性）平均为 2.13 个（SD=1.14）；应对计划的工具性平均为 1.79（SD=0.34）；行动计划的刻板性平均为 1.46（SD=0.51）。

MCII 策略质量特征与目标终点、努力程度的相关关系见表 7-17。

表 7-17　MCII 策略质量特征与目标终点、努力程度的相关

变量	收获的具体性	障碍的具体性	应对计划的工具性	行动计划的刻板性
目标终点	0.04	0.18	0.09	−0.39**
努力程度	0.06	0.33*	−0.03	−0.25

由表 7-17 可看出，行动计划的刻板性与目标终点存在显著的负相关，障碍的具体性与努力程度之间存在显著的正相关。

进一步采用分层多元回归分析,在控制目标起点等控制因素后,考察 MCII 策略质量特征对目标终点和努力程度的影响,具体结果见表 7-18 和表 7-19。

表 7-18　目标相关变量以及 MCII 策略质量特征对目标终点的分层多元回归分析

步骤和预测变量	R^2	ΔR^2	sr	β
第一步	0.33**	0.33**		
目标难度			0.43	−0.20
目标起点			0.18	0.25*
目标意向			0.30	0.01
成功期望			0.28	0.42**
激励价值			0.26	−0.14
第二步	0.43**	0.10		
收获的具体性			0.22	0.02
障碍的具体性			0.19	0.15
应对计划的工具性			0.61	0.02
行动计划的刻板性			0.41	−0.29*

表 7-19　目标相关变量以及 MCII 策略质量特征对努力程度的分层多元回归分析

步骤和预测变量	R^2	ΔR^2	sr	β
第一步	0.13	0.13		
目标难度			0.35	−0.16
目标意向			0.25	−0.16
成功期望			0.24	0.36*
激励价值			0.22	−0.03
第二步	0.28*	0.15*		
收获的具体性			0.19	−0.06
障碍的具体性			0.15	0.34*
应对计划的工具性			0.50	−0.02
行动计划的刻板性			0.34	−0.17

表 7-18 呈现了 MCII 策略质量特征对目标终点的预测,结果发现,当控制了目标难度、目标起点、目标意向、成功期望和激励价值后,行动计划的刻板性能负向预测目标终点的变化。

表 7-19 呈现了 MCII 策略质量特征对努力程度的预测,结果发现,当控制了目标难度、目标意向、成功期望和激励价值后,MCII 策略的质量特征能显著解释努力程度 15%的变异,障碍的具体性能显著正向预测努力程度。

3. MCII 策略的内容特征对目标达成的影响

被试写下的收获的吸引力平均为 6.02（SD=0.86），障碍的内在性、稳定性、可控性平均分别为 4.32（SD=1.19）、4.23（SD=1.19）、4.41（SD=1.21）。

MCII 策略的内容特征与目标终点、努力程度的相关关系如表 7-20 所示。

表 7-20　MCII 策略的内容特征与目标终点、努力程度的相关

变量	收获的吸引力	障碍的内在性	障碍的稳定性	障碍的可控性
目标终点	−0.05	−0.10	−0.10	−0.05
努力程度	−0.03	−0.02	−0.07	−0.09

由表 7-20 可看出，相关分析未发现 MCII 策略的内容特征与目标终点和努力程度之间存在显著相关。

进一步采用分层多元回归分析，考察 MCII 策略的内容特征对目标终点和努力程度的影响，具体结果见表 7-21 和表 7-22。

表 7-21　目标相关变量以及 MCII 策略的内容特征对目标终点的分层多元回归分析

步骤和预测变量	R^2	ΔR^2	sr	β
第一步	0.33**	0.33**		
目标难度			0.43	−0.20
目标起点			0.18	0.25*
目标意向			0.30	−0.00
成功期望			0.28	0.42**
激励价值			0.26	−0.14
第二步	0.37**	0.04		
收获的吸引力			0.25	0.05
障碍的内在性			0.20	0.05
障碍的稳定性			0.19	0.08
障碍的可控性			0.18	−0.22

表 7-21 呈现了 MCII 策略的内容特征对目标终点的预测，结果发现，当控制了目标难度、目标起点、目标意向、成功期望和激励价值后，MCII 策略的内容特征仍无法显著预测目标终点的变化。

表 7-22　目标相关变量以及 MCII 策略的内容特征对努力程度的分层多元回归分析

步骤和预测变量	R^2	ΔR^2	sr	β
第一步	0.13	0.13		
目标难度			0.35	−0.16
目标意向			0.25	−0.16

续表

步骤和预测变量	R^2	ΔR^2	sr	β
成功期望			0.24	0.46*
激励价值			0.22	−0.03
第二步	0.19	0.06		
收获的吸引力			0.21	0.07
障碍的内在性			0.18	0.23
障碍的稳定性			0.16	−0.11
障碍的可控性			0.15	−0.22

表 7-22 呈现了 MCII 策略的内容特征对努力程度的预测,结果发现,当控制了目标难度、目标意向、成功期望和激励价值后,MCII 策略的内容特征仍不能显著预测努力程度的强度。

4. MCII 策略总特征对目标达成的影响

前面分别分析了 MCII 策略的数量、质量和内容特征对目标终点和努力程度的影响。为了排除数量、质量和内容特征之间的相互影响,本部分对数量、质量和内容特征进行整体分析,进一步考察哪些特征能预测目标终点和努力程度,具体结果见表 7-23 和表 7-24。

表 7-23　目标相关变量以及 MCII 策略特征对目标终点的分层多元回归分析

步骤和预测变量	R^2	ΔR^2	sr	β
第一步	0.33**	0.33**		
目标难度			0.43	−0.20
目标起点			0.18	0.25*
目标意向			0.30	−0.00
成功期望			0.28	0.42**
激励价值			0.26	−0.14
第二步	0.52*	0.19		
收获个数			0.29	−0.24
障碍个数			0.38	−0.25
应对计划个数			0.16	0.08
行动计划个数			0.22	0.03
总字数			0.00	0.39
收获的具体性			0.26	−0.06
障碍的具体性			0.23	−0.02
应对计划的工具性			0.68	−0.02
行动计划的刻板性			0.45	−0.29*

续表

步骤和预测变量	R^2	ΔR^2	sr	β
收获的吸引力			0.26	0.03
障碍的内在性			0.20	0.11
障碍的稳定性			0.20	0.03
障碍的可控性			0.20	−0.20

表 7-24 目标相关变量以及 MCII 策略特征对努力程度的分层多元回归分析

步骤和预测变量	R^2	ΔR^2	sr	β
第一步	0.13	0.13		
目标难度			0.35	−0.16
目标意向			0.25	−0.16
成功期望			0.24	0.46*
激励价值			0.22	−0.03
第二步	0.53**	0.40**		
收获个数			0.21	−0.51**
障碍个数			0.28	−0.29
应对计划个数			0.12	−0.13
行动计划个数			0.16	−0.08
总字数			0.00	0.60**
收获的具体性			0.19	−0.11
障碍的具体性			0.17	0.10
应对计划的工具性			0.49	−0.15
行动计划的刻板性			0.32	−0.18
收获的吸引力			0.20	0.13
障碍的内在性			0.15	0.22
障碍的稳定性			0.16	0.07
障碍的可控性			0.14	−0.12

表 7-23 呈现了分层多元回归分析的结果，在控制了目标难度、目标起点、目标意向、成功期望和激励价值后，MCII 策略的数量、质量和内容特征能解释目标终点 19%的变异（但不显著），其中行动计划的刻板性能显著负向预测目标终点。

表 7-24 呈现了分层多元回归的结果，在控制了目标难度、目标起点、目标意向、成功期望和激励价值后，MCII 策略的质量、数量和内容特征能解释努力程度 40%的变异，其中收获个数能显著负向预测努力程度，MCII 作业中写下的总字数能显著正向预测努力程度。

四、讨论与结论

本次研究考察了诱导形成的 MCII 策略及其特征对大学生自主暑假目标追寻的影响。与以往的研究结果相同（Oettingen et al., 2013），本次研究发现，MCII 策略有助于大学生自主暑假目标的达成。一方面，MCII 策略有助于高期望的大学生更好地完成暑假目标，但未发现 MCII 策略有助于低期望大学生更好地完成暑假目标；另一方面，MCII 组大学生为实现暑假目标投入的努力程度显著高于控制组大学生。

同时，本次研究考察了 MCII 策略的数量、质量和内容特征是否会影响大学生自主暑假目标的达成，结果证实了前者会影响后者。

在数量特征中，本次研究发现，收获个数、障碍个数以及 MCII 作业时写下的总字数对努力程度有预测作用。首先，收获个数会负向预测大学生在暑假里的努力程度，即使在控制了其他变量后这一预测作用仍然存在，这说明收获个数是努力程度的稳定预测因素。很多有关积极幻想的研究也发现，个体对未来想象得越积极，实现积极幻想的成功率就越低。此外，想出多个收获的被试可能并没有核心动机，只是努力想出多个积极结果，这样反而会对目标实现有消极作用。其次，障碍个数也会负向预测大学生在暑假里的努力程度，但在控制了其他变量后，其显著性下降。这一结果与常识相同，当个体想象到的障碍越多时，其就越无法把精力放在主要障碍上，而且障碍的增多也会降低被试对期望实现概率的判断，降低被试为目标付出努力的积极性。最后，在控制了其他变量后，被试在 MCII 作业时写下的总字数是努力程度的正向预测因素。在控制了其他变量后（尤其是控制收获个数、障碍个数、计划个数后），总字数代表的是被试在进行 MCII 作业时的认真程度，这意味着个体在进行 MCII 作业时越认真，对目标达成越有利。

在质量特征中，本次研究发现，有两个特征对目标追寻有显著影响。第一，行动计划的刻板性对目标终点有负向预测作用，即使在控制了其他变量后仍有显著的负向预测作用。这表明，个体对行动计划规划得越具体（越刻板），其目标行为出现的可能性就越低。目前的研究主要考察的是行动计划是否有效，结果发现，形成行动计划可能会好于未形成行动计划（Carraro & Gaudreau, 2013；Hagger & Luszczynska, 2013）。但是本次研究的结果提示，形成严格刻板的计划可能会削弱行动计划的益处，这与以往研究结果一致（Masicampo & Baumeister, 2012）。不过，这一推论可能具有东西文化差异性（Oettingen et al., 2008），西方发达国家的人生活目标较少，干扰事件也较少，行动计划较为具体严格可能不会削弱计划的益处。而处于发展中国家的中国人，生活目标丰富，干扰事件较多，正如"计划赶不上变化"，行动计划很有可能受到干扰，因此，对于中国的被试来说，形成灵活性较大的行动计划可能更有利于目标达成。这一推论有待在以后的研究中得到证实。

第二，障碍的具体性对努力程度有正向预测作用，但控制了其他所有可能变量后，其显著性下降。本次研究中障碍的具体性即应对计划（"如果—那么"计划）中线索的具体性。Wieber 等（2010）的一项有关汽车竞赛的实验室研究发现，具有具体线索的执行意向的效果高于具有抽象线索的执行意向的效果。这表明在形成应对计划时，线索越具体越好。另外，van Osch 等（2010）针对应对计划的"那么"部分（即应对障碍行为）进行了研究，结果发现，中度和高度具体的应对行为的效果均高于低度具体的应对行为的效果，但是中度具体的效果与高度具体的效果之间没有差异。这表明在形成应对计划时，具体的应对行为比抽象的应对行为更有效。

本次研究结果表明，诱导形成的 MCII 策略特征会影响目标达成，主试应该诱导被试认真、详细地想象主要的收获和障碍，做出灵活多变的行动计划，这样能更有效地增加目标达成的概率。

本次研究的结论如下。

第一，诱导形成的 MCII 策略有助于大学生自主暑假目标的达成，具体表现在以下两个方面：①对于高期望被试来说，MCII 组被试的目标达成好于控制组被试的目标达成；②MCII 组被试的努力程度高于控制组被试的努力程度。

第二，诱导形成的 MCII 策略的数量和质量特征对 MCII 策略的效果有影响，具体表现在以下四个方面：①被试在 MCII 作业阶段想到的收获和障碍越多，越不利于目标达成；②认真完成 MCII 作业的被试，能从 MCII 作业中收益更多；③严格刻板的行动计划不利于目标达成；④被试对障碍的想象越具体（即应对计划的线索越具体），越有利于目标达成。

第三节　研究3：MCII策略对相同领域自主目标的影响

一、研究目的

研究 3 对研究 2 进行了改进。研究 2 发现，MCII 策略及其特征会影响目标达成，但是仍存在一定的局限：在研究 2 中，被试的暑假目标所属的领域各不相同，虽然在统计上对其进行了控制，但仍无法完全消除目标领域差异对结果准确性的影响。因此，研究 3 拟采用相同领域的自主目标（体育锻炼目标）进一步考察诱导形成的 MCII 策略以及 MCII 策略特征对目标达成的影响。

本次研究的具体假设与研究 2 相似：第一，诱导形成 MCII 策略的学生的体育锻炼量高于未形成 MCII 策略的学生的体育锻炼量。第二，MCII 策略的特征会影响大学生的体育锻炼行为，具体如下：①收获个数、计划个数以及在 MCII 策略干预阶段写下的总字数对体育锻炼目标达成有正向预测作用，障碍个数对体育锻炼目标达成有负向预测作用；②收获的具体性越高、应对计划的工具性越高、行动计划的刻板性越低，体育锻炼目标的达成水平就越高；③障碍的可控性越高、内在性越高，体育锻炼目标的达成水平就越高。

二、研究方法

（一）被试

在一所师范大学通过网上调研方式进行调查，共调查了 852 名大学生（其中男生有 253 名，女生有 589 名，另有 10 人未填写性别信息）的身体活动情况，所有被试所处的身体活动改变阶段（详见测量工具：身体活动改变阶段测量）及自愿参与本次研究的人数如表 7-25 所示。

表 7-25　大学生身体活动改变阶段及自愿参与本次研究的人数　　　　　　（单位：人）

参与情况	身体活动改变阶段					合计
	维持	行动	准备	沉思	前沉思	
自愿参与	19	56	41	37	12	165
不参与	88	156	156	166	121	687
合计	107	212	197	203	133	852

本次研究者与处于行动和准备阶段的 97 人取得了联系，最后有 50 人参与了本次研究，其中 29 名学生被随机分到了 MCII 组。本次研究的被试包含 13 名男生、37 名女生，年龄为 18—24 岁，平均年龄为 20.6 岁。

（二）研究程序及干预

本次研究的被试招募分为三个阶段。第一阶段，通过在网上发布调查问卷，考察大学生身体活动的改变阶段。第二阶段，与处在行动和准备改变阶段的被试（自愿留下联系方式的大学生）取得联系，说明本次研究的主要目标（了解大学生参与身体活动的现状并帮助大学生坚持定期参与身体活动）、参加本次研究的时间（30—40 分钟）以及参加本次研究的报酬（价值 10 元的精美小礼品）。第三阶段，让被试自愿来到心理学实验室参加本次研究。

本次研究包含三次测试，如图 7-5 所示，第一次测试分为以下三个阶段。

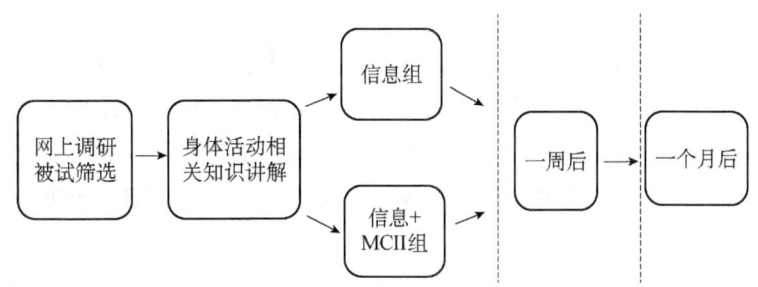

图 7-5 "诱导形成的 MCII 策略对大学生身体活动的影响"实验流程图

第一阶段，邀请自愿参加本次研究的被试来到心理学实验室，主试给被试介绍本次研究的目标、程序以及保密原则（1 名主试对应 1—2 名被试）。

第二阶段，被试被随机分配到信息组和信息+MCII 组。两组在第二阶段的干预是完全相同的。首先，主试给被试讲解有关身体活动的相关知识，其主要内容包含三个方面：①身体活动的含义和类型；②缺乏身体活动的危害，定期参与身体活动的益处；③参与身体活动的注意事项，如最佳运动时间、不同身体活动的不同益处等。然后，被试填写相关问卷，该问卷的主要内容分为两个方面：①上周的身体活动量；②身体活动目标的相关变量：目标意向、成功期望、激励价值（具体内容见测量工具部分）。

第三阶段，信息+MCII 组的被试进行了 MCII 作业。本阶段的干预方式与本章的研究 2 类似。具体内容如下：首先，让被试写下定时参加身体活动给生活带来的积极影响（即收获），能想到几个就写几个，然后让被试依次具体形象地想象每一个收获的内容，每次具体想象完一个收获后，让被试评估这个积极影响对他的吸引程度（具体见测量工具）。其次，在主试的指导下，被试首先写下阻碍定时参加身体活动的可能障碍（能想到几个就写下几个），然后依次具体形象地想象每一个障碍的内容，每次具体想象完一个障碍后，写下如何克服障碍的"如果—那么"计划（能想到几个就写几个），随后再评估障碍的特征（包含内在性、稳定性和可控性）。再次，被试写下他们具体的行动计划（同样是能想到几个就写下几个），即何时何地做哪种锻炼的行为。最后，被试在体育锻炼计划表上重新写下他的体育锻炼目标以及已形成的所有计划，实验结束后，被试将体育锻炼计划表带走。

在一周后、一个月后进行第二次测试和第三次测试，具体做法是向被试发送电子邮件或短信，对其身体活动量进行追踪调查。

（三）测试工具

目标相关概念测量：目标意向采用"我已下定决心实现我参与身体活动的目标"等三个项目来测量，其内部一致性信度为 0.74；目标的成功期望采用"你有多大可能实现这一身体活动目标"来测量；目标的激励价值采用"对你来说，实现这一身体活动目标有多重要"来测量。目标意向、成功期望和激励价值均采用利克特七点评分。

身体活动改变阶段：健康行为改变的跨理论模型提出了行动的改变阶段包含维持、行动、准备、沉思和前沉思五个阶段（Velicer et al., 1998）。本次研究采用此模型测量大学生身体活动的改变阶段，具体测量方式如下："定期运动是指有计划的旨在增强身体健康的身体活动（如快走、慢跑、骑自行车、游泳、划船等）。个体应该在每周做持续 20—60 分钟的身体活动 3—5 次。你在按定义所示的做定期运动吗？"若被试选择"是的，我已经做了多于 6 个月的时间"，则处于维持阶段；若被试选择"是的，我已经做了不到 6 个月的时间"，则处于行动阶段；若被试选择"没有，但是我打算在未来 30 天内进行定期运动"，则处于准备阶段；若被试选择"没有，但是我打算在未来 6 个月内进行定期运动"，则处于沉思阶段；若被试选择"没有，但是我不打算在未来 6 个月内进行定期运动"，则处于前沉思阶段。

身体活动量测量：采用 Craig 等（2003）编制的《国际身体活动问卷》来测量被试的身体活动量，该问卷适用于成人且有较高的信效度。该问卷将身体活动分为高强度身体活动（如跑步、爬山、武术等）、中等强度身体活动（如慢跑、游泳、太极拳等）、步行（持续 10 分钟以上）和坐着四种，询问人们在过去 7 天内参与每类身体活动的天数和具体时间。例如，"在过去 7 天内，你在多少天内做过高强度的身体活动（持续 10 分钟以上），如提重物、有氧运动等""在参与高强度身体活动的那些天，你平均花多少时间做高强度的身体活动"。

参与身体活动总量的评估有两种：一种是连续变量，将一周内不同方面的身体活动量相加,即可得出一周内的总代谢当量,具体计算方式如下:总分(单位是 MET-min/week)=3.3×走路(分钟)×天+4.0×中等强度(分钟)×天+8.0×高强度(分钟)×天。另一种是分类变量(身体活动类型),将每周运动总量分为高、中、低三个水平。高水平类型需满足以下两个条件中的一个:①至少进行 3 天高强度身体活动且身体活动总分为 1500 MET-min/week;②至少进行 7 天的混合运动(可包含高强度身体活动、中等强度身体活动或步行),并且总分在 3000 MET-min/week 以上。中等水平类型需满足以下三个条件中的一个:①参加高强度身体活动 3 天以上,且每天至少活动 20 分钟;②参加中等强度的身体活动 5 天以上或每天步行 30 分钟以上;③至少进行 5 天的混合活动(可包含高强度身体活动、中等强度身体活动或步行),并且总分在 600 MET-min/week 以上。低水平类型是指不符合高水平类型、中等水平类型的个体的身体活动。

(四)MCII 策略特征分析

1. 数量特征

本次研究中使用的 MCII 策略的数量特征是被试写下的收获、障碍、应对计划和行动计划的个数,以及在 MCII 作业部分写下的总字数。

2. 质量特征

两名研究者独立评估了 MCII 策略的质量特征,当评分出现不一致时,两名评分者相互讨论,确定最终的分数。

收获的具体性:本次研究采用被试在具体想象部分写下的陈述的具体性之和作为具体性的指标。评分步骤同研究 2:第一步,两名研究生评估每一个收获的具体想象部分包含几个陈述,两名评分者的一致性 Kappa 系数为 0.72(一致率为 77.8%)。第二步,两名研究生评估每一个陈述是具体的还是抽象的,若陈述的是具体的事件,得 1 分;若陈述的是概括、抽象的事件,得 0 分。两名评分者的一致性 Kappa 系数为 0.83(一致率为 86.9%)。第三步,将有关每一个收获的所有陈述的具体性得分相加,得到收获的具体性。

障碍的具体性:障碍的具体性的评分标准和程序与收获的具体性的评分标准和程序一样。两名评分者在陈述个数和陈述具体性上的一致性 Kappa 系数分别为 0.83(一致率为 78.3%)和 0.83(一致率为 88%)。

应对计划的工具性:应对计划采用的是"如果—那么"形式,"如果"部分的障碍发生情况的具体性已经在障碍部分进行了评估，而应对计划的工具性主要是评估"那么"部分的内容是否有利于克服障碍，其评分标准同研究 2。两名评分者的一致性 Kappa 系数为 0.70（一致率为 78.2%）。

行动计划的刻板性和工具性：行动计划的刻板性的评分标准同研究 2。两名评分者的一致性 Kappa 系数为 0.74（一致率为 97.6%）。

工具性的评估有两个标准，同研究 2。两名评分者的一致性 Kappa 系数为 1.0（一致率为 100%）。由于被试写下的 85 个行动计划都是具有工具性的，因此本次研究未分析工具性的作用。

3. 内容特征

收获特征：同研究 2。

障碍特征：同研究 2。

三、结果分析

（一）随机化检验

信息组和信息+MCII 组被试在基线水平的基本特征如表 7-26 所示。

表 7-26　整体、信息+MCII 组和信息组被试的样本特征

特征	整体 （N=50）	信息+MCII 组 （n=29）	信息组 （n=21）	组间差异 p
基线身体活动量	2020.03（1836.82）	2249.98（2302.48）	1702.48（813.34）	0.303
目标意向	5.45（0.93）	5.59（0.81）	5.25（1.08）	0.218
成功期望	5.54（1.15）	5.55（1.06）	5.52（1.29）	0.933
激励价值	5.90（0.86）	6.03（0.63）	5.71（1.10）	0.198
BMI 指数	20.67（2.63）	20.87（2.84）	20.38（2.33）	0.528

采用独立样本 t 检验并未发现两组被试在基线身体活动量、目标意向、成功期望、激励价值和 BMI 指数上存在显著差异，这表明，本次研究的随机分组是成功的。

（二）有无 MCII 策略对目标达成的影响

1. 两组被试的身体活动量比较

信息组和信息+MCII 组的被试在基线、一周后以及一个月后的身体活动量见图 7-6。

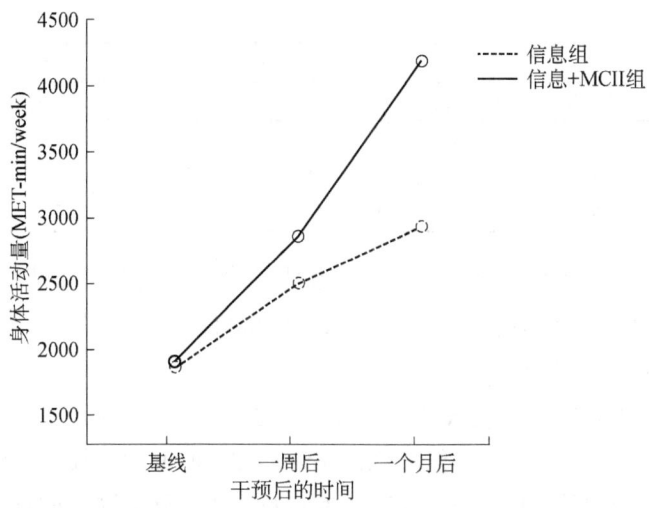

图 7-6　信息组和信息+MCII 组被试的身体活动量变化趋势

采用独立样本 t 检验未发现信息组和信息+MCII 组被试的身体活动量在一周后[$t(45)=0.03$，$p=0.977$]、一个月后[$t(33)=0.92$，$p=0.366$]存在显著差异。

为了探讨不同组别对被试身体活动量变化趋势的影响，对被试的身体活动量做 2（组别：信息组、信息+MCII 组）×3（时间：基线、一周后、一个月后）的重复测量方差分析，结果发现，时间的主效应显著[$F(2,62)=4.99$，$p<0.05$，偏 $\eta^2=0.14$]，但组别的主效应不显著[$F(2,62)=1.84$，$p=0.185$，偏 $\eta^2=0.06$]，组别和时间的交互作用也不显著[$F(2,62)=0.90$，$p=0.413$，偏 $\eta^2=0.03$]。

采用配对 t 检验依次检验信息组和信息+MCII 组在三次测量中身体活动量的变化情况。针对信息组的配对 t 检验发现，基线水平的身体活动量与一周后的身体活动量存在显著差异[$t(19)=2.08$，$p=0.052$]；基线水平的身体活动量与一个月后的身体活动量存在显著差异[$t(13)=1.80$，$p=0.093$]。而针对信息+MCII 组的配对 t 检验发现，一周后的身体活动量显著高于基线水平的身体活动量[$t(25)=2.75$，$p<0.05$]；一个月后的身体活动量显著高于基线水平的身体活动量[$t(20)=2.53$，$p<0.05$]。

2. 两组被试的身体活动类型的比较

两组被试在基线、一周后、一个月后的身体活动类型如表 7-27 所示。

表 7-27　信息组和信息+MCII 组不同时间点的身体活动类型　　（单位：人）

类型	基线		一周后		一个月后	
	信息组	信息+MCII 组	信息组	信息+MCII 组	信息组	信息+MCII 组
高水平	1	6	9	11	6	12

续表

类型	基线		一周后		一个月后	
	信息组	信息+MCII 组	信息组	信息+MCII 组	信息组	信息+MCII 组
中等水平	18	20	10	11	6	9
低水平	2	3	2	4	2	0
缺失	0	0	0	3	7	8

卡方分析未发现信息组和信息+MCII 组的身体活动类型在基线（χ^2=2.67，df=2，p=0.264）、一周后（χ^2=0.38，df=2，p=0.824）、一个月后（χ^2=3.33，df=2，p=0.189）存在显著差异。

为了探讨不同组别对被试身体活动类型的变化趋势的影响，对被试的身体活动类型做 2（组别：信息组、信息+MCII 组）×3（时间：基线、一周后、一个月后）的重复测量方差分析，结果发现，时间的主效应显著[$F(2,64)$=3.44，p<0.05，偏 η^2=0.10]，但组别的主效应不显著[$F(2,62)$=1.35，p=0.254，偏 η^2=0.04]，组别和时间的交互作用不显著[$F(2,64)$=1.08，p=0.347，偏 η^2=0.03]。

采用配对 t 检验依次检验信息组和信息+MCII 组在三次测量中身体活动类型的变化情况。针对信息组的配对 t 检验发现，一周后，有更高比例的被试处于较高水平的身体活动类型[$t(20)$=2.96，p<0.01]，但未发现基线与一个月后的身体活动类型存在显著差异[$t(13)$=1.00，p=0.336]。而针对信息+MCII 组的配对 t 检验未发现一周后的身体活动类型与基线存在显著差异[$t(25)$=1.28，p=0.212]，一个月后，有更高比例的被试处于较高水平的身体活动类型[$t(20)$=3.51，p<0.01]。

（三）MCII 策略特征对目标达成的影响

1. 数量特征对目标达成的影响

被试在 MCII 作业部分平均写下了 3.41 个收获（SD=1.24）、2.86 个障碍（SD=0.88）、5.07 个应对计划（SD=2.69）、2.93 个行动计划（SD=1.00）。被试在 MCII 作业部分写下的总字数平均为 315.72（SD=150.37）。

表 7-28 呈现了 MCII 策略数量特征与身体活动量和身体活动类型的相关关系。

表 7-28　MCII 策略数量特征与身体活动量和身体活动类型的相关

变量	收获个数	障碍个数	应对计划个数	行动计划个数	总字数
一周后身体活动量	-0.37	-0.31	-0.17	-0.05	-0.17
一个月后身体活动量	-0.31	-0.06	0.04	0.29	-0.09

续表

变量	收获个数	障碍个数	应对计划个数	行动计划个数	总字数
一周后身体活动类型	−0.27	−0.37	−0.14	0.13	−0.22
一个月后身体活动类型	−0.06	−0.16	−0.08	0.03	0.08

由表 7-28 可看出，相关分析并未发现 MCII 策略的数量特征与身体活动量和身体活动类型之间存在显著相关。

进一步采用分层多元回归分析，在控制了基线身体活动量和其他控制变量后，考察 MCII 策略数量特征对一周后和一个月后的身体活动量的影响。M1 中仅放入基线身体活动量，M2 在 M1 的基础上再放入目标意向等控制变量，M3 在 M2 的基础上再放入收获个数等 MCII 策略的数量特征指标，具体结果见表 7-29。

表 7-29　控制基线身体活动量、目标意向、成功期望、激励价值后 MCII 策略数量特征对一周后、一个月后的身体活动量的分层多元回归分析

变量	一周后			一个月后		
	M1	M2	M3	M1	M2	M3
截距	0.13	1.92	2.33	0.26	4.00	4.14
基线身体活动量	0.76***	0.75***	0.71**	0.18	0.20	0.23
目标意向		0.11	0.06		0.51	0.23
成功期望		−0.04	0.14		−0.19	0.47
激励价值		−0.12	−0.22		0.22	−0.27
收获个数			−0.07			−0.10
障碍个数			−0.35			−0.07
应对计划个数			0.46			0.62
行动计划个数			0.14			0.61
总字数			−0.21			−0.50
R^2	0.58***	0.61***	0.69**	0.03	0.19	0.52
ΔR^2		0.03	0.08		0.16	0.33

由表 7-29 可看出，MCII 策略的数量特征对一周后和一个月后的身体活动量没有显著的预测作用。

采用 logistic 回归分析考察 MCII 策略数量特征对一周后和一个月后的身体活动类型的预测作用，具体结果见表 7-30 和表 7-31。

表 7-30　MCII 策略数量特征对一周后的身体活动类型的 logistic 分析

变量	B	SE	95%置信区间	Wald	p
收获个数	−0.73	0.47	[−1.65，0.20]	2.36	0.125
障碍个数	−2.16	0.97	[−4.05，−0.27]	5.00	0.025

续表

变量	B	SE	95%置信区间	Wald	p
应对计划个数	0.35	0.29	[-0.22, 0.92]	1.43	0.231
行动计划个数	0.24	0.44	[-0.63, 1.10]	0.29	0.592
总字数	0.00	0.01	[-0.01, 0.01]	0.11	0.744

表 7-31 MCII 策略数量特征对一个月后的身体活动类型的 logistic 分析

变量	B	SE	95%置信区间	Wald	p
收获个数	-0.52	0.71	[-1.89, 0.87]	0.52	0.472
障碍个数	-0.56	1.11	[-2.73, 1.60]	0.26	0.611
应对计划个数	-0.19	0.32	[-0.82, 0.43]	0.38	0.540
行动计划个数	-0.10	0.48	[-1.04, 0.85]	0.04	0.839
总字数	0.01	0.01	[-0.01, 0.02]	0.75	0.388

由表 7-30 可看出，障碍个数能显著负向预测一周后的身体活动类型。

由表 7-31 可看出，logistic 回归分析未发现 MCII 策略数量特征对一个月后的身体活动类型有显著的预测作用。

2. 质量特征对目标达成的影响

被试在收获的具体想象部分平均写下了 2.87 个陈述（$SD=0.84$），其中具体的陈述（即收获的具体性）平均有 1.44 个（$SD=0.69$）。在障碍的具体想象部分平均写下了 2.19 个陈述（$SD=0.71$），其中具体的陈述（障碍的具体性）平均有 1.40 个（$SD=0.75$），应对计划的工具性平均有 1.52 个（$SD=0.40$），行动计划具体性的平均值为 1.95（$SD=0.13$）。

表 7-32 呈现了 MCII 策略质量特征与身体活动量和身体活动类型的相关关系。

表 7-32 MCII 策略质量特征与身体活动量和身体活动类型的相关

变量	收获的具体性	障碍的具体性	应对计划的工具性	行动计划的刻板性
一周后的身体活动量	-0.08	-0.24	0.25	-0.19
一个月后的身体活动量	-0.07	-0.20	0.15	-0.32
一周后的身体活动类型	-0.25	-0.27	0.15	-0.18
一个月后的身体活动类型	-0.11	0.00	0.10	-0.38

由表 7-32 可看出，相关分析并未发现 MCII 策略的质量特征与一周后、一个月后的身体活动量和身体活动类型存在显著相关。

进一步采用分层多元回归分析控制基线身体活动量和其他控制变量，考察

MCII 策略质量特征对一周后和一个月后的身体活动量的预测作用。M1 中仅放入基线身体活动量，M2 在 M1 的基础上再放入目标意向等控制变量，M3 在 M2 的基础上再放入收获的具体性等 MCII 策略的质量特征指标，具体结果见表 7-33。

表 7-33 控制基线身体活动量、目标意向、成功期望、激励价值后 MCII 策略质量特征对一周后、一个月后的身体活动量的分层多元回归分析

变量	一周后			一个月后		
	M1	M2	M3	M1	M2	M3
截距	0.13	1.88	4.18	0.27	4.02	8.34
基线身体活动量	0.78***	0.77***	0.82	0.32	0.22	0.19
目标意向		0.14	0.06		0.53	0.57
成功期望		0.00	0.06		-0.13	-0.21
激励价值		-0.13	-0.10		0.21	0.39
收获的具体性			0.18			-0.04
障碍的具体性			-0.31			-0.32
应对计划的工具性			-0.03			0.41
行动计划的刻板性			-0.11			-0.15
R^2	0.61***	0.65***	0.71**	0.04	0.23	0.51
ΔR^2		0.04	0.06		0.19	0.28

由 7-33 可看出，MCII 策略的质量特征对一周后和一个月后的身体活动量没有显著的预测作用。

采用 logistic 回归分析考察 MCII 策略质量特征对一周后和一个月后的身体活动类型的预测作用，具体结果见表 7-34。

表 7-34 MCII 策略质量特征对一周后的身体活动类型的 logistic 分析

变量	B	SE	95%置信区间	Wald	p
收获的具体性	-0.97	0.73	[-2.40, 0.46]	1.78	0.18
障碍的具体性	-0.50	0.62	[-1.72, 0.72]	0.65	0.42
应对计划的工具性	0.89	1.21	[-1.48, 3.26]	0.55	0.46
行动计划的刻板性	-2.26	3.58	[-9.28, 4.77]	0.40	0.53

从表 7-34 可看出，MCII 策略的质量特征不能显著地预测一周后的身体活动类型。由于一个月后流失的数据较多，无法对 MCII 策略质量特征对一个月后的身体活动类型进行 logistic 回归分析。

3. 内容特征对目标达成的影响

被试写下的收获的吸引力平均值为 6.10（$SD=0.61$），障碍的内在性、稳定性、

可控性的平均值分别为 4.10（SD=1.11）、3.83（SD=1.21）、4.04（SD=1.01）。

表 7-35 呈现了 MCII 策略的内容特征与身体活动量和身体活动类型的相关关系。

表 7-35　MCII 策略的内容特征与身体活动量和身体活动类型的相关

变量	收获的吸引力	障碍的内在性	障碍的稳定性	障碍的可控性
一周后的身体活动量	0.06	0.17	−0.05	0.36
一个月后的身体活动量	−0.05	0.27	−0.14	0.44*
一周后的身体活动类型	−0.00	0.21	−0.07	0.47*
一个月后的身体活动类型	−0.10	0.04	0.08	0.34

由表 7-35 可看出，相关分析仅发现障碍的可控性与一个月后的身体活动量以及一周后的身体活动类型存在显著的正相关。

进一步采用分层多元回归分析考察 MCII 策略的内容特征对一周后和一个月后的身体活动量的预测作用，M1 中仅放入基线身体活动量，M2 在 M1 的基础上再放入目标意向等控制变量，M3 在 M2 的基础上再放入收获的具体性等 MCII 策略的内容特征指标，具体结果见表 7-36。

表 7-36　基线身体活动量、目标意向、成功期望、激励价值以及 MCII 策略的内容特征对一周后、一个月后的身体活动量的分层多元回归分析

变量	一周后			一个月后		
	M1	M2	M3	M1	M2	M3
截距	0.13	1.92	2.74	0.26	4.00	8.34
基线身体活动量	0.76***	0.75***	0.72	0.18	0.20	0.05
目标意向		0.11	0.09		0.51	0.41
成功期望		−0.04	0.06		−0.19	0.06
激励价值		−0.12	−0.07		0.22	0.35
收获的吸引力			0.06			0.10
障碍的内在性			0.09			−0.09
障碍的稳定性			−0.13			−0.09
障碍的可控性			0.21			0.73*
R^2	0.58***	0.61***	0.66**	0.03	0.19	0.46
ΔR^2		0.03	0.05		0.16	0.27

由表 7-36 可看出，障碍的可控性能显著正向预测一个月后的身体活动量。

采用 logistic 回归分析考察 MCII 策略的内容特征对一周后和一个月后的身体活动类型的预测作用，具体结果见表 7-37 和表 7-38。

表 7-37　MCII 策略的内容特征对一周后的身体活动类型的 logistic 分析

变量	B	SE	95%置信区间	Wald	p
收获的吸引力	0.51	0.72	[−0.90，1.93]	0.50	0.48
障碍的内在性	−0.16	0.45	[−1.03，0.72]	0.12	0.73
障碍的稳定性	−0.38	0.39	[−1.14，0.38]	0.98	0.32
障碍的可控性	1.21	0.57	[−0.09，2.34]	4.49	0.03

表 7-38　MCII 策略的内容特征对一个月后的身体活动类型的 logistic 分析

变量	B	SE	95%置信区间	Wald	p
收获的吸引力	−0.26	1.18	[−2.57，2.05]	0.05	0.825
障碍的内在性	−0.83	0.59	[−1.98，0.33]	1.97	0.160
障碍的稳定性	−0.05	0.44	[−0.91，0.82]	0.01	0.919
障碍的可控性	1.19	0.70	[−0.18，2.56]	2.88	0.090

由表 7-37 可看出，障碍的可控性能显著地正向预测一周后的身体活动类型。表 7-38 显示，logistic 回归分析未发现 MCII 策略的内容特征对一个月后的身体活动类型有显著的预测作用。

4. MCII 策略总特征对目标达成的影响

前文分别分析了 MCII 策略的数量、质量和内容特征对一周后和一个月后的身体活动量和身体活动类型的影响。为了排除数量、质量和内容特征之间的相互影响，本部分将对数量、质量和内容特征进行整体分析，进一步考察哪些特征能预测一周后和一个月后的身体活动量与身体活动类型，具体结果见表 7-39。

表 7-39　基线身体活动量、目标意向、成功期望、激励价值以及 MCII 策略特征对一周后和一个月后的身体活动量的分层多元回归分析

变量	一周后			一个月后		
	M1	M2	M3	M1	M2	M3
截距	0.13	1.88	6.58	0.27	4.02	30.62
基线身体活动量	0.78***	0.77***	0.96**	0.20	0.22	0.12
目标意向		0.14	1.14		0.23	−0.17
成功期望		0.00	−0.32		−0.13	0.69
激励价值		−0.13	−0.52		0.21	−0.06
收获个数			1.09			−0.60
障碍个数			−0.87			0.55
应对计划个数			1.48			0.21
行动计划个数			0.08			0.46
总字数			−1.37			−0.69

续表

变量	一周后			一个月后		
	M1	M2	M3	M1	M2	M3
收获的具体性			0.34			−0.48
障碍的具体性			0.41			0.17
应对计划的工具性			0.95			0.22
行动计划的刻板性			−0.31			−0.42
收获的吸引力			−0.27			−0.03
障碍的内在性			0.21			0.61
障碍的稳定性			−1.02			−0.01
障碍的可控性			−0.46			−0.22
R^2	0.61***	0.65***	0.86	0.04	0.23	0.86
ΔR^2		0.04	0.21		0.19	0.63

表 7-39 呈现了关于 MCII 策略整体特征对身体活动量的影响，结果发现，所有特征能解释一周后的身体活动量 21% 的变异（不显著），同时能解释一个月后的身体活动量 63% 的变异（不显著），但未发现个别特征单独有显著的预测作用。

采用 logistic 回归分析考察 MCII 策略总体特征对一周后的身体活动类型的预测作用，具体结果见表 7-40。

表 7-40 MCII 策略特征对一周后的身体活动类型的 logistic 分析

变量	B	SE	95%置信区间	Wald	p
收获个数	−2.77	1.26	[−5.23，−0.31]	4.86	0.03
障碍个数	−8.86	3.50	[−15.72，−1.99]	6.40	0.01
应对计划个数	1.29	0.60	[0.11，2.46]	4.61	0.03
行动计划个数	0.74	0.89	[−1.00，2.47]	0.69	0.41
总字数	0.02	0.01	[0.00，0.05]	3.13	0.08
收获的具体性	−0.38	1.19	[−2.71，1.96]	0.10	0.75
障碍的具体性	−1.50	1.32	[−4.08，1.09]	1.29	0.26
应对计划的工具性	2.68	2.13	[−1.49，6.85]	1.59	0.21
行动计划的刻板性	14.23	9.64	[−4.66，33.12]	2.18	0.14
收获的吸引力	1.85	1.51	[−1.10，4.80]	1.51	0.22
障碍的内在性	−2.29	1.19	[−4.63，0.05]	3.68	0.06
障碍的稳定性	−1.09	1.04	[−3.12，0.94]	1.10	0.29
障碍的可控性	2.72	1.24	[0.29，5.15]	4.80	0.03

由表 7-40 可看出，收获个数、障碍个数和障碍的内在性能显著负向预测一周后的身体活动类型（其中，障碍的内在性为边缘显著），应对计划个数以及障碍的可控性能显著正向预测一周后的身体活动类型。

由于一个月后的身体活动量测量流失人数较多，无法进行 logistic 回归分析。

四、讨论与结论

本次研究考察了诱导形成的 MCII 策略及其特征对大学生自主体育锻炼行为的影响。与以往的研究结果相同（Oettingen et al., 2013），本次研究发现，MCII 策略有助于大学生自主体育锻炼目标的达成。首先，对于身体活动量来说，虽然本次研究未发现信息+MCII 组的身体活动量显著高于信息组，但是发现信息+MCII 组大学生一周后和一个月后的身体活动量显著高于基线水平，而未发现信息组大学生身体活动量的明显变化。其次，对于身体活动类型来说，虽然本次研究未发现两组大学生存在显著差异，但是发现一个月后有更多的信息+MCII 组大学生处于较高水平的身体活动类型，而一周后有更多的信息组大学生处于较高水平的身体活动类型。这说明 MCII 策略的效果较为持久，这与 Stadler 等（2010）针对水果摄入量的研究结果相似，信息组被试在干预早期会有一定的改变，但干预效果会随着时间增长效应而逐渐减弱，而 MCII 策略对被试的干预效果持续时间较长。

同时，本次研究考察了 MCII 策略的数量、质量和内容特征是否会影响大学生自主体育锻炼目标的达成，结果发现，MCII 策略的数量和内容特征会影响自主体育锻炼目标的达成。在数量特征中，收获个数、障碍个数、应对计划个数和在 MCII 作业阶段写下的总字数对努力程度有预测作用。首先，障碍个数会负向预测大学生的身体活动类型，即使在控制了其他变量后，这一预测作用仍然存在，这说明障碍个数是身体活动类型的稳定预测因素。其次，在同时考察所有特征因素的影响时发现，收获个数、障碍个数是身体活动类型的负向预测因素，同时，应对计划个数和总字数是身体活动类型的正向预测因素。综上所述，本次研究得出以下三个结果。第一，收获个数、障碍个数越多，身体活动行为越少，这一结果与本章研究 2 以及以往的研究发现类似（Oettingen & Wadden, 1991; Oettingen & Mayer, 2002）。第二，应对计划个数越多，身体活动行为越多。然而，一项针对减少不健康零食习惯的研究发现，在同一目标下，形成一个应对计划比形成三个应对计划更有效（Verhoeven et al., 2013）。造成两个结果不一致的主要因素可能有两个：其一，本次研究意在增加被试想要的行为，而 Verhoeven 等（2013）的研究意在减少被试不想要的行为；其二，本次研究采用的是 MCII 策略干预，而 Verhoeven 等（2013）采用的仅是执行意向干预。因此，为了全面了解应对计划个数对目标达成的作用，未来有必要设计研究同时考察应对计划的数量对以上两种不同目标（增加想要行为 vs. 减少不想要行为）的作用。第三，与本章研究 2 结果一致，在 MCII 作业阶段写下的总字数越多（即认真对待 MCII 作业）的被试，身体活动量也越高。

本次研究发现，在内容特征中，有两个特征对体育锻炼行为有影响。第一，障碍的可控性能正向预测身体活动量和身体活动类型，即使在控制其他因素时仍然显著，这说明障碍的可控性是大学生身体活动量的稳定预测因素。第二，在同时考察所有特征因素的影响时发现，障碍的内在性是身体活动类型的预测因素，即提出相对外在障碍的大学生的身体活动类型更可能属于较高水平。然而，Schwörer 和 Oettingen（2014）针对西方被试的研究发现，提出相对内在的障碍的被试会做出更多的目标相关行为。未来应该设计研究分析东西方被试在目标追寻过程中，克服内在和外在障碍时的行为表现是否存在差异。

本次研究的结论如下。

第一，诱导形成的 MCII 策略有助于大学生体育锻炼目标的达成，具体表现在，MCII 组被试的身体活动量显著增加，而控制组被试的身体活动量没有显著变化。

第二，MCII 策略的数量和内容特征对目标达成有预测作用，具体表现如下：①被试在 MCII 作业阶段写下的收获和障碍越多，越不利于体育锻炼目标的达成；②被试形成的应对计划越多，体育锻炼目标达成越好；③认真完成 MCII 作业的大学生从 MCII 作业中收益较多；④预想到可控的相对外在的障碍的被试，会做出更多的体育锻炼行为。

第四节　MCII 策略及其特征对目标达成的影响

本章的三个研究均考察两个问题：一是有无诱导的 MCII 策略对目标达成的影响；二是诱导形成的 MCII 策略特征对目标达成的影响。

一、有无诱导的 MCII 策略对目标达成的影响

本章三个研究的结果不尽相同。在研究 1 中，实验者分配给大学生阅读书籍

的目标，并对 MCII 组被试集体进行了 MCII 策略干预，结果并未发现 MCII 组被试的目标达成好于控制组被试的目标达成。研究 2 采用大学生自主暑假目标追寻考察了诱导形成的 MCII 策略的效果，结果发现以下两点：第一，MCII 组被试的努力程度显著高于控制组被试的努力程度；第二，对于高成功期望的被试来说，MCII 策略有助于他们完成暑假目标，但对于低成功期望的被试来说，MCII 策略并没有促进他们完成暑假目标。研究 3 在研究 2 的基础上考察了诱导形成的 MCII 策略对大学生自主体育锻炼目标的影响，结果发现，在干预后，信息+MCII 组被试的身体活动量显著增加，但信息组被试的身体活动量没有显著变化。

本章研究的结果表明，MCII 策略是促进自主目标达成的有效策略，但 MCII 策略并不能促进实验者分配的外源性目标的达成。对于自主目标，以往研究也发现诱导形成的 MCII 策略的有效性，如 MCII 策略有助于增加身体活动量、增加水果和蔬菜摄入量、提高学业成就等。对于外源性目标，一方面，研究发现，MCII 策略能促进实验者分配的短时间实验室任务成绩的提高（Kirk et al., 2013）；另一方面，有关 MCII 策略的研究也发现，MCII 策略并不能促进实验者分配的长期干预实验任务成绩的提高（即增加儿童的课外书籍阅读量），同时，有关执行意向的研究发现，执行意向对受控动机的目标有负向作用（Smith et al., 2010）。

综上所述，MCII 策略是促进自主目标达成的有效策略，而 MCII 策略对外源性目标的促进依赖于实验任务的性质，可能只能促进短时间实验室任务的完成。

二、诱导形成的 MCII 策略特征对目标达成的影响

本章的三个研究均发现 MCII 策略的特征是影响 MCII 效果的因素。研究 1 采用单一 MCII 策略集体干预方式，结果发现，MCII 策略的数量和质量特征能预测阅读书籍的目标完成情况，具体表现为：在不控制其他因素的情况下，在 MCII 作业阶段写下的总字数和执行意向的完整性能正向预测画作理解测试成绩；收获的具体性能正向预测阅读画作总数和画作理解测试成绩。研究 2 和研究 3 采用多种 MCII 策略干预方式，结果发现，MCII 策略的特征能预测目标达成。研究 2 发现，被试预想到的收获和障碍越多，越不利于目标达成；完成 MCII 作业时越认真，越利于目标达成；对障碍的想象越具体，越有利于目标达成；严格刻板的行动计划不利于目标达成。研究 3 发现，被试预想到的收获越多，越不利于目标达成，预想到的障碍越多，越不利于目标达成；被试形成的应对计划越多，其体育

锻炼行为也越多；完成 MCII 作业越认真，越利于目标达成；障碍的可控性和外在性能正向预测目标达成。

虽然三个研究都考察了 MCII 策略特征对目标达成的影响，但是三个研究任务来自不同的领域（阅读书籍、暑假目标和体育锻炼），而且研究 1 与研究 2 和研究 3 的干预方式不尽相同。因此，研究发现的 MCII 策略特征的效果可分为跨领域和跨干预方式一致性的结果、跨领域一致性的结果以及领域特殊性的结果。

跨领域和跨干预方式一致性的结果是：完成 MCII 作业越认真，越利于目标达成。这表明，不管是哪个领域或哪种干预方式，只有被试认真服从主试的指导，并积极完成 MCII 作业，才能从 MCII 作业中受益（Armitage，2009）。因此，未来的研究需要引导被试积极主动地认真按照指导语完成 MCII 作业。

在相同干预方式下，跨领域一致性的结果是：预想收获的个数越多，越不利于目标达成；预想障碍的个数越多，也越不利于目标达成。预期多个收获的被试可能并没有行动的核心动机，只是努力想出多个积极结果，想通过此种方式提升自己的动机，但这会对目标的实现产生消极作用（Kappes & Oettingen，2011，2012）。当个体想象到的障碍越多时，其就越无法把精力放在主要障碍上，而且障碍的增多也会影响被试对期望实现概率的判断，降低被试为目标付出努力的积极性。因此，在未来的 MCII 策略干预中，主试应指导被试对最主要的收获和障碍进行详细想象。

三个研究中，具有领域特殊性的结果如下：第一，有关书籍阅读的研究发现，执行意向的完整性和收获的具体性能正向预测画作理解测试成绩。执行意向的完整性也是被试是否服从主试指导语的评价方式（另外两个研究没有该指标），这一结果同样提示了服从指导语的重要作用。在阅读书籍中，具体的收获主要是艺术知识的实际、具体应用，而抽象的收获主要是提升艺术修养等，这表明，知识的实际应用更能激发被试阅读书籍的动机。第二，有关暑假目标的研究发现两个具有领域特殊性的结果：①提出具体障碍的大学生的目标达成好于持有抽象障碍的大学生。大学生对具体障碍的识别要好于对抽象障碍的识别。当具体障碍出现时，大学生更容易自发做出应对行为。②行动计划的刻板性对目标达成有负向作用。由于暑假是较为松散和休闲的假期时间，而若行动计划较为刻板，大学生很可能无法完全按计划行事，当出现多次未按计划行事的情况时，大学生完成暑假目标的信心就很可能会减少，进而对目标达成产生负向影响。第三，有关体育锻炼的研究也发现两个具有领域特殊性的结果：①提出可控和外在障碍的被试的体育锻炼行为较多。由于体育锻炼的研究是在学期中开展的，大学生提出的内在、不可控障碍多是来自学业方面，与可控、外在障碍（如聚会、游玩等）相比，这类障碍更难以克服，因此，提出可控、外在障碍更有利于增加体育锻炼行为。②形成较多应对计划的被试的体育锻炼行为较多。当大学生做出多个应对计划时，其在障碍出现后自发形成应对行为的机会就会增加，进而增加体育锻炼量。

第八章

MCII 策略对目标达成作用的元分析

本章通过元分析评估 MCII 策略对目标达成的效果,并且探讨影响其效果的调节变量。通过文献检索,本章共纳入来自 19 篇文章的 25 个独立研究,共包含 15 926 名被试。结果发现,MCII 策略对目标达成的总体效应量为 0.363,程度为较小到中等。调节效应分析发现,在目标领域上,MCII 策略对学业领域目标达成的促进效应小于健康、个人和人际领域;在干预方式上,实验者参与的干预方式的效应优于文本干预方式的效应;在结果变量的测量方式上,MCII 策略对基于自我报告的结果变量的效应优于客观的结果变量的效应。未来研究需进一步探讨如何优化 MCII 策略的效果。

第一节　MCII 策略对目标达成的效果以及调节因素

仅有美好的梦想是不够的，还需要将梦想变为具体的目标，然后为实现目标付诸行动，否则梦想就只能是空想。Oettingen 教授和 Gollwitzer 教授提出的心理对照和执行意向自我调节策略能帮助个体将梦想变为目标，再将目标变为行动。

一、心理对照及其对目标达成的效果

拥有梦想后的第一步是将梦想变为目标，与励志类书籍上提倡的积极幻想不同，德国心理学家 Oettingen 与其同事的一系列研究发现，只对未来进行积极的幻想会降低目标相关的努力投入以及目标达成的可能性（Kappes et al.，2012c；Oettingen & Reininger，2016）。在对未来的积极结果进行想象后，还需要思考阻碍愿望实现的障碍（即心理对照，Oettingen，2000），只有这样才激发个体对未来的成功期望，使其将积极的幻想变为需要实现的目标，督促个体为了实现所期望的未来愿望而在现实中努力克服困难和障碍。一系列干预研究发现，心理对照策略能显著改善不同年龄阶段被试的学业表现、饮食行为、身体活动量等（Oettingen，2012）。

二、执行意向及其对目标达成的效果

仅有目标意向并不能保障行动的成功，在形成目标后要制订计划。执行意向是将情境线索和行动联结起来的"如果—那么"计划，其结构为"如果情境 Y 出现，我就启动行为 Z 以达成目标 X"（Gollwitzer，1999）。执行意向提升了线索的可接近性（Sheeran & Webb，2004），加强了线索与行为反应之间的联系，当遇到线索时，与目标相关的行为反应就会自动出现（Webb & Sheeran，2007），进而缩小目标与行为之间的鸿沟，优化目标追寻过程。一项元分析发现，执行意向对成就、人际和健康等多个领域的目标达成有积极的促进作用，效应量为中等到较大（Gollwitzer & Sheeran，2006）。

三、MCII 策略对目标达成的效果

心理对照是目标设定阶段的策略，将梦想变为目标；执行意向是目标执行阶段的策略，将目标变为行动；两者相结合对目标追寻的促进效果会更明显。实验室和田野干预研究均发现心理对照与执行意向相结合的策略的效果好于单独的心理对照策略或单独的执行意向策略的效果（Adriaanse et al., 2010; Kirk et al., 2013）。

近年来，基于 MCII 策略的干预研究不断增多，多数研究发现，与控制组相比，增加 MCII 策略的干预能提升目标达成效果（Stadler et al., 2009, 2010），但也有少数研究未发现 MCII 策略的促进效果（Kizilcec & Cohen, 2017; Wang & Gai, 2016）。因此，有必要通过元分析技术考察 MCII 策略对目标达成的总体效果。同时，由于单独执行意向对目标达成的效应量就达到了中到大的程度（Gollwitzer & Sheeran, 2006），预期 MCII 策略对目标达成的效应量也在中到大的程度。

四、MCII 策略对目标达成效果的调节变量

本部分将从文献类型、样本类型、目标领域、干预类型、结果变量的测量方式以及期望水平六个方面考察 MCII 策略干预效果的可能影响因素。

第一，文献类型。得出干预结果显著的研究更容易发表，从而可能会夸大 MCII 策略的干预效果。为避免发表偏差，本次研究中纳入了未正式发表的学位论文，并考察发表论文与学位论文的效应量的差异。

第二，样本类型。MCII 策略的干预研究主要是针对成年人，只有少数研究针对儿童（Duckworth et al., 2011）。在有关成年人的干预研究中，研究对象主要包含在校大学生、普通成人以及病人（Christiansen et al., 2010; Gollwitzer et al., 2018; Oettingen et al., 2015）。本次研究拟考察 MCII 策略干预效果对不同类型的被试（儿童、大学生、普通成人、病人）来说是否存在差异。

第三，目标领域。目前 MCII 策略干预的应用领域较为广泛，大致可分为四类。第一类是学业领域的目标，如做练习题（Duckworth et al., 2011）、完成网上课程等（Kizilcec & Cohen, 2017）。第二类是健康领域的目标，如身体锻炼

（Christiansen et al.，2010）、健康饮食（Adriaanse et al.，2010）、压力管理（Gollwitzer et al.，2018）等。第三类是人际关系目标，如恋爱关系（Houssais et al.，2013）、从众（Scheurnschloß，2017）等。第四类是个人目标，包含不限定某一具体领域的目标（Wang & Gai，2016）、个人时间管理（Oettingen et al.，2015）等。本书拟考察目标领域是否会调节 MCII 策略的效果。

第四，干预类型。MCII 策略的干预大致可以分为两类，第一类是有实验者参与的面对面干预，简称"实验者干预"，一般在实验室、医院或康复中心，实验者与被试采用面对面的一对一或一对多的小组干预方式（Oettingen et al.，2015）。第二类是填写文本式的干预，简称"文本干预"，包含网上自行填写、自己在家填写或在班级环境下集体随机填写干预材料（Kizilcec et al.，2017）。鉴于与主试有直接交流的被试的行为改变可能会好于仅收到打印材料的被试的行为改变（Elder et al.，2005），因此，本书假设，实验者参与干预程序的研究的效应量高于文件干预程序的研究的效应量。

第五，结果变量的测量方式。MCII 策略的干预效果主要基于被试干预前后的行为改变。对行为改变的测量可以分为两种：第一种是被试的主观自我报告，如自我报告的身体锻炼行为（Marquardt et al.，2017）或对不健康零食的摄入量（Adriaanse et al.，2010）等；第二种是客观测量，如参与课程的次数（Sailer et al.，2015）或课程的完成度（Kizilcec & Cohen，2017）。本书假设基于主观自我报告测量的研究的效应量高于基于客观测量的研究的效应量。

第六，期望水平。心理对照策略的效果受到成功期望水平的调节，当成功期望水平高时，心理对照策略会提高个体的目标承诺程度；而当成功期望水平低时，心理对照策略会降低个体的目标承诺程度（Oettingen，2012）。MCII 策略的效果也可能因此受到成功期望水平的调节。本书假设，随着成功期望水平的提高，MCII 策略的效果也会逐渐增强。

第二节　研究方法

一、文献检索与纳入

以"心理对照"（或心理比对）和"执行意向"（或执行意图、执行性意图）

为关键词检索中文数据库（CNKI 数据库、万方数据库和维普电子期刊），以"mental contrasting"和"implementation intention"为关键词检索英文文献数据库（SCOPUS、PsyINFO、PsyARTICLE、PubMed、Web of Science、Science Direct、Springer Link、ProQuest 和 Google Scholar）。

文献纳入标准为：①研究是实证类的，综述类、研究建议类等予以排除；②研究中报告了可用于计算效应量的数据，数据不完整的予以排除；③实验组和对照组的某一区别为有无 MCII 策略的干预，对照组采用心理对照策略条件或执行意向策略条件的研究予以排除。最终，来自 19 篇报告的 25 个独立研究被纳入元分析。

二、文献编码与效应量

对纳入元分析的文献进行如下编码：文献信息（作者、发表时间）、样本量、样本类型（儿童、大学生、普通成人和病人）、目标领域（健康、学业、人际和个人）、结果变量、时间点（后测、时间 1、时间 2……）、干预方式（实验者干预或文本干预）、测量方式（自我报告或客观指标）、期望水平。表 8-1 列出了所有纳入元分析的研究以及它们的样本量、样本类型、目标领域、干预方式、期望水平、测量方式、效应量和 95%置信区间。

本次研究使用标准化均值差 Hedges's g，作为实验组和控制组的效应量指标。部分纳入元分析的研究报告了多个结果变量或采用了追踪测量设计。由于同一个独立样本生成多个效应量会违背独立性假设，带来样本量的膨胀，使个别研究占用过多的权重而有过度的表现，导致结果出现偏差，因此需要对研究中报告的多个效应量进行合并，使每一个独立样本只得到一个效应量（Ellis，2010；Lipsey et al.，2001）。

三、异质性分析与模型选择

元分析结果的计算可采用固定效应模型（fixed-effect model）或随机效应模型（random-effect model），模型的选择基于研究者对不同研究是否拥有一个相同的真实效应量的预期。固定效应模型假设不同研究都有一个相同的真实效应量，随机效应模型允许不同研究拥有不同的真实效应量（Borenstein et al.，2009）。由

表 8-1 纳入元分析的研究

研究	样本量（人）	样本类型	目标领域	干预方式	期望水平	测量方式	效应量（Hedges's g）	95%置信区间
王国霞（2014）研究 4	91	大学生	个人	实验者干预	5.54	自我报告	0.46	[0.02, 0.90]
王国霞（2014）研究 5	47	大学生	健康	实验者干预	5.54	自我报告	0.17	[-0.47, 0.81]
Adriaanse（2010）	51	大学生	健康	实验者干预	4.94	自我报告	0.48	[-0.08, 1.04]
Christiansen 等（2010）	60	病人	健康	实验者干预	未报告	客观+自我报告	0.27	[-0.24, 0.78]
Duckworth 等（2011）	66	儿童	学业	文本干预	4.66	客观	0.52	[0.03, 1.01]
Fritzsche 等（2016）	47	病人	健康	实验者干预	6.25	自我报告	1.14	[0.41, 1.87]
Gawrilow 等（2013）	116	儿童	学业	文本干预	4.99	客观	0.16	[-0.20, 0.52]
Gollwitzer 等（2018）	68	普通成人	健康	实验者干预	未报告	自我报告	0.51	[0.05, 0.96]
Hawes（2007）	124	16—62 岁	健康	文本干预	3.93	客观	-0.03	[-0.51, 0.44]
Houssais 等（2013）	80	大学生	人际	文本干预	4.08	自我报告	0.61	[0.16, 1.06]
Kizilcec 等（2017）研究 1	9619	未报告	学业	文本干预	5.65	客观	0.09	[-0.01, 0.19]
Kizilcec 等（2017）研究 2	4290	未报告	学业	文本干预	6.00	客观	0.06	[-0.02, 0.13]
Loy（2016）	55	大学生	健康	实验者干预	未报告	自我报告	0.54	[0.00, 1.08]
Marquardt（2017）	183	病人	健康	实验者干预	未报告	自我报告	0.47	[0.06, 0.88]
Oettingen 等（2015）研究 1	56	大学生	个人	实验者干预	4.92	自我报告	0.60	[0.06, 1.13]
Oettingen 等（2015）研究 2	40	大学生	个人	实验者干预	未报告	自我报告	0.97	[0.31, 1.63]
Saddawi-Konefka 等（2017）	34	大学生	学业	实验者干预	5.35	客观	0.67	[0.03, 1.32]
Sailer 等（2015）	36	病人	健康	实验者干预	未报告	自我报告	0.56	[-0.04, 1.15]
Scheurnschloß（2017）研究 1.1	66	普通成人	人际	文本干预	5.12	客观+自我报告	0.49	[0.00, 0.98]

续表

研究	样本量（人）	样本类型	目标领域	干预方式	期望水平	测量方式	效应量（Hedges's g）	95%置信区间
Scheurnschloß（2017）研究1.2	96	普通成人	人际	文本干预	5.27	客观+自我报告	0.50	[0.09, 0.90]
Scheurnschloß（2017）研究2.1	84	普通成人	人际	文本干预	5.13	客观	0.55	[0.11, 0.99]
Scheurnschloß（2017）研究3.3	163	普通成人	个人	文本干预	5.87	自我报告	0.30	[−0.01, 0.60]
Stadler等（2009）	256	普通成人	健康	实验者干预	5.01	自我报告	0.48	[0.23, 0.72]
Velasquez-Sheehy（2015）	117	儿童	学业	实验者干预	4.35	客观	0.32	[−0.04, 0.69]
Wang等（2016）	81	大学生	学业	文本干预	5.58	自我报告	−0.11	[−0.54, 0.33]

于本次研究纳入的文献在目标领域、样本类型、干预方式等方面存在差异,因此本次研究选择随机效应模型进行元分析更合适。

研究将通过事后异质性检验(heterogeneity test)来验证模型选择的合理性。对效应量分布的异质性分析包括 Q 和 I^2 项指标。统计检验量 Q 值用于判定效应量分布的异质性是否显著,I^2 表示效应量之间的真实变异占总变异的百分比,25%、50%和75%为异质性程度低、中、高的界限(Higgins et al., 2003)。

四、发表偏差检验

发表偏差是指得出结果显著的研究更容易被发表,使元分析得到的总效应量大于实际的效应量,导致元分析得出错误的结论,因此需评估出现发表偏差的可能性以减少其对元分析的影响。本次研究采用漏斗图(funnel plot)、Rosenthal 失安全系数(Rosenthal's fail-safe N)、Egger 线性回归检验(Egger linear regression test)以及剪补法(trim and fill method)来评估发表偏差。

本次研究采用综合元分析 2.0(comprehensive meta-analysis 2.0,CMA 2.0)软件进行元分析。

第三节 结 果 分 析

一、主效应检验

经过文献筛选,本次研究共纳入来自 19 篇报告的 25 个独立研究,共涉及 15 926 名被试。经异质性检验,效应量的异质性为中等水平,且显著[$Q(24)=60.457$,$I^2=60.302\%$,$p<0.001$],所以选择随机效应模型。结果显示,MCII 策略对目标达成的总体效应量为 0.363,95%置信区间为[0.253,0.474],程度为较小到中等。

二、发表偏差检验

通过漏斗图检验本次元分析的发表偏差,从图 8-1 中可看出,多数研究位于总效应量的右侧,说明左侧有可能缺失了结果不显著或效应量较小的部分研究,可能存在发表偏差。研究的失安全系数为 529,大于临界值 135,即 $5k+10$,表明元分析的结果可靠,并不存在严重的发表偏差。Egger's 检验线性回归的截距为 1.87,$p<0.05$,表明可能存在发表偏差。最后,采用剪补法估计可能存在的发表偏差的大小及其对元分析结果的影响,结果发现,剪补研究文献后,采用随机效应模型得到的总效应仍然显著。此外,在最终进行分析的文献中,未发表的独立研究(硕士和博士学位论文)共有 8 个,占文献总数的 32%,这一比例已经很高。综上所述,以上分析结果表明,本次元分析虽然可能存在发表偏差,但元分析的主要结论还是有效的。

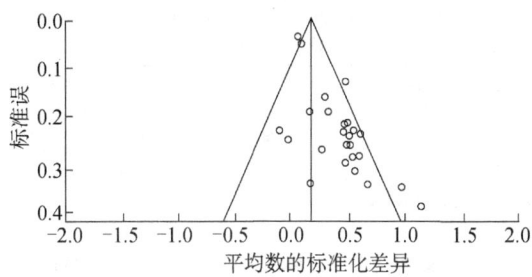

图 8-1 MCII 策略对目标达成的效果的漏斗图分析

三、调节效应检验

分别检验文章类型、样本类型、目标领域、干预方式、测量方式和期望水平的调节效应,结果见表 8-2。

表 8-2 MCII 策略效果的调节效应检验

调节变量	k	n	g	95%置信区间	异质性		
					Q_B	df	p
文章类型					0.045	1	0.831
发表论文	17	15 138	0.375	[0.237,0.514]			
学位论文	8	788	0.353	[0.205,0.502]			
样本类型					1.787	3	0.618
普通成人	6	733	0.451	[0.305,0.597]			
儿童	3	299	0.301	[0.073,0.530]			
病人	4	326	0.521	[0.258,0.785]			
大学生	9	535	0.447	[0.272,0.622]			
目标领域					38.467	3	0.000
学业	7	14 323	0.087	[0.029,0.144]			
健康	10	927	0.435	[0.292,0.578]			
个人	4	350	0.457	[0.241,0.673]			
人际	4	326	0.536	[0.315,0.757]			

续表

调节变量	k	n	g	95%置信区间	异质性		
					Q_B	df	p
干预方式					8.567	1	0.003
文本干预	10	14 657	0.210	[0.085,0.335]			
实验者干预	15	1 269	0.465	[0.348,0.582]			
测量方式					28.843	1	0.000
客观指标	8	14 452	0.096	[0.039,0.153]			
自我报告	14	1 252	0.455	[0.337,0.573]			
期望水平					0.144	1	0.705
高水平	12	14 874	0.305	[0.162,0.449]			
低水平	7	610	0.347	[0.179,0.516]			

注：k 表示效应量的个数，n 表示样本量，Q_B 表示组间异质性 Q 检验。在样本类型中，有 1 个独立研究既包含儿童也包含成人，有 2 个独立研究未具体报告被试年龄，因此分析时不包含这 3 个研究。在测量方式中，有 3 个研究既包含客观指标又包含自我报告指标，因此分析时不包含这 3 个研究。在期望水平中，采用的指标是期望值或感知到的行为控制（利克特七点评分），有 6 个研究未报告相关指标，因此分析时不包含这 6 个研究；5 分及以上为高期望水平组，5 分以下为低期望水平组。

结果未发现已发表论文和学位论文之间的效应量存在显著差异，这进一步表明发表文章存在发表偏差的可能性较小。调节效应检验也未发现样本类型对 MCII 策略的效应起显著的调节作用，这表明 MCII 策略对不同类型的个体均是有效的。

结果发现，目标领域对 MCII 策略的效应量存在显著的调节效应。一对一差异检验发现，学业领域的效应量（$g=0.087$）显著小于健康领域[$g=0.435$，$Q(1)=19.605$，$p<0.001$]、个人领域[$g=0.457$，$Q(1)=10.519$，$p<0.01$]和人际领域[$g=0.536$，$Q(1)=14.821$，$p<0.001$]。干预方式的调节效应检验发现，仅基于文本的 MCII 策略干预的效应量（$g=0.210$）显著小于基于实验者的 MCII 策略干预的效应量[$g=0.465$，$Q(1)=8.567$，$p<0.01$]。有关结果变量的测量方式的调节效应检验发现，对客观结果变量的效应量（$g=0.096$）显著小于对主观结果变量的效应量[$g=0.455$，$Q(1)=28.843$，$p<0.001$]。

对期望水平的调节效应发现，MCII 策略对高期望水平的目标的效应量（$g=0.305$）和低期望水平的目标的效应量（$g=0.347$）不存在显著差异。

第四节　讨论与结论

一、MCII 策略对目标达成的干预效果

本次元分析以来自 19 篇报告的 25 个独立研究为样本，评估了 MCII 策略对

目标达成的效果,其总体效应量为 0.363,程度为较小到中等。虽然已有研究发现,MCII 策略比单独的心理对照或执行意向策略更有利于个体的目标达成（Adriaanse et al., 2010；Kirk et al., 2013）,但是本次元分析得到的 MCII 策略的总体效应量却低于 Gollwitzer 和 Sheeran（2006）的元分析中得到的单独执行意向的总体效应量（$d=0.65$）,可能有以下两方面原因：第一,本次研究中纳入的研究都是应用 MCII 策略进行的干预研究,Gollwitzer 和 Sheeran（2006）的元分析除包含干预研究外,还包含一些相关研究和实验室研究。实验室控制较为严格,且结果变量（即目标达成）是在实验过程中收集的,没有时间上的追踪,这样会导致效应量偏高。同时,一项针对执行意向对体育锻炼的干预研究的元分析也发现效应量是小到中等（Bélanger-Gravel et al., 2013）。第二,心理对照策略和执行意向策略的效果都会受到其他变量的调节,例如,心理对照会使低成功期望水平的个体放弃目标（Oettingen & Cachia, 2016）,执行意向策略对高冲动性个体的目标达成没有促进作用（Churchill & Jessop, 2010）,所以,两者结合后会受到更多变量的调节作用,可能会导致效应量减小。

二、影响 MCII 策略对目标达成的效果的调节变量

本次研究从文献类型、样本类型、目标领域、干预方式、结果变量的测量方式、期望水平六个方面考察了 MCII 策略干预效果的调节变量。结果发现,目标领域、干预方式、结果变量的测量方式存在显著的调节作用。

在目标领域方面,结果显示 MCII 策略对健康、个人和人际领域的目标的促进效果显著高于学业领域,而且学业领域的效应量很低（$g=0.087$）,可能的原因是,MCII 策略干预主要是为了提升个体对学业目标的自我调节能力,并增加其学习投入（Duckworth et al., 2011）,但学业目标的达成还受到智商、学业动机、认知策略等其他方面的影响（Cerasoli et al., 2014；Dent & Koenka, 2016）,因此,对学业目标进行干预时要考虑动机、认知策略和自律等多方面因素。

在干预方式上,有实验者参与的面对面的干预效果显著高于由被试自己填写文本的干预效果。一方面,面对面的干预可以通过增加人际联结进而提升效果（Elder et al., 2005）。另一方面,在自由填写文本的干预方式下,被试可能会形成低质量的 MCII 策略（Kizilcec & Cohen, 2017）,同时可能对形成的 MCII 策略的承诺较低,这些都会降低 MCII 策略的效果（de Nooijer et al., 2006）。这一结果表明,未来研究中要想保证 MCII 策略的效果,要采用实验者参与的面对面的

干预方式。

对于结果变量的测量方式，MCII策略对目标达成的客观指标的效应量显著小于自我报告的指标的效应量，这与以往相关的研究结果类似（McEachan et al., 2011）。这一结果提示，MCII策略的效果可能会被自我报告法放大。但鉴于多数领域的目标达成与否（如解决人际关系问题等）无法通过客观指标进行测量，只要被试自我报告达成目标就判定其已达成目标，因此，MCII策略对目标达成存在显著的促进作用。

本次研究并未发现期望水平的调节效应，原因可能在于：一方面，已有研究中被试的成功期望水平都在4分（7点评分）以上，属于中等以上水平；另一方面，从各项研究的干预方式来看，多数研究在指导语中明确要求被试为自己选择具有可行性的目标（Fritzsche et al., 2016; Stadler et al., 2009, 2010）。因此，纳入本次元分析的研究基本上保证了目标对于被试来说是高期望的。

三、未来研究展望

还有一些关于MCII策略对目标达成效果存在潜在影响的因素未能在本次研究中进行检验。第一，干预效果的持续时间。与短期作用相比，MCII策略的长期作用可能会更好。几项健康行为领域研究的多次追踪测量结果表明，相比于控制组，MCII策略更有利于行为改变的长期保持，也更能在情况发生变化时帮助个体进行灵活应对（Stadler et al., 2009, 2010）。由于目前追踪研究的时间长度变异较小，本次元分析未能检验不同时间点的效应量差异，可以在未来进行检验。第二，MCII策略的使用频率。MCII策略能够帮助个体形成一种朝着目标前进的习惯，MCII策略的使用频率会影响习惯的强度。目前多数研究只在干预环节让被试完成MCII策略的练习，只有个别研究鼓励被试每天进行MCII策略练习（Gollwitzer et al., 2018）。未来研究可以检验MCII策略的使用频率对MCII策略干预效果的调节作用。第三，MCII策略效果的文化差异。MCII策略的干预研究多集中在西方文化下，而Kizilcec和Cohen（2017）包含西方和东方被试的研究发现，MCII策略的干预效果存在一定的文化差异，未来可以增加东方文化下的干预研究，并分析文化的调节作用。

MCII策略的总体效应量为较小到中等，并不如预期中的理想，原因可能是MCII策略干预的质量有待优化。未来研究可以从以下四个角度优化MCII策略干预的效果。第一，实验者要参与到干预过程中，对被试进行面对面的干预，这样能保证被试形成高质量的MCII策略，进而保证干预的效果。第二，提高MCII策略的使用频率，如进行多次干预或使用信息提醒被试多次使用MCII策略（Gollwitzer et al.，2018）。第三，提高MCII策略的灵活性。建立具体的计划会促进个体对计划中的线索进行识别，但同时也使个体很难注意到其他可用的线索，严格刻板地运用自我调节策略可能会阻碍目标达成（Parks-Stamm et al.，2007），可以增加一个用于改进MCII策略的执行意向（"如果我的MCII策略失效时，我会思考形成新的MCII策略"），进而提高MCII策略的灵活性。第四，为被试提供多种可供选择的目标相关的收获、障碍以及解决障碍的线索和反应（Armitage et al.，2014），指导被试选择形成更有效的MCII策略。

本次研究通过元分析评估了MCII策略对目标达成的效果及其调节因素，得出以下结论：①MCII策略能够有效促进个体的目标达成，总体效应量为较小到中等（$g=0.363$）；②MCII策略的效果受到目标领域、干预方式以及结果变量的测量方式的调节。

第九章

不同类型的 MCII 策略与目标追寻

本章比较了不同类型的 MCII 策略（单次 MCII 策略、每日 MCII 策略）对阅读幸福类书籍目标的促进作用，随机将 120 名大一新生分到单次 MCII 策略干预组、每日 MCII 策略干预组和对照组，分发《认识自己，接纳自己》一书，测试干预两星期后三组大学生的阅读情况，结果发现，在是否使用 MCII 策略方面，单次 MCII 组被试、每日 MCII 组被试和对照组之间不存在显著差异；在 MCII 策略质量方面，MCII 质量高的学生比 MCII 质量低的学生不仅会在阅读书籍上投入更多的时间，而且会在指定的阅读任务中取得更好的成绩，幸福感也更高。这些发现表明，MCII 的质量特征对行为和目标实现有重要影响。

第一节　书籍阅读与 MCII 策略

一、幸福类书籍阅读

读书是一种贯穿一生的活动。大学生的阅读活动是大学生学习生活的重要组成部分。随着大学生就业压力的增大，越来越多的大学生表示，他们其中很多人有自己想读的书，但没有开始或从来没有完成。除了糟糕的阅读技巧和动机，缺乏自我调节可能会阻止一个人实现他的阅读目标。目标追求的常见困境在于，即使个体拥有完成目标的强烈意图并且知道自己需要做什么来达到目标，但是在执行时却未能跨越意图与行为之间的鸿沟。研究人员发现，MCII 策略是一种有用的自我调节策略，可以帮助人们成功地追求他们的目标（Oettingen & Gollwitzer，2009）。因此，本章将采用 MCII 策略用于促进大学生的书籍阅读行为。

什么是幸福，如何获得幸福，已然成为近些年心理学研究以及社会关注的焦点。与此同时，解释幸福的大量书籍陆续出版。阅读可以促进人们的精神成长，使人们收获精神享受，体验更深层次的快乐，从而提高自我认知能力，建立科学的幸福观念，培养积极的生活态度，丰富内心精神和情感，让人们在现实生活中获得幸福，实现生命和幸福的真谛。已有研究表明，阅读对大学生主观幸福感具有积极影响。更多地阅读幸福类书籍会使人们拥有蓬勃的人生。在幸福类书籍的畅销书中，塞利格曼的幸福五部曲（《真实的幸福：提升幸福感不可不读的心理学经典》《持续的幸福》《活出最乐观的自己：彻底改变悲观人生的幸福经典》《认识自己，接纳自己》《教出乐观的孩子：让孩子受用一生的幸福经典》）十分受读者的欢迎。因此，本章选择了其中的《认识自己，接纳自己》一书作为研究的阅读书籍。

二、不同类型 MCII 策略的效果

Cross 和 Sheffield（2019）在健康行为塑造领域的一项元分析发现，MCII 作为一种短期的行为改变策略，在短期内对健康行为的改变能产生显著的小到中等程度的影响。以往关于 MCII 策略有效性的已有研究大多是考察单次 MCII 策略干预与控制组的对比。梦想或愿望的实现过程一般都历时较长，仅对其进行一次

MCII 策略干预，恐怕维持效果不佳。若要进一步提高 MCII 策略的效应量，从小到中等的效应量增长为中到高等的效应量，可选择增加 MCII 策略的干预次数。因此，本次研究提出了优化 MCII 策略的途径（每日 MCII 策略）并检验其有效性。

另外，鉴于 MCII 策略的质量特征是影响其效果的重要因素（王国霞，2014；Oettingen et al.，2016b），本章将继续评价被试形成的 MCII 策略的质量特征，并分析其对效果的调节作用。

综上，本章将分析单次 MCII 策略、每日 MCII 策略对幸福类书籍《认识自己，接纳自己》阅读的促进作用，旨在回答以下三个问题：MCII 策略能否促进大学生幸福类书籍的阅读；每日 MCII 策略能否提升 MCII 策略的效果；MCII 策略的质量特征是否会调节 MCII 策略的效果。

三、本章研究假设

本章研究的假设分为两个部分，分别如下。

MCII 策略数量假设，包括如下两方面。假设 1：与控制组相比，每日 MCII 策略组和单次 MCII 策略组的学生会投入更多的阅读时间，拥有更好的阅读习惯，在阅读测试中的得分更高，在幸福感上的得分也更高。假设 2：与单次 MCII 策略组相比，每日 MCII 策略组的学生会投入更多的阅读时间，拥有更好的阅读习惯，在阅读测试中的得分更高，在幸福感上的得分也更高。

MCII 策略质量假设：MCII 策略质量高的学生比 MCII 策略质量低的学生会投入更多的阅读时间，拥有更好的阅读习惯，在阅读测试中的得分更高，在幸福感上的得分也更高。

第二节 研 究 方 法

一、被试

被试是来自吉林市一所化工学院的本科生。120 名学生自愿参加了本次研究。这些学生被随机分为每日 MCII 策略干预组（以下简称每日 MCII 组）（40 人）、单次 MCII 策略干预组（以下简称单次 MCII 组）（40 人）和对照组（40 人）。在被分配到每日 MCII 组的 40 名学生中，有 2 名学生没有完成后续测试。在被分配到单次MCII组的40名学生中，有1名学生没有完成后续测试。在被分配到对照组的40名学生中，有2名学生没有完成后续测试。这5名学生被排除在所有的分析之外。

另外，由于调查数据中有一部分无效或不认真的测试结果，基于干预处理措施，进一步排除了一部分被试。具体来说，排除了那些在指定条件之前没有陈述至少一个积极结果或目标障碍的被试。这种排除的动机是，参与者必须具体说明完成MCII活动的积极结果和目标障碍。被排除的被试要么写了一些无关的东西，要么表明他们没有遇到任何障碍（如"我想不出任何障碍""没有障碍"）。

最终，对照组有效被试为38人，单次MCII组有效被试为33人，每日MCII组有效被试为29人。所有的分析都是对所有剩下的100名被试进行的，被试年龄为18—22岁，其中男生有74人，女生有26人。有效被试选取流程图如图9-1所示。

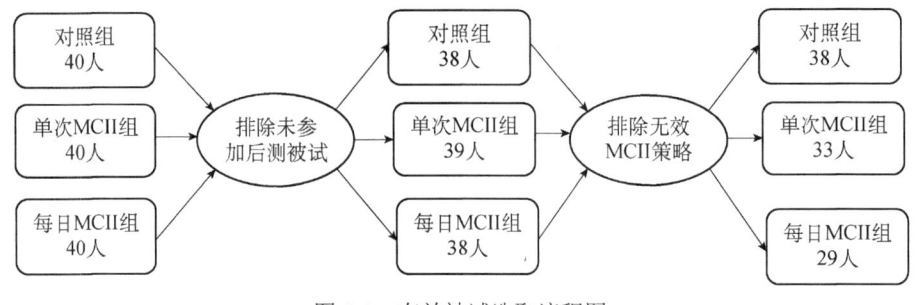

图9-1 有效被试选取流程图

二、研究设计与程序

图9-2呈现了本次研究的实验流程，共包含两次测试。

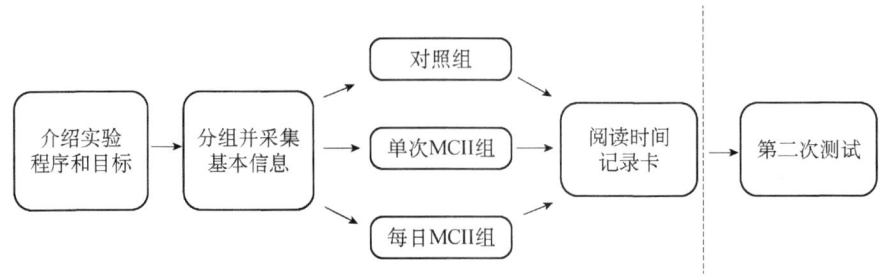

图9-2 "MCII对幸福类书籍阅读的促进作用"实验流程图

第一次测试分为三个阶段。

在第一次测试的第一阶段，主试向被试简单地介绍本次实验的程序和目标（帮助促进大学生对幸福类书籍的阅读，提高大学生的幸福感），然后向被试介绍《认识自己，接纳自己》一书，并告知被试本次研究所采集的全部信息将得到严格保密，同时强调自愿参与的原则。

在第一次测试的第二阶段，以班级形式将被试分为三组，进入三个不同的教室，按组序逐一发放问卷。在问卷的最开始，主试向被试介绍大学生幸福感的促进对大学生活具有重要意义，并测试了被试的积极情绪和消极情绪以及生活满意度。幸福感测试结束后，简单介绍有效促进幸福感的书籍——《认识自己，接纳自己》，说明实验目的是通过促进阅读进而提升大学生的幸福感，并测试被试的阅读习惯。对三组被试幸福感和阅读习惯的测试基本上是相同的，不同之处在于，对单次MCII组和每日MCII组被试进行了MCII自我调节策略的干预，对照组没有。干预程序如下：首先，请被试想象在接下来的两星期时间内认认真真地阅读了这本书籍后带来的积极影响，并写下来；然后，请被试预测接下来的两星期会有哪些因素会阻碍阅读此书，请将被试认为会阻碍阅读进程的最大自身因素写下来；最后，被试回答"导致你无法在未来两星期里完成对此书阅读的自身因素最可能在什么情况下发生"和"你如何克服这一障碍"两个问题，然后根据两个问题的答案，写下"如果—那么"计划。为确保单次MCII组被试记住这个"如果—那么"计划，要求被试在另一张纸上重新抄写一遍该计划。每日MCII组被试被要求记住此策略的运用方法，并在接下来的两星期中，针对每日不同的情景制订不同的"如果—那么"计划。

在第一次测试的第三阶段，所有被试都会得到一张"阅读时间记录卡"，要求他们在未来的两星期内记录每天阅读《认识自己，接纳自己》的时间。

第二次测试是在两星期之后。主试回收"阅读时间记录卡"，然后向被试分发后测问卷。问卷包括被试的幸福感、阅读习惯、共计时长、此书重要性以及对书籍内容理解测试，其中，被试并不知晓后测中的书籍内容理解部分，目的是避免复习效应。

三、测量工具

幸福感：对幸福感的测量主要分为以下两部分。第一部分，积极情绪和消极情绪：采用《积极情绪消极情绪量表（修订版）》测量被试的情感幸福感。《积极情绪消极情绪量表（修订版）》由Watson等（1988）编制，由邱林等（2008）修订。《积极情绪消极情绪量表（修订版）》包含两个分量表，即积极情绪分量表和消极情绪分量表，分别有10个条目，采用利克特五点评分，从"非常不符合"到"非常符合"。第二部分，生活满意度：采用由Diener等（1985）编制的《生活满意度量表》中文版测量被试的认知幸福感。《生活满意度量表》由5个条目组成，采用利克特五点评分，从"非常不符合"到"非常符合"。幸福感问卷的内部一致性信度为0.89。

阅读习惯：采用2009年由经济合作与发展组织发布的国际学生评估项目（Program for International Student Assessment，PISA）中阅读习惯的测试问卷。该问卷主要分为两部分：①阅读投入："你会花多长时间来体验阅读带来的乐趣呢？（1代表不会为了乐趣而阅读，2代表0—30分钟/日，3代表30分钟—1小时/日，4代表1—2小时/日，5代表2小时以上/日）"②阅读兴趣：由11个描述句组成，从"非常不认同"到"非常认同"，采用利克特四点评分。问卷整体的Cronbach's α 系数为0.917，表明问卷信度良好。

目标的激励价值：采用"对我来说，在接下来的两星期内认真阅读此书的重要性：（1代表非常重要，2代表比较重要，3代表一般，4代表比较不重要，5代表非常不重要）"来测量。

书籍阅读理解测试：由笔者针对《认识自己，接纳自己》一书内容出题。题目数量为20个，分为选择和判断两部分，每个部分各10题。题目涵盖了书籍全部14章节内容。题目编制后，笔者分别邀请3名心理学专业同学和3名非心理学专业同学答题测评，并由3名心理学专业同学帮助修改，最终确定的题目适合非心理学专业学生，然后将修改后的题目提交心理学专业教师，请他们对题目进行审阅和修改，最终编订了20道测量被试对《认识自己，接纳自己》一书阅读理解能力的题目。最终的20道阅读测试题交由多名心理学教师（具有心理学博士学位，擅长积极心理学研究，讲授积极心理学相关课程）进行专家测评，一致认为测试题能准确测量到被试对《认知自己，接纳自己》一书的掌握理解程度，因此该测试具有较好的专家内容效度。测试后，这20道题目的区分度为0.19—0.46，平均区分度为0.33；内部一致性信度为0.67。

阅读时间投入：对阅读时间投入的测量分为两个部分。一是"阅读时间记录卡"上的时间总和。此记录内容采用利克特七点评分，标准如下：1（0小时）、2（0—30分钟）、3（30分钟—1小时）、4（1—1.5小时）、5（1.5—2小时）、6（2—2.5小时）、7（2.5小时以上）。二是后测问卷上的阅读时间："你在过去两周内用在读《认识自己，接纳自己》一书上的时间共计约有____小时。"

四、MCII 策略质量特征分析

已有研究表明,心理对照的具体性和"如果—那么"计划的工具性两个特征是有效的评定 MCII 策略质量特征的指标(王国霞,2014)。因此,本书选取心理对照的具体性和"如果—那么"计划的工具性作为 MCII 策略质量评定的指标。

为了分析 MCII 策略的质量,主试邀请另一名心理学研究生一起分别评估了心理对照干预中的收获和关键障碍的具体性,以及"如果—那么"计划的具体性。当两个评分存在差异时,评分者与另一个研究生进行再次讨论,确定最终的分数。

在心理对照的具体性方面,两名评分者对收获和障碍的详细想象部分的具体性进行了评估。收获的具体性和障碍的具体性的评估标准如下:①没有详细的描述(1分),由于集体施测,有部分被试没有按照指导语进行填写;②比较抽象地对想象进行描述(2分),如"我会获得更多关于促进幸福感的知识和技能";③有比较具体的想象(3分),如"如果我碰到书中提到的困境,我可以利用书中的知识去度过困境"。收获的具体性和障碍的具体性的评分者一致性 Kappa 系数分别为 0.80 和 0.83。

在"如果—那么"计划的工具性方面,两名评分者评估了"如果—那么"计划的工具性,具体来说就是评定了此计划是否有利于克服障碍。具体评分标准如下:①完全不利于目标的达成,即不做与目标有关的行为(1分),如"如果作业太多影响了我的阅读,那么我在完成全部作业之后一定会阅读此书";②有利于目标达成,但减小了目标相关行为的强度(2分),如"如果学校活动太多,那我在活动之余会抽空看此书";③完全有利于目标的达成(3分),如"如果有人喊我打游戏,我会放下手机拿起书马上阅读"。评分者的一致性 Kappa 系数为 0.70,表明评分者的一致性信度较好(Cicchetti,1994;Fleiss,1981)。

第三节　结　果　分　析

一、随机化检验

对照组、单次 MCII 组和每日 MCII 组被试在基线水平的基本特征如表 9-1 所示。

表 9-1 整体及对照组、单次 MCII 组和每日 MCII 组被试的样本特征

特征		整体 (N=100)	单次 MCII 组 (n=33)	每日 MCII 组 (n=29)	对照组 (n=38)	F	p
幸福感	积极情绪和消极情绪	73.15 (8.41)	52.00 (9.11)	73.31 (8.66)	72.71 (7.78)	0.087	0.917
	生活满意度	15.09 (4.18)	15.21 (4.17)	14.34 (4.17)	15.55 (4.36)	0.702	0.498
阅读习惯	阅读投入	2.89 (1.25)	3.04 (1.35)	2.86 (1.21)	2.79 (1.23)	0.788	0.747
	阅读兴趣	38.19 (5.27)	38.09 (4.25)	38.38 (4.61)	38.13 (6.53)	0.292	0.974

表 9-1 显示，单次 MCII 组、每日 MCII 组和对照组的基线特征均无显著差异，这表明，本次研究的随机分组是成功的。

二、不同频次 MCII 策略对目标达成的影响

本次研究中的因变量包含阅读时间投入、阅读习惯、阅读理解测试和幸福感四个指标，下面将依次检验单次 MCII 组、每日 MCII 组和对照组在四个因变量上的差异。

（一）有无 MCII 策略对阅读时间投入的预测

表 9-2 显示了单次 MCII 组、每日 MCII 组和对照组在两周内阅读此书的时间投入，采用单因素方差分析检验未发现三组在阅读时间记录卡时间总和[$F(2,97)$=0.661，p=0.519]、共计阅读时长[$F(2,97)$=1.073，p=0.346]上存在显著差异。

表 9-2 单次 MCII 组、每日 MCII 组和对照组的阅读时间投入 （单位：小时）

变量	单次 MCII 组	每日 MCII 组	对照组
阅读时间记录卡时间总和	2.46（0.94）	1.83（1.11）	2.71（1.06）
共计阅读时长	7.42（6.37）	5.46（7.09）	6.43（6.56）

（二）有无 MCII 策略对阅读习惯的预测

采用单因素方差分析，以前后测阅读习惯的变化量为因变量，考察三组被试在阅读习惯上的差异，结果发现，单次 MCII 组（M=-0.090，SD=3.41）、每日 MCII 组（M=0.793，SD=5.08）和对照组（M=-0.473，SD=4.65）在阅读习惯的变化量

上不存在显著差异，$F(2,97)=0.690$，$p=0.504$。

（三）有无 MCII 策略对阅读理解测试的预测

采用单因素方差分析考察 MCII 策略对后测阅读理解测试的影响，结果发现，单次 MCII 组（$M=46.67$，$SD=13.06$）、每日 MCII 组（$M=47.24$，$SD=11.11$）和对照组（$M=45.92$，$SD=9.58$）在阅读两周后对书籍内容理解程度的测试上不存在显著差异[$F(2,97)=0.117$，$p=0.890$]。

（四）有无 MCII 策略对幸福感的预测

表 9-3 显示了单次 MCII 组、每日 MCII 组和对照组在阅读两周后的幸福感测量结果，采用单因素方差分析未发现三组在积极情绪和消极情绪得分[$F(2,97)=0.212$，$p=0.809$]、生活满意度得分[$F(2,97)=0.762$，$p=0.469$]上存在显著差异。

表 9-3　单次 MCII 组、每日 MCII 组和对照组的幸福感

变量	单次 MCII 组	每日 MCII 组	对照组
积极情绪和消极情绪	70.88（9.66）	73.62（9.57）	71.11（9.74）
生活满意度	17.12（4.16）	16.48（4.65）	16.58（4.03）

三、MCII 策略特征对目标达成的影响

研究采用了收获的具体性、障碍的具体性以及"如果—那么"计划的工具性三个 MCII 策略质量特征指标，这三个指标与因变量之间的相关矩阵见表 9-4。

表 9-4　MCII 策略质量指标与阅读时间投入、阅读习惯、幸福感和阅读理解的相关

变量	收获的具体性	障碍的具体性	计划的工具性
阅读时间投入	0.336	0.104	0.098
阅读习惯	0.100	0.005	0.276*
幸福感	0.795**	0.201	-0.191
阅读理解	-0.151	-0.016	0.319*

由表 9-4 可看出，收获的具体性与幸福感之间存在显著正相关，计划的工具性与阅读习惯和阅读理解之间存在显著正相关。

进一步对收获的具体性、障碍的具体性和计划的工具性三个质量特征对阅读时间投入、阅读习惯、阅读理解和幸福感四个结果变量做了回归分析，结果见表 9-5。

表 9-5 MCII 策略质量特征预测阅读时间投入的回归分析

因变量	变量	B	SEB	β	t	p
阅读时间投入	收获的具体性	1.337	1.392	0.139	0.961	0.341
	障碍的具体性	0.551	1.479	0.063	0.373	0.711
	计划的工具性	1.752	1.407	0.202	1.245	0.218
阅读习惯	收获的具体性	1.934	0.941	0.280	2.055	0.044
	障碍的具体性	−2.130	0.992	−0.339	−2.146	0.036
	计划的工具性	3.091	0.948	0.497	3.261	0.002
阅读理解	收获的具体性	−0.117	2.381	−0.007	−0.049	0.961
	障碍的具体性	−3.885	2.511	−0.247	−1.547	0.127
	计划的工具性	6.952	2.398	0.447	2.899	0.005
幸福感	收获的具体性	13.612	1.560	0.783	8.723	0.000
	障碍的具体性	0.058	1.645	0.004	0.035	0.972
	计划的工具性	−1.090	1.571	−0.070	−0.694	0.491

结果显示，收获的具体性、障碍的具体性和计划的工具性三个质量特征对阅读时间投入没有显著影响。收获的具体性、障碍的具体性和计划的工具性都对阅读习惯有显著影响。计划的工具性对阅读理解有显著影响，收获的具体性和障碍的具体性对阅读理解没有显著影响。收获的具体性对幸福感有显著影响，障碍的具体性和计划的工具性对幸福感没有显著影响。

第四节　讨论与结论

本书考察了诱导下形成的不同频次的 MCII 策略及其策略质量特征对被试目标追寻的影响。首先，区别于前人的研究成果（Oettingen & Schwörer, 2013），本次研究结果中并未得出 MCII 组被试的阅读习惯、阅读理解以及幸福感目标追寻优于对照组的结论。另外，本次研究结果显示，被试 MCII 策略的质量特征与目标追寻之间存在密切的关联。

一、不同频次 MCII 策略对目标达成的影响

针对 MCII 策略的作用，本次研究考察了两个方面：第一是 MCII 组（单次 MCII 组和每日 MCII 组）的目标达成是否好于控制组，第二是每日 MCII 组的目

标达成是否好于单次 MCII 组。

本次研究并未发现 MCII 策略的优势，即单次 MCII 组和每日 MCII 组的目标达成并未好于控制组，可能是由于以下四种原因：第一，在前人的研究成果中，主试在干预过程中为被试制定的需要达成的目标都是与被试具有高利害关系的目标，举例而言，前人的研究中，被试的目标较多集中分布在体育锻炼、饮食习惯、人际关系等方面。本书所研究的是阅读习惯，而在干预过程中分配给被试的书籍又属于其非本专业相关书籍，相比较而言，阅读与专业不相关的书籍与被试的生活之间不存在高利害关系。前人的研究成果中也得出过类似结果，即执行意向与对受控动机的目标两者之间存在负相关（Smith et al.，2010），这一研究结果指出，MCII 策略有可能并不能推动分配的非自主性目标追寻。因此，阅读非专业相关书籍这一目标对于被试来说属于非自主性目标追寻，MCII 策略对这一目标的追寻可能不存在优势。在未来研究中，关于目标的设定部分应尽量避免选择与被试不存在利害关系的目标设定。第二，阅读书籍的过程中需要阅读者具有一定的意志力，这一点与前人的研究成果存在一定的差异。以往研究中的目标大多是类似饮食（Stadler et al.，2010）、身体活动（Stadler et al.，2010）等相对较易达成并且不需要投入较多意志力的目标。在前人的研究成果中，被试在形成了执行意向之后，只需要启动行为即可，不需要投入大量的注意力（Christiansen et al.，2010）。但是阅读书籍不仅需要被试启动这一行为，还需要被试保持良好的注意力与高度的意志力来完成阅读这一目标任务。MCII 策略对于这一类需要投入较多意志力来维持的目标任务活动的效果有可能不很突出。第三，目标间存在冲突也有可能令 MCII 策略无法体现出其效果。在本次研究过程中，被试提及的障碍大多是其他干扰性目标，如期末考试复习任务繁重、学校活动占用时间过多等，这些都与目标之间存在着一定的冲突，而与目标之间存在直接关联的（如意志力差等）障碍类型却较少。依据前人针对 MCII 策略的实际研究成果来看，以往研究中被试所提及的障碍都是与其目标之间存在直接相关性的，举例来说，在针对水果和蔬菜摄入量目标的研究中，被试所提及的障碍是忘记购买水果和蔬菜、家里没有水果和蔬菜等与其目标直接相关的障碍（Stadler et al.，2010）。因此，在本次研究过程中，有可能是由目标冲突导致最终部分结果显示无效。第四，在本次研究过程中，MCII 策略的实施质量偏低，这也有可能会导致 MCII 策略无效。由于此次是集体施测，即一个主试对整个班级的被试进行 MCII 策略的干预，共有 77 名 MCII 组被试成员，在这些成员中，有高达 15 名被试未完成相应的 MCII 作业。接下来的研究发现，MCII 策略的数量和质量特征会对阅读效果和幸福感产生直接影响。未来研究应尽量避免集体施测导致的 MCII 策略的实施质量偏低的情况，尽量减少一个主试对应的被试数量，以确保 MCII 策略的实施质量。同时，从前人的研究成果来看，与主试之间有直接交流的被试的行为改变相对而言效果更好（Elder et al., 2005）。本次研究过程中并未做到完全采用主试与被试直接交流的方式。所以，未来研究可以尝试选择主试与被试之间的一对一、面对面的交流方式。

本次研究未发现每日 MCII 组与单次 MCII 组的干预效果之间存在显著差异。这与以往有关执行意向效果的元分析结果（da Silva et al., 2018）不同，该元分析发现，单次执行意向对成人身体活动的提升作用不大，而多次执行意向的干预对成人身体活动的提升才有效。本次研究未发现多次 MCII 干预益处的原因可能有两方面。一方面，每日 MCII 策略的干预可能次数过于频繁，对被试造成干扰，因此，未来应该讨论究竟间隔多长时间的干预才是最有效的；另一方面，这一结果可能是由目标是非自主目标以及干预方式为集体干预两者叠加造成的。未来研究可以在自主目标领域，在采用一对一、面对面干预的方式下分析不同频次 MCII 策略的作用。

二、MCII 策略特征对目标追寻的影响

本次研究考察的第二个问题是 MCII 策略的质量特征对目标追寻的影响，研究结果显示，MCII 策略特征会对目标的达成产生明显的影响（王国霞，2014）。

第一，被试在 MCII 干预过程中写下的收获内容的具体性，与被试的幸福感和阅读习惯存在显著的正相关。在干预过程中，被试所写的收获内容越具体，其在后测结果中的幸福感得分越高，阅读习惯越有所改善；被试所写的收获内容越不具体，其在后测结果中的幸福感得分越低，阅读习惯越没有显著改善。

第二，被试在 MCII 干预过程中写下的障碍的具体性对阅读习惯有显著影响。障碍的具体性得分越高的被试，其阅读习惯越有所改善；相反，障碍的具体性得分越低的被试，其阅读习惯越没有改善。

第三，被试在 MCII 干预过程中写下的"如果—那么"计划的工具性对阅读理解习惯和阅读理解测试有积极影响。在干预过程中，被试写下的"如果—那么"计划的工具性越高，其在后测结果中阅读习惯越有所改善，且在阅读理解测试中的得分越高。

本次研究结果证明，在诱导之下形成的 MCII 策略质量会对目标达成产生一

定的影响，假如 MCII 策略的整体质量不高，那么目标的完成也会受到影响。因此，在诱导被试形成 MCII 策略时，主试应积极引导被试思考最主要的收获内容，尽可能将障碍具体化，尽量形成多个"如果—那么"计划，并可以灵活地对计划做出调整。高质量的 MCII 策略会对目标的达成产生更明显的预测作用。

三、MCII 策略的应用建议

基于以上研究结果并结合前人研究成果及文献综述，本书从学校、教师以及学生角度出发对大学生 MCII 策略的培养和应用提出以下建议：

第一，由于质量较高的 MCII 策略不仅可以促进大学生学业领域目标的达成，也可以作用于生活、人际等多个方面，学校可以组织开展对大学生 MCII 策略培养和应用的团体辅导，对大学生的自我调节能力进行直接干预，以促进大学生心理健康水平的发展。

第二，无论在课堂上还是在日常生活中，教师对学生 MCII 策略的培养和应用应起到潜移默化的作用。教师积极引导学生培养 MCII 策略使用的能力，并且关注 MCII 策略形成的质量，鼓励学生展望学业、生活等方面的目标达成后带来的积极影响，并且要帮助学生找出目标实现过程中可能会遇到的现实障碍，针对这些障碍引导学生做出尽可能多的"如果—那么"计划，并培养学生针对不同障碍对应对计划做出调整的能力，使学生将 MCII 策略应用于日常学习和生活管理中，以提升其幸福感。

第三，作为大学生，熟练掌握 MCII 策略的使用不仅可以对学业起到促进作用，也可以对生活中其他方面带来积极影响。学生应找到适合自己的目标，并通过对比现实与未来以确定应该坚持还是放弃自己选定的目标，对于实现目标的道路上可能会遇到的障碍应做出尽量多且有效的应对计划，努力减少障碍，缩小与目标的距离。最重要的是每天的现实与目标是不同的，要学会对每一天的改变做出积极的调整，制定高质量的 MCII 策略来帮助自己更好地享受大学生活。

四、研究局限

本次研究还有一定的局限性。第一，本次研究过程中所选取的样本男女比例不合理，由于选取的被试所在院校为工科院校，男生数量远多于女生数量，此种程度的男女比例失调会导致研究成果不具有普遍代表意义。未来的研究应尽量调整被试的性别比例，使男女比例尽量均衡。

第二，本次研究过程中的干预操纵是以班级为单位实施的，班级特征有可能会对最终结果产生影响，未来的研究应避免班级特征的影响。

第三，在第二次测试时，学生已经临近期末考试，这导致本次研究与期末考试之间形成冲突。未来的研究应加强对情境中其他因素的控制，从而令其不会对研究结果产生较大的影响。

第四，对于书籍阅读理解题目的编订，只具有专家内容效度，没有结构效度和准则效度。

五、研究结论

关于MCII策略数量的结论：第一，本次研究未发现每日MCII策略、单次MCII策略的效果好于控制条件；第二，本次研究未发现每日MCII策略的效果好于单次MCII策略的效果。

关于MCII策略质量的结论：MCII策略质量高的学生比MCII策略质量低的学生有更好的阅读习惯，在阅读理解测试中会取得更好的成绩，幸福感水平更高。

第十章

MCII 策略与目标追寻关系的反思及应用

　　计划行为理论认为，目标意向是影响目标成就的重要因素。然而，一系列实证研究和元分析均发现目标与行为之间仍存在巨大的鸿沟，目标意向并不能保障目标成就。即使个体形成了强烈的意向，也可能在将意向转化为行动的过程中遇到问题。掌控生命中的挑战，不能仅靠意向和空想，而是靠实际的行动。Gollwitzer 提出的执行意向能有效地减少目标意向与行为之间的鸿沟，同时，心理对照能进一步加强执行意向对目标成就的效用。心理对照和执行意向分别作为目标设定和目标执行阶段的自我调节策略，能有效地帮助个体更成功地实现目标（Oettingen et al., 2013）。

本书的第一章介绍了心理对照与执行意向的理论，第二章详细介绍了心理对照与执行意向的研究进展。虽然当前研究发现，诱导形成的心理对照、执行意向、MCII 策略的个体比未接受相关策略干预的个体目标追寻的成功率更高，但是也有越来越多的研究发现心理对照、执行意向、MCII 策略并没有效果（Bray，2007；Budden & Sagarin，2007；Hill et al.，2007；Kizilcec & Cohen，2017）。造成无效的原因有两个方面：一方面可能是由外部影响因素（如个体特征）造成的（Churchill & Jessop，2011；Dewitte et al.，2003；Powers et al.，2005）；另一方面可能是由 MCII 策略的内部影响因素引起的，即 MCII 策略存在与否和存在的质量的高低。第一，在无诱导情况下，被试可能会自发使用心理对照和执行意向的自我调节策略，进而促进目标的实现；第二，在诱导情况下，MCII 策略的特征各不相同，低质量的 MCII 策略可能无法促进目标达成。但是目前的研究并未对造成 MCII 策略无效的两种内部原因进行探索。本书通过七个章节的研究探索这两种原因对 MCII 策略效果的影响。

第三章和第四章分别考察了自发形成的心理对照和执行意向策略及其对个体目标追寻的影响。第五章和第六章分别考察了诱导形成的不同类型的心理对照和执行意向策略及其对个体目标追寻的影响。第七章考察了诱导形成的 MCII 策略及其特征对不同类型目标追寻的影响。第八章采用元分析技术考察了现有的 MCII 策略干预的效果及其影响因素。第九章比较了不同类型的 MCII 策略的效果。第十章综合讨论并反思了现有研究，提出了未来研究方向和指导性建议。

第一节　自发形成的 MCII 策略对目标追寻的影响

一、自发形成的心理对照及其对目标追寻的影响

本书第三章的两个研究以东方集体主义文化为背景，探索了人们在暑假目标和学业目标中使用心理对照的情况。结果发现，与西方个体主义文化背景下的结果相似（Sevincer & Oettingen，2013；Sevincer et al.，2017），只有一小部分（不到 20%）的被试会自发使用心理对照，而超过半数的被试会自发使用空想策略。

这说明心理对照并不是自发常用的自我调节策略，由实验者诱导被试形成高质量的心理对照是有必要的。

与在西方文化背景下的研究结果不尽相同，以中国大学生为被试的研究发现，心理对照组被试的当下目标承诺高于其他组被试，却未发现期望水平与自我调节思维类型之间的交互作用，即不管期望水平是高还是低，心理对照组被试的目标承诺水平均较高。以叙利亚大学生为被试的研究发现，对未来的积极幻想能激发起其对未来目标的当下承诺。这两个研究的结果均表明，心理对照策略的效果会受到文化等背景因素的影响，未来应从背景因素、个人特征两个角度对影响自发形成的心理对照使用及其效果的因素进行深入探索。

二、自发形成的执行意向及其对目标追寻的影响

本书的第四章考察了大学生在月目标和体育锻炼目标上自发使用执行意向的情况及其效果。结果发现，在非诱导情况下，有90%左右的大学生会自发形成执行意向，且自发形成的执行意向水平是中等偏上的。这一结果可能意味着实验者诱导被试形成执行意向的必要性不大，但是由于本次研究对自发形成的执行意向的测量方式本身就具有较大的诱导性，所以研究发现的自发形成执行意向的人数比例可能存在高估，未来应该进一步改正执行意向的测量方式，尽可能采用无任务诱导性的测量来评估自发形成执行意向的人数比例。另外，研究还发现，自发形成的执行意向（尤其是应对计划）能显著地预测目标相关的努力程度和目标成就。以往研究也发现，行动计划和应对计划能促进目标追寻（Brickell et al., 2006；Churchill & Jessop, 2010）。而本书的研究发现，在控制目标意向、计划行为理论等变量后，行动计划对目标达成的预测力下降，而应对计划仍能预测目标达成。行动计划只是启动想要的行为，而应对计划则是为了实现目标去克服可能的障碍和困难，即在面对障碍和困难时是否能坚持追寻目标。因此，应对计划是预测目标（尤其是遇到困难的目标）达成的稳定因素。

以上两方面的结果表明，当MCII策略干预的效果不显著时，可能原因之一在于控制组被试自发使用了心理对照或执行意向策略，尤其是自发使用执行意向策略的被试比例很高。另外，未来在进行干预时，应考虑被试的文化背景和个体特征等因素，以优化MCII策略的效果。

第二节 诱导形成的 MCII 策略及其特征对目标追寻的影响

一、有无诱导的 MCII 策略对目标追寻的影响

首先,针对有无诱导形成的心理对照,本书第五章考察了不同视角以及标准心理对照对大学生身体活动的促进作用,结果发现,标准心理对照可以增加大学生的身体活动量。

其次,针对有无诱导形成的执行意向,本书第六章研究 1 考察了有无执行意向对焦虑情绪调节的作用,结果发现了执行意向的积极作用;第六章研究 2 考察了有无执行意向对大学生英语学习的作用,结果也发现了执行意向对英语学习投入和英语学习习惯改变的促进作用。

再次,针对有无诱导形成的 MCII 策略,本书第七章的三个研究和第九章进行了分析,但结果不尽相同。第七章研究 1 和第九章采用实验者分配的阅读书籍任务(阅读艺术类书籍、幸福类书籍)作为实验目标,结果未发现 MCII 组被试的阅读书籍目标达成好于控制组被试的阅读书籍目标达成。第七章研究 2 和研究 3 采用的是大学生的自主目标(暑假目标、体育锻炼目标),结果发现了 MCII 策略对目标追寻行为的益处。以上四个研究表明,MCII 策略是促进自主目标达成的有效策略,但 MCII 策略并不能促进实验者分配的外源性目标的达成。对于自主目标,以往研究也发现诱导形成的 MCII 策略的有效性,如 MCII 策略有助于增加身体活动量、增加水果和蔬菜摄入量、提高学业成就等。对于外源性目标,一方面,研究发现,MCII 策略能促进实验者分配的短时间实验室任务绩效(Kirk et al.,2013);另一方面,有关 MCII 策略的研究发现,MCII 策略并不能促进实验者分配的长期干预实验任务绩效(即增加儿童的课外书籍阅读量)。同时,有关执行意向的研究发现,执行意向对受控动机的目标有负向预测作用(Smith et al.,2010)。

最后,针对有无 MC、II 和 MCII 策略的效应量的元分析。以往研究通过元分析考察了心理对照、执行意向的效应量,结果发现,心理对照对健康行为改变的效应量为小到中等(Cross & Sheffield,2019),执行意向对健康行为改变(如

体育锻炼、戒烟、合理饮食行为等）的效应量也为小到中等（Adriaanse et al., 2011；Bélanger-Gravel et al., 2013；Kompf, 2020；McWilliams et al., 2019）。本书第八章采用元分析发现，MCII 策略对目标达成的效应量也为小到中等，对学业领域的目标达成的效应量低于健康、人际关系等其他领域的效应量。

综上所述，心理对照、执行意向和 MCII 策略是促进健康、人际关系等领域内的自主目标追寻的有效策略，而对学业领域目标追寻的效果有限，对外源性目标的促进依赖于实验任务的性质，可能只能促进短时间的实验室任务的完成。

二、诱导形成的 MCII 策略特征对目标追寻的影响

（一）不同特征的心理对照

对于不同特征的心理对照，本书第五章比较了第一人称视角和第三人称视角的心理对照的作用，结果未发现两种视角下的心理对照效果存在差异。

（二）不同特征的执行意向

对于不同特征的执行意向，本书第六章比较了高具体与低具体的执行意向、合作与个人执行意向的效果，结果发现，高具体执行意向（应对计划）的效果好于低具体执行意向（应对计划）的效果；合作执行意向组的目标追寻行为得到显著增加，而个人执行意向组的目标追寻行为没有显著变化。这提示，要优化执行意向的效果，应加强应对计划的具体性，注重合作带来的额外益处。

（三）不同特征的 MCII 策略

对于不同特征的 MCII 策略，本书主要考察了 MCII 策略的数量特征（第七章研究 1、2 和 3）、质量特征（第七章研究 1、2 和 3 以及第九章）、内容特征（第七章研究 2 和研究 3）、MCII 策略的实施方式（第七章、第八章以及第九章），以及 MCII 策略的干预频次（第九章）。

1. MCII 策略的数量特征

对于数量特征，研究结果发现，第一，在进行 MCII 策略练习时，MCII 策略完成的完整性以及总字数是目标追寻行为的有效的积极预测因素（第七章研究 1、2 和 3），这表明，被试是否认真服从以及承诺于实验者的指导语是 MCII 策略干预是否有效的重要因素（de Nooijer et al., 2006；Sheeran et al., 2005）。第二，

在进行 MCII 策略练习时，想象到的收获个数和障碍个数都是有效的消极预测因素（第七章研究 2 和研究 3）。预期多个收获的被试可能并没有行动的核心动机，只是努力想出多个积极结果，想通过此种方式提升自己的动机水平，然而，这会对目标实现产生消极作用（Kappes & Oettingen, 2011; Kappes et al., 2012c; Oettingen & Wadden, 1991）。而当个体想象到的障碍越多时，其就越无法把精力放在主要障碍上，而且障碍的增多也会影响被试对期望实现概率的判断，降低被试为目标付出努力的积极性。因此，在未来的 MCII 策略干预中，主试应指导被试对最主要的收获和障碍进行详细想象。第三，在进行 MCII 策略练习时，制订的应对计划的个数是有效的积极预测因素（第七章研究 2）。针对某个障碍制订出多个应对计划，有利于个体在某一个计划不好用时启动其他可用的计划，这在一定程度上增加了计划的灵活性，以应对变化。

2. MCII 策略的质量特征

对于质量特征，研究结果发现，第一，在进行 MCII 策略练习时，预想的收获和障碍的具体性是目标追寻行为的有效的积极预测因素（第七章研究 1、2 以及第九章）。想象收获越具体，越容易加强个体对实现目标的渴望，提升个体解决障碍的决心。本书中障碍的具体性对应的是应对计划中的线索的具体性，已有基于问卷调查的相关研究发现中高具体执行意向的效果好于低具体执行意向的效果（van Osch et al., 2010），这表明在制订应对障碍的计划时，对障碍线索的规划越具体，越容易被识别，从而被解决。第二，在进行 MCII 策略练习时，形成的行动计划的刻板性是目标追寻行为的有效的消极预测因素（第七章研究 2）。对于集体主义文化下的被试来说，当个体目标与集体或他人目标产生冲突时，个体更可能首先完成集体分配的任务（Kizilcec & Cohen, 2017），因此，过于刻板的计划不仅无法促进目标的达成，可能还会因为计划多次无法实施而降低被试的效能感，从而对目标追寻产生负向影响（Masicampo & Baumeister, 2012）。第三，在进行 MCII 策略练习时，形成的应对计划的"那么"部分的工具性（第九章）是目标追寻行为的有效的积极预测因素，找到有效的应对障碍的行为方式是克服障碍的前提条件。

3. MCII 策略的内容特征

对于内容特征，研究结果发现，障碍的可控性和外在性程度是目标追寻行为的有效的积极预测因素（第七章研究 3）。与不受自我控制的障碍相比，可被个体掌控的障碍更容易被克服，进而提升目标达成率。但对于障碍的外在性程度，Schwörer 和 Oettingen（2014）针对西方被试的研究发现，提出相对内在的障碍的被试会做出更多的目标相关行为，而本书却发现相反的结果。未来应该设计研究以分析东西方被试在解决内在和外在障碍的难易程度方面存在的差异。

4. MCII 策略的实施方式

对于实施方式，研究结果发现，一对一的面对面干预方式显著好于纸质文本或集体干预方式。一方面，本书中的第七章研究 1 和第九章这两个研究采用的都是纸质文本的集体干预，均未发现 MCII 策略的促进效果，而第七章研究 2 和 3 采用一对一的面对面干预方式，均发现了 MCII 策略的促进效果。另一方面，第八章通过元分析技术对现有的 MCII 策略干预的实证文章进行分析，结果也发现，基于有实验者参与的面对面干预的效果显著高于由被试自己填写文本的干预效果。这些结果表明，要提升 MCII 策略的效果，需要采用实验者参与的面对面干预方式。

5. MCII 策略的干预频次

对于 MCII 策略的使用频次，第九章在实验者分配的阅读任务中比较了每日 MCII 策略与单次 MCII 策略干预的效果，结果未发现两者之间存在显著差异。这可能是由目标是非自主目标以及干预方式为集体干预两者叠加造成的。未来可以在自主目标领域采用一对一的面对面干预方式下，分析不同频次 MCII 策略的作用。

本书对以上 MCII 五个方面特征的分析结果表明，MCII 策略特征是影响其效果的重要因素。从本书的研究来看，具有跨不同目标领域和跨不同干预方式的一致性结果是：完成 MCII 作业越认真，越有利于目标达成。这表明，不管是哪个领域或哪种干预方式，只有被试认真服从主试的指导，积极承诺于 MCII 作业，才能从 MCII 作业中受益（Armitage, 2009）。因此，在未来的研究中，需要引导被试积极主动地认真按照指导语完成 MCII 作业。

根据本书七个章节中的 12 个独立研究的结果可以推论，是否诱导形成 MCII 策略并不是 MCII 策略有效性的唯一决定因素,控制组是否自发形成 MCII 策略、实验组形成的 MCII 策略的特征也是影响 MCII 策略有效性的重要因素。以往研究未发现 MCII 策略有效性的原因可能是控制组自发形成了 MCII 策略，或者实验组形成的 MCII 策略的特征不利于 MCII 策略的有效性。这提示未来有关MCII策略的研究不应该只是简单比较诱导组和非诱导组的目标达成,也应该全面考察自发形成的MCII策略以及诱导形成的MCII策略的特征对目标达成的影响。

第三节 未来研究展望

一、扩展研究对象

从研究对象的文化背景上来看,目前绝大多数研究的被试来自西方个体主义文化背景(Wang & Gai,2016),只有个别研究的被试来自东方集体主义文化背景(赵伟伟,2018)。因此,有必要以东方集体主义文化背景下的人们为研究对象,进一步验证MCII策略的效果。

从研究对象的年龄上来看,目前研究主要以大学生以及其他各种类型的成年人为主,而青少年以及儿童较少,未来也应该将MCII策略应用于协助青少年及儿童完成各类目标。

二、增加目标领域范围

从目标的领域来看,当前研究主要集中于不健康行为的减少与健康行为的塑造上,如减少摄入高脂肪食物、减少抽烟喝酒行为、减少久坐行为、减少压力或焦虑情绪、增加水果和蔬菜的摄入量、增加身体活动量等,其次是人际关系领域(解决人际冲突)和学业领域,但是对学业领域的研究均发现MCII策略的效果不佳。因此,一方面要增加人际关系和学业领域的目标,另一方面要寻找原因进一步提升MCII策略对学业领域目标的作用。

从目标的数量来看,目前研究均是考察MCII策略对一个目标的作用,而在日常生活中,我们在同一时间段会有多个目标,既可能是同一领域的不同目标,也可能是不同领域的目标。有关执行意向对多个不同领域目标作用的研究发现,执行意向对单一目标的效用无法扩展到多个目标,相反,执行意向会使个体认识到完成多个目标的困难性(Dalton & Spiller,2012)。而有关执行意向对同一领域下不同目标的作用的研究发现,单一目标会激发个体自发形成执行意向,因此执行意向对单一目标的效用小于对多个目标的效用（Soman & Zhao，2011）。由此可以推论，MCII策略对不同领域的多个目标或者同一领域的多个目标的效用可能也存在不同，需要未来研究的进一步证实。

从目标的社会性来看，当前主要涉及的是个体的自我目标，即采用MCII策略帮助个体更好地实现自己的目标，未来可以进一步探索MCII策略对团队目标实现的作用。例如，已有一项实验室研究发现，集体执行意向（如果我们……那么我们……）能增加成员在囚徒困境任务中做出合作性的决定（Thürmer et al.，2020）。

三、探索影响自发形成的MCII策略的影响

未来可以进一步探索影响人们自发使用MCII策略的因素，这样能有助于未来开展更有针对性的干预，即只对那些不会自发使用MCII策略的人进行培训，以节省资源。具体方向可以分为三个：第一，自发形成的心理对照策略的影响因素，可以从个体情绪、环境要求等状态特征以及个体稳定性的人格特征两个角度深入，并可以探索两个角度的交互作用；第二，自发形成的执行意向策略的影响因素，也可以从状态特征和特质性特征两个角度进行探索；第三，从整体上探索个体自发使用MCII策略的影响因素，可以考察什么样的个体会自发同时使用心理对照和执行意向策略。

四、探索提升MCII策略有效性的因素

第一，探索MCII策略在什么情境下对具有什么特征的人更有效。MCII策略并不会在所有情境下对所有人都有效，更有益的方式是将该策略应用于真正有所需要且能受益的人身上。例如，在高要求环境下，行动导向者会成功执行意向，而状态导向者不能成功执行意向。研究发现，在高要求环境下，心理对照练习对行动定向者没有效果（因为行动定向者不练习心理对照也能成功执行意向），而心理对照练习能帮助状态导向者成功执行意向（Friederichs et al.，2020）。因此，未来应该探索更多的影响MCII策略的情境因素和个体差异因素，为MCII策略的实践应用指南提供理论基础。

第二，探索什么特征的MCII策略更有效。虽然本书已经设计了多项研究以试图探索什么特征的MCII策略更有效，但研究结果的外部效果还有待检验，需

要未来研究进一步验证本书所发现的相关特征（如行动计划的具体性、收获的具体性、合作性等）的作用。对 MCII 策略的质量评估主要由研究者来进行内容分析，这种评估的劣势在于主观性较大，因此，需要进一步修改和设计评估标准，将评估标准程序化，使得不同研究之间的结果具有可比性。另外，对于在内容分析评估中发现的 MCII 策略特征，应该再开展实验研究，通过操纵一个特征的变化来考察这一特征的具体作用。

第三，探索提升 MCII 策略效果的其他潜在途径。首先，可以探索 MCII 策略干预的最佳时间间隔，即多久干预一次，其效果才能达到最优。其次，可以探索提升 MCII 策略灵活性的方法。计划赶不上变化，在日常生活中，不可预期的事情常有发生，因此要随时调整 MCII 策略。

第四节　在生活中使用 MCII 策略

一、WOOP 思维的程序

将心理对照（目标设定阶段的策略）与执行意向（目标执行阶段的策略）相结合，能有效地减小意愿与行为之间的鸿沟。MCII 策略能引导人们依次思考愿望（wish）、结果（outcome）、障碍（obstacle）和计划（plan），因此也被称为 WOOP 思维。在生活中，我们使用 WOOP 的具体程序如下。

第一步，思考想要完成的重要愿望。

第二步，思考愿望实现能给生活带来的最积极结果，并尽可能生动、详细地想象与积极结果相关的事情。

第三步，思考阻碍愿望实现的关键障碍，并尽可能生动、详细地想象与这个障碍相关的事情。

第四步，制订能够预防/克服这一障碍的"如果—那么"计划。可以问自己以下问题：能否预防障碍的发生？在哪种情境下做什么行为能预防障碍的发生？若未能预防障碍的发生，障碍最可能在什么情况下发生，又该如何应对障碍？

WOOP 既可以被应用于长期目标的自我调节，也可以被应用于短期每日目标的自我调节。个体可以自行制作如图 10-1 所示的小卡片，每天早起第一件事，可以借用这个卡片思考自己的今日目标。例如，首先，写下自己今天的愿望；然后，写下实现愿望的最佳结果，并在头脑中生动地想象相关事情；再次，写下阻碍愿望实现的障碍，并在头脑中生动地想象相关事情；最后，制订能够预防/克服这一障碍的"如果—那么"计划。

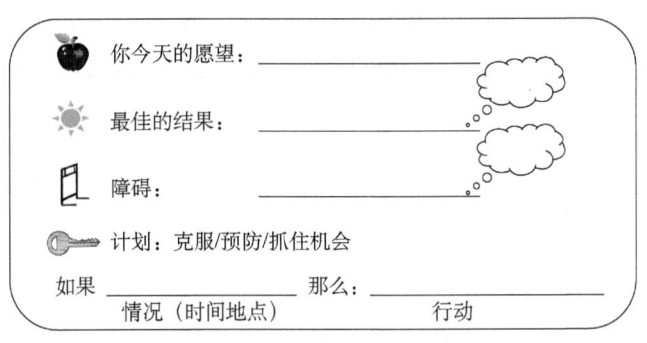

图 10-1　MCII 策略练习

我们也可以登录 WOOP 主页（https://woopmylife.org/en/home），下载适用于手机的应用程序（application，APP），以有效地协助自己采用 WOOP 来管理职场生活、健康生活或社交生活中的目标。

二、应用 WOOP 的注意事项

第一，心理对照会增强成功期望水平与目标追寻行为之间的关系。当期望水平较高时，个体认为现实中的障碍是可克服的，进而会努力克服障碍以实现目标；而当期望水平较低时，个体认为现实中的障碍是不可克服的，进而会主动放弃追寻该目标，转而追寻其他目标。因此，针对一些必须完成但是成功期望较低的目标，不要使用 MCII 策略，因为这种策略可能会增加个体的拖延行为。对于这样的目标，个体迫切需要提高的是动机水平，而不是自我调节策略水平。

第二，MCII 策略能促进自主目标的达成，但对外源性目标的作用不大，因此要将该策略应用于那些个体自主想要实现而非被迫要实现的目标上。

第三，在进行心理对照时，要尽量具体、形象地想象完成某个愿望会给自己带来的积极结果或收获，尽量具体、形象地想象那个自己可以解决的关键障碍，尽量选择可控的、内在的、不稳定的障碍，因为只有这样的障碍才能得到有效解决。

第四，在使用执行意向时，要尽量多使用应对障碍的计划，制订有效的解决障碍的计划能提升个体的行动力，协助自己实现目标。

第五，在使用行动定向的执行意向时，要避免形成过于刻板的计划。计划过于刻板不仅难以实施，还可能因为多次无法按计划实施而降低计划执行者后续行动的信心。

第六，合作也能提升执行意向的效果。因此，与我们身边的同事、亲人或朋友一起来设定目标、制订计划、相互监督实施进度，共同实现各自的梦想吧！

参 考 文 献

甘露. 2012. 高职大学生学习习惯及其与学习动机的关系. 西南大学硕士学位论文.

国家体育总局.（2015-11-25）[2021-05-11]. 2014年国民体质监测公报. http://www.sport.gov.cn/n315/n329/c216784/content.html.

黄敏儿, 郭德俊. 2002. 原因调节与反应调节的情绪变化过程. 心理学报,（4）: 371-380.

姜媛, 张力为, 毛志雄. 2018. 体育锻炼与心理健康: 情绪调节自我效能感与情绪调节策略的作用. 心理与行为研究, 16（4）: 570-576.

李天然, 李晶, 俞国良. 2015. 自我抽离: 一种适应性的自我反省视角. 心理科学进展, 23（6）: 1052-1060.

李文利, 钱铭怡. 1995. 状态特质焦虑量表中国大学生常模修订. 北京大学学报（自然科学版），（1）: 108-112.

林琳. 2017. 拖延行为的干预: 计划行为理论和实施意向的影响. 心理学报, 49（7）: 953-965.

邱林, 郑雪, 王雁飞. 2008. 积极情感消极情感量表（PANAS）的修订. 应用心理学, 14（3）: 249-254, 268.

荣卫曼. 2016. 少数民族师范生学习投入现状研究——以X师范大学为例. 新疆师范大学硕士学位论文.

王才康, 胡中锋, 刘勇. 2001. 一般自我效能感量表的信度和效度研究. 应用心理学,（1）: 37-40.

王国霞. 2014. 心理对照与执行意向对目标追寻的影响. 东北师范大学博士学位论文.

王敬欣, 王春梅, 谢芳, 等. 2015. 负性情绪调节中认知重评和分心策略的作用: ERPs研究. 心理科学, 38（5）: 1039-1044.

张中江, 陈善平, 潘秀刚. 2009. 大学生体育锻炼行为和锻炼动机的性别差异. 北京体育大学学报, 32（9）: 50-52.

赵伟伟. 2018. 从理想到现实——心理对照和执行意向策略对中学生学业成就目标追求的影响研究. 苏州大学硕士学位论文.

Achtziger A, & Gollwitzer P M. 2010. Motivation and volition in the course of action. In J. Heckhausen & H. Heckhausen（Eds.）, Motivation and Action (2nd Edition, pp. 275-299). New York: Cambridge University Press.

Achtziger A, Fehr T, Oettingen G, et al. 2009. Strategies of intention formation are reflected in continuous MEG activity. Social Neuroscience, 4 (1): 11-27.

Achtziger A, Gollwitzer P M, & Sheeran P. 2008. Implementation intentions and shielding goal striving from unwanted thoughts and feelings. Personality and Social Psychology Bulletin, 34(3): 381-393.

Adriaanse M A, de Ridder D T D, & de Wit J B F. 2009. Finding the critical cue: Implementation intentions to change one's diet work best when tailored to personally relevant reasons for unhealthy eating. Personality and Social Psychology Bulletin, 35 (1): 60-71.

Adriaanse M A, de Ridder D T D, & Voorneman I. 2013. Improving diabetes self-management by mental contrasting. Psychology and Health, 28 (1): 1-12.

Adriaanse M A, Oettingen G, Gollwitzer P M, et al. 2010. When planning is not enough: Fighting unhealthy snacking habits by mental contrasting with implementation intentions (MCII). European Journal of Social Psychology, 40 (7): 1277-1293.

Adriaanse M A, Vinkers C D W, de Ridder D T D, et al. 2011. Do implementation intentions help to eat a healthy diet? A systematic review and meta-analysis of the empirical evidence. Appetite, 56 (1): 183-193.

Ajzen I. 1991. The theory of planned behavior. Organizational Behavior and Human Decision Processes, 50 (2): 179-211.

Ajzen I. 2006. Behavioral interventions based on the theory of planned behavior. http://people.umass.edu/aizen/tpb.html.

Ajzen I, Czasch C, & Flood M G. 2009. From intentions to behavior: Implementation intention, commitment, and conscientiousness. Journal of Applied Social Psychology, 39 (6): 1356-1372.

Arbour K P, & Ginis K A M. 2004. Helping middle-aged women translate physical activity intentions into action: Combining the theory of planned behavior and implementation intentions. Journal of Applied Biobehavioral Research, 9 (3): 172-187.

Arbour K P, & Ginis K A M. 2009. A randomised controlled trial of the effects of implementation intentions on women's walking behaviour. Psychology and Health, 24 (1): 49-65.

Armitage C J. 2004. Evidence that implementation intentions reduce dietary fat intake: A randomized trial. Health Psychology, 23 (3): 319-323.

Armitage C J. 2007a. Effects of an implementation intention-based intervention on fruit consumption. Psychology and Health, 22 (8): 917-928.

Armitage C J. 2007b. Efficacy of a brief worksite intervention to reduce smoking: The roles of behavioral and implementation intentions. Journal of Occupational Health Psychology, 12 (4):

376-390.

Armitage C J. 2008. A volitional help sheet to encourage smoking cessation: A randomized exploratory trial. Health Psychology, 27 (5): 557-566.

Armitage C J. 2009. Effectiveness of experimenter-provided and self-generated implementation intentions to reduce alcohol consumption in a sample of the general population: A randomized exploratory trial. Health Psychology, 28 (5): 545-553.

Armitage C J, & Conner M. 2001. Efficacy of the theory of planned behaviour: A meta-analytic review. British Journal of Social Psychology, 40 (4): 471-499.

Armitage C J, & Sprigg C A. 2010. The roles of behavioral and implementation intentions in changing physical activity in young children with low socioeconomic status. Journal of Sport and Exercise Psychology, 32 (3): 359-376.

Armitage C J, Norman P, Noor M, et al. 2014. Evidence that a very brief psychological intervention boosts weight loss in a weight loss program. Behavior Therapy, 45 (5): 700-707.

Armstrong T, & Bull F. 2006. Development of the world health organization global physical activity questionnaire (GPAQ). Journal of Public Health, 14 (2): 66-70.

Baird B, Smallwood J, & Schooler J W. 2011. Back to the future: Autobiographical planning and the functionality of mind-wandering. Consciousness and Cognition, 20 (4): 1604-1611.

Bamberg S. 2002. Effects of implementation intentions on the actual performance of new environmentally friendly behaviours—Results of two field experiments. Journal of Environmental Psychology, 22 (4): 399-441.

Bargh J A, Chaiken S, Raymond P, et al. 1996. The automatic evaluation effect: Unconditional automatic attitude activation with a pronunciation task. Journal of Experimental Social Psychology, 32 (1): 104-128.

Bayer U C, Achtziger A, Gollwitzer P M, et al. 2009. Responding to subliminal cues: Do if-then plans facilitate action preparation and initiation without conscious intent? Social Cognition, 27 (2): 183-201.

Bayer U C, & Gollwitzer P M. 2005. Mindset effects on information search in self-evaluation. European Journal of Social Psychology, 35 (3): 313-327.

Bayer U C, & Gollwitzer P M. 2007. Boosting scholastic test scores by willpower: The role of implementation intentions. Self and Identity, 6 (1): 1-19.

Bayer U C, Gollwitzer P M, & Achtziger A. 2010. Staying on track: Planned goal striving is protected from disruptive internal states. Journal of Experimental Social Psychology, 46 (3):

505-514.

Bélanger-Gravel A, Godin G, & Amireault S. 2013. A meta-analytic review of the effect of implementation intentions on physical activity. Health Psychology Review, 7 (1): 23-54.

Berntsen D, & Jacobsen A S. 2008. Involuntary (spontaneous) mental time travel into the past and future. Consciousness and Cognition, 17 (4): 1093-1104.

Borenstein M, Hedges L V, Higgins J P T, et al. 2009. Introduction to meta-analysis. Chichester: Wiley.

Brandstätter V, Lengfelder A, & Gollwitzer P M. 2001. Implementation intentions and efficient action initiation. Journal of Personality and Social Psychology, 81 (5): 946-960.

Bray N L. 2007. Implementation intentions as discriminative stimuli/secondary reinforcement and their effect on the self-monitoring of food intake (Doctoral Dissertation). Available from ProQuest Dissertations and Theses.

Brickell T A, & Chatzisarantis N L D. 2007. Using self-determination theory to examine the motivational correlates and predictive utility of spontaneous exercise implementation intentions. Psychology of Sport and Exercise, 8 (5): 758-770.

Brickell T A, Chatzisarantis N L D, & Pretty G M. 2006. Using past behaviour and spontaneous implementation intentions to enhance the utility of the theory of planned behaviour in predicting exercise. British Journal of Health Psychology, 11 (2): 249-262.

Budden J S, & Sagarin B J. 2007. Implementation intentions, occupational stress, and the exercise intention-behavior relationship. Journal of Occupational Health Psychology, 12 (4): 391-401.

Bull F, Maslin T, & Armstrong T. 2009. Global physical activity questionnaire (GPAQ): Nine country reliability and validity. Journal of Physical Activity and Health, 6 (6): 790-804.

Carraro N, & Gaudreau P. 2013. Spontaneous and experimentally induced action planning and coping planning for physical activity: A meta-analysis. Psychology of Sport & Exercise, 14 (2): 228-248.

Carver C S, & Scheier M F. 2018. Generalized optimism. In G. Oettingen, A. T. Sevincer, & P. Gollwitzer (Eds.), The Psychology of Thinking About the Future (pp. 214-230). New York: The Guilford Press.

Cerasoli C P, Nicklin J M, & Ford M T. 2014. Intrinsic motivation and extrinsic incentives jointly predict performance: A 40-year meta-analysis. Psychological Bulletin, 140 (4): 980-1008.

Chapman J, Armitage C J, & Norman P. 2009. Comparing implementation intention interventions in relation to young adults' intake of fruit and vegetables. Psychology and Health, 24 (3): 317-332.

Chatzisarantis N L D, & Hagger M S. 2010. Effects of implementation intentions linking suppression of alcohol consumption to socializing goals on alcohol-related decisions. Journal of Applied Social Psychology, 40 (7): 1618-1634.

Chatzisarantis N L D, Hagger M S, & Thøgersen-Ntoumani C. 2008. The effects of self-discordance, self-concordance, and implementation intentions on health behavior. Journal of Applied Biobehavioral Research, 13 (4): 198-214.

Chatzisarantis N L D, Hagger M S, & Wang J C K. 2010. Evaluating the effects of implementation intention and self-concordance on behaviour. British Journal of Psychology, 101 (4): 705-718.

Christian B M, Miles L K, Kenyeri S T, et al. 2016. Taming temptation: Visual perspective impacts consumption and willingness to pay for unhealthy foods. Journal of Experimental Psychology: Applied, 22 (1): 85-94.

Christiansen S, Oettingen G, Dahme B, et al. 2010. A short goal-pursuit intervention to improve physical capacity: A randomized clinical trial in chronic back pain patients. Pain, 149 (3): 444-452.

Churchill S, & Jessop D. 2010. Spontaneous implementation intentions and impulsivity: Can impulsivity moderate the effectiveness of planning strategies? British Journal of Health Psychology, 15 (3): 529-541.

Churchill S, & Jessop D C. 2011. Too impulsive for implementation intentions? Evidence that impulsivity moderates the effectiveness of an implementation intention intervention. Psychology and Health, 26 (5): 517-530.

Cicchetti D V. 1994. Guidelines, criteria, and rules of thumb for evaluating normed and standardized assessment instruments in psychology. Psychological Assessment, 6 (4): 284-290.

Conner M, & Higgins A R. 2010. Long-term effects of implementation intentions on prevention of smoking uptake among adolescents: A cluster randomized controlled trial. Health Psychology, 29 (5): 529-538.

Cooke R, & French D P. 2008. How well do the theory of reasoned action and theory of planned behaviour predict intentions and attendance at screening programmes? A meta-analysis. Psychology and Health, 23 (7): 745-765.

Cousins S D. 1989. Culture and self-perception in Japan and the United States. Journal of Personality and Social Psychology, 56 (1): 124-131.

Craig C, Marshall A L, Sjostrom M, et al. 2003. International physical activity questionnaire: 12-country reliability and validity. Medicine & Science in Sports & Exercise, 35 (8): 1381-1395.

Cross A, & Sheffield D. 2019. Mental contrasting for health behaviour change: A systematic review and meta-analysis of effects and moderator variables. Health Psychology Review, 13(2): 209-225.

D'Argembeau A, Renaud O, & van der Linden M. 2011. Frequency, characteristics and functions of future-oriented thoughts in daily life. Applied Cognitive Psychology, 25 (1): 96-103.

da Silva M A V, São-João T M, Brizon V C, et al. 2018. Impact of implementation intentions on physical activity practice in adults: A systematic review and meta-analysis of randomized clinical trials. PLoS One, 13 (11): 1-15.

Dalton A N, & Spiller S A. 2012. Too much of a good thing: The benefits of implementation intentions depend on the number of goals. Journal of Consumer Research, 39 (3): 600-614.

de Nooijer J, de Vet E, Brug J, et al. 2006. Do implementation intentions help to turn good intentions into higher fruit intakes? Journal of Nutrition Education and Behavior, 38 (1): 25-29.

de Vet E, Oenema A, & Brug J. 2011. More or better: Do the number and specificity of implementation intentions matter in increasing physical activity? Psychology of Sport and Exercise, 12 (4): 471-477.

Deci E L, & Ryan R M. 2000. The "what" and "why" of goal pursuits: Human needs and the self-determination of behavior. Psychological Inquiry, 11 (4): 227-268.

Dent A L, & Koenka A C. 2016. The relation between self-regulated learning and academic achievement across childhood and adolescence: A meta-analysis. Educational Psychology Review, 28 (3): 425-474.

Dewitte S, Verguts T, & Lens W. 2003. Implementation intentions do not enhance all types of goals: The moderating role of goal difficulty. Current Psychology, 22 (1): 73-89.

Dibble J L, Levine T R, & Park H S. 2012. The unidimensional relationship closeness scale (URCS): Reliability and validity evidence for a new measure of relationship closeness. Psychological Assessment, 24 (3): 565-572.

Diener E, Emmons R A, Larsem R J, et al. 1985. The satisfaction with life scale. Journal of Personality Assessment, 49 (1): 71-75.

Duckworth A L, Grant H, Loew B, et al. 2011. Self-regulation strategies improve self-discipline in adolescents: Benefits of mental contrasting and implementation intentions. Educational Psychology, 31 (1): 17-26.

Duckworth A L, Kirby T A, Gollwitzer A, et al. 2013. From fantasy to action: Mental contrasting with implementation intentions (MCII) improves academic performance in children. Social Psychological and Personality Science, 4 (6): 745-753.

Elder J P, Ayala G X, Campbell N R, et al. 2005. Interpersonal and print nutrition communication for a Spanish-dominant Latino population: Secretos de la Buena Vida. Health Psychology, 24 (1): 49-57.

Ellis P D. 2010. The Essential Guide to Effect Sizes: Statistical Power, Meta-Analysis, and the Interpretation of Research Results. Cambridge: Cambridge University Press.

Fleig L, Gardner B, Keller J, et al. 2017. What contributes to action plan enactment? Examining characteristics of physical activity plans. British Journal of Health Psychology, 22 (4): 940-957.

Fleiss J L. 1981. Statistical Methods for Rates and Proportions. New York: Wiley.

Friederichs K M, Kees M C, & Baumann N. 2020. When tough gets you going: Action orientation unfolds with difficult intentions and can be fostered by mental contrasting. Personality and Individual Differences, 161: 109970.

Fritzsche A, Schlier B, Oettingen G, et al. 2016. Mental contrasting with implementation intentions increases goal-attainment in individuals with mild to moderate depression. Cognitive Therapy and Research, 40 (4): 557-564.

Gallo I S, McCulloch K C, & Gollwitzer P M. 2012. Differential effects of various types of implementation intentions on the regulation of disgust. Social Cognition, 30 (1): 1-17.

Gawrilow C, & Gollwitzer P M. 2008. Implementation intentions facilitate response inhibition in children with ADHD. Cognitive Therapy and Research, 32 (2): 261-280.

Gawrilow C, Gollwitzer P M, & Oettingen G. 2011. If-then plans benefit delay of gratification performance in children with and without ADHD. Cognitive Therapy and Research, 35 (5): 442-455.

Gawrilow C, Morgenroth K, Schultz R, et al. 2013. Mental contrasting with implementation intentions enhances self-regulation of goal pursuit in schoolchildren at risk for ADHD. Motivation and Emotion, 37 (1): 134-145.

Gilbert S J, Gollwitzer P M, Cohen A L, et al. 2009. Separable brain systems supporting cued versus self-initiated realization of delayed intentions. Journal of Experimental Psychology: Learning Memory and Cognition, 35 (4): 905-915.

Godin G, Bélanger-Gravel A, Amireault S, et al. 2010. Effect of implementation intentions to change behaviour: Moderation by intention stability. Psychological Reports, 106 (1): 147-159.

Gollwitzer P M. 1990. Action phases and mind-sets. In E. T. Higgins & R. M. Sorrentino (Eds.), The Handbook of Motivation and Cognition: Foundations of Social Behavior (Vol. 2, pp. 53-92). New York: Guilford Press.

Gollwitzer P M. 1999. Implementation intentions: Strong effects of simple plans. American Psychologist, 54 (7): 493-503.

Gollwitzer P M, & Brandstätter V. 1997. Implementation intentions and effective goal pursuit. Journal of Personality and Social Psychology, 73 (1): 186-199.

Gollwitzer P M, & Oettingen G. 2016. Planning promotes goal striving. In K. D. Vohs & R. F. Baumeister (Eds.), Handbook of Self-Regulation: Research, Theory, and Applications (pp. 223-246). New York: The Guilford Press.

Gollwitzer P M, & Sheeran P. 2006. Implementation intentions and goal achievement: A meta-analysis of effects and processes. Advances in Experimental Social Psychology, 38: 69-119.

Gollwitzer P M, Mayer D, Frick C, et al. 2018. Promoting the self-regulation of stress in health care providers: An internet-based intervention. Frontiers in Psychology, 9: 838.

Hagger M S, & Luszczynska A. 2013. Implementation intention and action planning interventions in health contexts: State of the research and proposals for the way forward. Applied Psychology: Health and Well-Being, 6 (1): 1-47.

Hawes A. 2007. A randomised control study of the impact of implementation intentions and mental contrasting on attendance at a substance misuse service (Doctoral dissertation). Birmingham: University of Birmingham

Heckhausen H, & Gollwitzer P M. 1987. Thought contents and cognitive functioning in motivational versus volitional states of mind. Motivation and Emotion, 11 (2): 101-120.

Henderson M D, Gollwitzer P M, & Oettingen G. 2007. Implementation intentions and disengagement from a failing course of action. Journal of Behavioral Decision Making, 20 (1): 81-102.

Higgins J P, Thompson S G, Deeks J J, et al. 2003. Measuring inconsistency in meta-analyses. BMJ, 327 (7414): 557-560.

Hill C, Abraham C, & Wright D B. 2007. Can theory-based messages in combination with cognitive prompts promote exercise in classroom settings? Social Science and Medicine, 65(5): 1049-1058.

Holland R W, Aarts H, & Langendam D. 2006. Breaking and creating habits on the working floor: A field-experiment on the power of implementation intentions. Journal of Experimental Social Psychology, 42 (6): 776-783.

Houssais S, Oettingen G, & Mayer D. 2013. Using mental contrasting with implementation intentions to self-regulate insecurity-based behaviors in relationships. Motivation and Emotion, 37 (2): 224-233.

Johannessen K B, Oettingen G, & Mayer D. 2012. Mental contrasting of a dieting wish improves self-reported health behaviour. Psychology & Health, 27: 43-58.

Johnson C S, Smeesters D, & Wheeler S C. 2012. Visual perspective influences the use of metacognitive information in temporal comparisons. Journal of Personality and Social Psychology, 103 (4): 605-605.

Kappes A, & Oettingen G. 2014. The emergence of goal pursuit: Mental contrasting connects future and reality. Journal of Experimental Social Psychology, 54: 25-39.

Kappes A, Oettingen G, & Pak H. 2012a. Mental contrasting and the self-regulation of responding to negative feedback. Personality and Social Psychology Bulletin, 38 (7): 845-857.

Kappes A, Singmann H, & Oettingen G. 2012b. Mental contrasting instigates goal pursuit by linking obstacles of reality with instrumental behavior. Journal of Experimental Social Psychology, 48 (4): 811-818.

Kappes A, Wendt M, Reinelt T, et al. 2013. Mental contrasting changes the meaning of reality. Journal of Experimental Social Psychology, 49 (5): 797-810.

Kappes H B, & Oettingen G. 2011. Positive fantasies about idealized futures sap energy. Journal of Experimental Social Psychology, 47 (4): 719-729.

Kappes H B, & Oettingen G. 2012. Wishful information preference: Positive fantasies mimic the effects of intentions. Personality and Social Psychology Bulletin, 38 (7): 870-881.

Kappes H B, Oettingen G, & Mayer D. 2012c. Positive fantasies predict low academic achievement in disadvantaged students. European Journal of Social Psychology, 42 (1): 53-64.

Kappes H B, Oettingen G, Mayer D, et al. 2011. Sad mood promotes self-initiated mental contrasting of future and reality. Emotion, 11 (5): 1206-1222.

Keller L, Gollwitzer P M, & Sheeran P. 2020. Changing behavior using the model of action phases. In M. S. Hagger, L. D. Cameron, K. Hamilton, N. Hankonen, & T. Lintunen (Eds.), Handbook of Behavior Change (pp. 77-88). Cambridge: Cambridge University Press.

Killingsworth M A, & Gilbert D T. 2010. A wandering mind is an unhappy mind. Science, 330 (6006): 932-932.

Kirk D, Oettingen G, & Gollwitzer P M. 2013. Promoting integrative bargaining: mental contrasting with implementation intentions. International Journal of Conflict Management, 24 (2): 148-165.

Kizilcec R F, & Cohen G L. 2017. Eight-minute self-regulation intervention raises educational attainment at scale in individualist but not collectivist cultures. Proceedings of the National Academy of Sciences of the United States of America, 114 (17): 4348-4353.

Klompstra L, Jaarsma T, & Strömberg A. 2018. Self-efficacy mediates the relationship between motivation and physical activity in patients with heart failure. Journal of Cardiovascular Nursing, 33 (3): 211-216.

Koestner R, Horberg E J, Gaudreau P, et al. 2006. Bolstering implementation plans for the long haul: the benefits of simultaneously boosting self-concordance or self-efficacy. Personality and Social Psychology Bulletin, 32 (11): 1547-1558.

Koestner R, Lekes N, Powers T A, et al. 2002. Attaining personal goals: Self-concordance plus implementation intentions equals success. Journal of Personality and Social Psychology, 83 (1): 231-244.

Kompf J. 2020. Implementation intentions for exercise and physical activity: Who do they work for? A systematic review. Journal of Physical Activity and Health, 17 (3): 349-359.

Kross E, Ayduk O, & Mischel W. 2005. When asking "why" does not hurt: Distinguishing rumination from reflective processing of negative emotions. Psychological Science, 16 (9): 709-715.

Kwak L, Kremers S P J, van Baak M A, et al. 2007. Formation of implementation intentions promotes stair use. American Journal of Preventive Medicine, 32 (3): 254-255.

La Guardia J G, Ryan R M, Couchman C E, et al. 2000. Within-person variation in security of attachment: A self-determination theory perspective on attachment, need fulfillment, and well-being. Journal of Personality and Social Psychology, 79 (3): 367-384.

LaPiere R T. 1934. Attitudes vs. actions. Social Forces, 13 (2): 230-237.

Lewin K, Dembo T, Festinger L, et al. 1944. Level of aspiration. In J. M. Hunt (Ed.), Personality and the Behavior Disorders (Vol. 1, pp. 333-378). New York: Ronald.

Libby L K, & Eibach R P. 2011. Visual perspective in mental imagery. A representational tool that functions in judgment, emotion, and Self-insight. Advances in Experimental Social Psychology, 44: 185-245.

Libby L K, Shaeffer E M, & Eibach R P. 2009. Seeing meaning in action: A bidirectional link between visual perspective and action identification level. Journal of Experimental Psychology: General, 138 (4): 503-516.

Libby L K, Shaeffer E M, Eibach R P, et al. 2007. Picture yourself at the polls: Visual perspective in mental imagery affects self-perception and behavior. Psychological Science, 18 (3): 199-203.

Lipsey M W, & Wilson D B. 2001. Practical Meta-Analysis. Thousand Oaks: Sage Publications, Inc.

Liu J D, Chung P K, Zhang C Q, et al. 2015. Chinese-translated behavioral regulation in exercise questionnaire-2: Evidence from university students in the Mainland and Hong Kong of China. Journal of Sport and Health Science, 4 (3): 228-234.

Loy L S, Wieber F, Gollwitzer P M, et al. 2016. Supporting sustainable food consumption: Mental contrasting with implementation intentions (MCII) aligns intentions and behavior. Frontiers in Psychology, 7: 607.

Luszczynska A. 2006. An implementation intentions intervention, the use of a planning strategy, and physical activity after myocardial infarction. Social Science and Medicine, 62 (4): 900-908.

Luszczynska A, & Haynes C. 2009. Changing nutrition, physical activity and body weight among student nurses and midwives: Effects of a planning intervention and self-efficacy beliefs. Journal of Health Psychology, 14 (8): 1075-1084.

Markland D, & Tobin V. 2004. A modification to the behavioural regulation in exercise questionnaire to include an assessment of amotivation. Journal of Sport and Exercise Psychology, 26 (2): 191-196.

Marquardt M K, Oettingen G, Gollwitzer P M, et al. 2017. Mental contrasting with implementation intentions (MCII) improves physical activity and weight loss among stroke survivors over one year. Rehabilitation Psychology, 62 (4): 580-590.

Martijn C, Alberts H, Sheeran P, et al. 2008. Blocked goals, persistent action: Implementation intentions engender tenacious goal striving. Journal of Experimental Social Psychology, 44 (4): 1137-1143.

Masicampo E J, & Baumeister R F. 2012. Committed but closed-minded: When making a specific plan for a goal hinders success. Social Cognition, 30 (1): 37-55.

McEachan R R C, Conner M, Taylor N J, et al. 2011. Prospective prediction of health-related behaviours with the theory of planned behaviour: A meta-analysis. Health Psychology Review, 5 (2): 97-144.

McIsaac H K, & Eich E. 2002. Vantage point in episodic memory. Psychonomic Bulletin and Review, 9 (1): 146-150.

McWilliams L, Bellhouse S, Yorke J, et al. 2019. Beyond "planning": A meta-analysis of implementation intentions to support smoking cessation. Health Psychology, 38 (12): 1059-1068.

Mendoza S A, Gollwitzer P M, & Amodio D M. 2010. Reducing the expression of implicit stereotypes: Reflexive control through implementation intentions. Personality and Social Psychology Bulletin, 36 (4): 512-523.

Miles L K, Christian B M, Masilamani N, et al. 2014. Not so close encounters of the third kind:

Visual perspective and imagined social interaction. Social Psychological and Personality Science, 5 (5): 558-565.

Milne S, Orbell S, & Sheeran P. 2002. Combining motivational and volitional interventions to promote exercise participation: Protection motivation theory and implementation intentions. British Journal of Health Psychology, 7 (2): 163-184.

Mou X, Gao L, & Yang W. 2019. The joint effects of need for status and mental imagery perspective on luxury hospitality consumption in China. Journal of Travel and Tourism Marketing, 36 (9): 1050-1060.

Nigro G, & Neisser U. 1983. Point of view in personal memories. Cognitive Psychology, 15 (4): 467-482.

Oettingen G. 1997. Culture and future thought. Culture and Psychology, 3 (3): 353-381.

Oettingen G. 2000. Expectancy effects on behavior depend on self-regulatory thought. Social Cognition, 18 (2): 101-129.

Oettingen G. 2012. Future thought and behaviour change. European Review of Social Psychology, 23 (1): 1-63.

Oettingen G, & Cachia J Y A. 2016. Problems with positive thinking and how to overcome them. In K. D. Vohs & R. F. Baumeister (Eds.), Handbook of Self-Regulation: Research, Theory, and Applications (pp. 547-570). New York: The Guilford Press.

Oettingen G, & Gollwitzer P M. 2009. Embodied goal pursuit. European Journal of Social Psychology, 39 (7): 1210-1213.

Oettingen G, & Gollwitzer P M. 2010. Strategies of setting and implementing goals: Mental contrasting and implementation intentions. In J. E. Maddux & J. P. Tangney (Eds.), Social Psychological Foundations of Clinical Psychology (pp. 114-135). New York: Guilford.

Oettingen G, & Mayer D. 2002. The motivating function of thinking about the future: Expectations versus fantasies. Journal of Personality and Social Psychology, 83 (5): 1198-1212.

Oettingen G, & Reininger K M. 2016. The power of prospection: Mental contrasting and behavior change. Social and Personality Psychology Compass, 10 (11): 591-604.

Oettingen G, & Schwörer B. 2013. Mind wandering via mental contrasting as a tool for behavior change. Frontiers in Psychology, 4: 562.

Oettingen G, & Wadden T A. 1991. Expectation, fantasy, and weight loss: Is the impact of positive thinking always positive? Cognitive Therapy and Research, 15 (2): 167-175.

Oettingen G, Hönig G, & Gollwitzer P M. 2000. Effective self-regulation of goal attainment.

International Journal of Educational Research, 33 (7-8): 705-732.

Oettingen G, Kappes H B, Guttenberg K B, et al. 2015. Self-regulation of time management: Mental contrasting with implementation intentions. European Journal of Social Psychology, 45 (2): 218-229.

Oettingen G, Marquardt M K, & Gollwitzer P M. 2012. Mental contrasting turns positive feedback on creative potential into successful performance. Journal of Experimental Social Psychology, 48 (5): 990-996.

Oettingen G, Mayer D, & Brinkmann B. 2010a. Mental contrasting of future and reality: Managing the demands of everyday life in health care professionals. Journal of Personnel Psychology, 9(3): 138-144.

Oettingen G, Mayer D, & Portnow S. 2016. Pleasure now, pain later: Positive fantasies about the future predict symptoms of depression. Psychological Science, 27 (3): 345-353.

Oettingen G, Mayer D, & Thorpe J. 2010b. Self-regulation of commitment to reduce cigarette consumption: Mental contrasting of future with reality. Psychology and Health, 25 (8): 961-977.

Oettingen G, Mayer D, Thorpe J S, et al. 2005. Turning fantasies about positive and negative futures into self-improvement goals. Motivation and Emotion, 29 (4): 236-266.

Oettingen G, Pak H, & Schnetter K. 2001. Self-regulation of goal-setting: Turning free fantasies about the future into binding goals. Journal of Personality and Social Psychology, 80(5): 736-753.

Oettingen G, Sevincer A T, & Gollwitzer P M. 2008. Goal pursuit in the context of culture. In R. M. Sorrentino & S. Yamaguchi (Eds.), Handbook of Motivation and Cognition Across Cultures (pp. 191-211). San Diego: Academic Press.

Oettingen G, Sevincer A, & Gollwitzer P M. 2018. The Psychology of thinking about the future. New York: The Guilford Press.

Oettingen G, Wittchen M, & Gollwitzer P M. 2013. Regulating goal pursuit through mental contrasting with implementation intentions. In E. A. Locke & G. P. Latham (Eds.), New Developments in Goal Setting and Task Performance (pp. 523-548). New York: Routledge/Taylor & Francis Group.

Orbell S, & Sheeran P. 2000. Motivational and volitional processes in action initiation: A field study of the role of implementation intentions. Journal of Applied Social Psychology, 30 (4): 780-797.

Orbell S, & Verplanken B. 2010. The automatic component of habit in health behavior: Habit as cue-contingent automaticity. Health Psychology, 29 (4): 374-383.

Parks-Stamm E J, Gollwitzer P M, & Oettingen G. 2007. Action control by implementation intentions: Effective cue detection and efficient response initiation. Social Cognition, 25 (2): 248-266.

Parks-Stamm E J, Gollwitzer P M, & Oettingen G. 2010. Implementation intentions and test anxiety: Shielding academic performance from distraction. Learning and Individual Differences, 20 (1): 30-33.

Paul-Jordanov I, Bechtold M, & Gawrilow C. 2010. Methylphenidate and if-then plans are comparable in modulating the P300 and increasing response inhibition in children with ADHD. ADHD Attention Deficit and Hyperactivity Disorders, 2 (3): 115-126.

Powers T A, Koestner R, & Topciu R A. 2005. Implementation intentions, perfectionism, and goal progress: Perhaps the road to hell is paved with good intentions. Personality and Social Psychology Bulletin, 31 (7): 902-912.

Prestwich A, Ayres K, & Lawton R. 2008. Crossing two types of implementation intentions with a protection motivation intervention for the reduction of saturated fat intake: A randomized trial. Social Science and Medicine, 67 (10): 1550-1558.

Prestwich A, Conner M, Lawton R, et al. 2005. Individual and collaborative implementation intentions and the promotion of breast self-examination. Psychology and Health, 20 (6): 743-760.

Prestwich A, Conner M T, Lawton R J, et al. 2012. Randomized controlled trial of collaborative implementation intentions targeting working adults' physical activity. Health Psychology, 31 (4): 486-495.

Prestwich A, Conner M T, Lawton R J, et al. 2014. Partner- and planning-based interventions to reduce fat consumption: Randomized controlled trial. British Journal of Health Psychology, 19 (1): 132-148.

Prestwich A, Perugini M, & Hurling R. 2009. Can the effects of implementation intentions on exercise be enhanced using text messages? Psychology and Health, 24 (6): 677-687.

Prestwich A, Perugini M, & Hurling R. 2010. Can implementation intentions and text messages promote brisk walking? A randomized trial. Health psychology: Official Journal of the Division of Health Psychology, American Psychological Association, 29 (1): 40-49.

Rennie L J, Harris P R, & Webb T L. 2014a. The impact of perspective in visualizing health-related behaviors: First-person perspective increases motivation to adopt health-related behaviors. Journal of Applied Social Psychology, 44 (12): 806-812.

Rennie L J, Uskul A K, Adams C, et al. 2014b. Visualisation for increasing health intentions: Enhanced effects following a health message and when using a first-person perspective. Psychology and Health, 29 (2): 237-252.

Ruissen G R, Rhodes R E, Crocker P R E, et al. 2018. Affective mental contrasting to enhance physical activity: A randomized controlled trial. Health Psychology, 37 (1): 51-60.

Rutter D R, Steadman L, & Quine L. 2006. An implementation intentions intervention to increase uptake of mammography. Annals of Behavioral Medicine, 32 (2): 127-134.

Ryan R M, & Connell J P. 1989. Perceived locus of causality and internalization: Examining reasons for acting in two domains. Journal of Personality and Social Psychology, 57 (5): 749-761.

Saddawi-Konefka D, Baker K, Guarino A, et al. 2017. Changing resident physician studying behaviors: A randomized, comparative effectiveness trial of goal setting versus use of WOOP. Journal of Graduate Medical Education, 9 (4): 451-457.

Sailer P, Wieber F, Proepster K, et al. 2015. A brief intervention to improve exercising in patients with schizophrenia: A controlled pilot study with mental contrasting and implementation intentions (MCII). BMC Psychiatry, 15 (1): 211.

Scheurnschloß V R. 2017. Self-regulation of conformity (Unpublished Doctoral dissertation). Hamburg: University of Hamburg.

Schrage J, Schwörer B, Krott N R, et al. 2020. Mental contrasting and conciliatory behavior in romantic relationships. Motivation and Emotion, 44 (3): 356-372.

Schweiger-Gallo I, de Miguel J, Rodríguez-Monter M, et al. 2009. Effects of implementation intentions on health interventions. Revista de Psicologia Social, 24 (3): 413-426.

Schwörer B, & Oettingen G. 2014. Effect of Mental Contrasting on Internal and External Obstacles. Manuscript.

Sevincer A T, & Oettingen G. 2013. Spontaneous mental contrasting and selective goal pursuit. Personality and Social Psychology Bulletin, 39 (9): 1240-1254.

Sevincer A T, Busatta P D, & Oettingen G. 2014a. Mental contrasting and transfer of energization. Personality and Social Psychology Bulletin, 40 (2): 139-152.

Sevincer A T, Mehl P J, & Oettingen G. 2017. Well self-regulated people use mental contrasting. Social Psychology, 48 (6): 348-364.

Sevincer A T, Musik T, Degener A, et al. 2020. Taking responsibility for others and use of mental contrasting. Personality and Social Psychology Bulletin, 46 (8): 1219-1233.

Sevincer A T, Wagner G, Kalvelage J, et al. 2014b. Positive thinking about the future in newspaper reports and presidential addresses predicts economic downturn. Psychological Science, 25 (4): 1010-1017.

Sheeran P. 2002. Intention-behavior relations: A conceptual and empirical review. In W. Stroebe & M. Hewstone (Eds.), European Review of Social Psychology (Vol. 12, pp. 1-36). Chichester: Wiley.

Sheeran P, & Orbell S. 1999. Implementation intentions and repeated behaviour: Augmenting the predictive validity of the theory of planned behaviour. European Journal of Social Psychology, 29 (2-3): 349-369.

Sheeran P, & Orbell S. 2000. Using implementation intentions to increase attendance for cervical cancer screening. Health Psychology, 19 (3): 283-289.

Sheeran P, & Silverman M. 2003. Evaluation of three interventions to promote workplace health and safety: Evidence for the utility of implementation intentions. Social Science and Medicine, 56 (10): 2153-2163.

Sheeran P, & Webb T. 2004. Implementation intentions and goal achievement: Experimental tests of explanatory processes. Psychology and Health, 19 (S1): 157-158.

Sheeran P, Aubrey R, & Kellett S. 2007. Increasing attendance for psychotherapy: Implementation intentions and the self-regulation of attendance-related negative affect. Journal of Consulting and Clinical Psychology, 75 (6): 853-863.

Sheeran P, Harris P, Vaughan J, et al. 2013. Gone exercising: Mental contrasting promotes physical activity among overweight, middle-aged, low-SES fishermen. Health Psychology, 32: 802-809.

Sheeran P, Webb T L, & Gollwitzer P M. 2005. The interplay between goal intentions and implementation intentions. Personality and Social Psychology Bulletin, 31 (1): 87-98.

Smith A, Ntoumanis N, & Duda J. 2010. An investigation of coach behaviors, goal motives, and implementation intentions as predictors of well-being in sport. Journal of Applied Sport Psychology, 22 (1): 17-33.

Sniehotta F F, Scholz U, Schwarzer R, et al. 2005a. Long-term effects of two psychological interventions on physical exercise and self-regulation following coronary rehabilitation. International Journal of Behavioral Medicine, 12 (4): 244-255.

Sniehotta F F, Schwarzer R, Scholz U, et al. 2005b. Action planning and coping planning for long-term lifestyle change: Theory and assessment. European Journal of Social Psychology, 35 (4): 565-576.

Soman D, & Zhao M. 2011. The fewer the better: Number of goals and savings behavior. Journal of Marketing Research, 48 (6): 944-957.

Stadler G, Oettingen G, & Gollwitzer P M. 2009. Physical activity in women: Effects of a self-regulation intervention. American Journal of Preventive Medicine, 36 (1): 29-34.

Stadler G, Oettingen G, & Gollwitzer P M. 2010. Intervention effects of information and self-regulation on eating fruits and vegetables over two years. Health Psychology, 29(3): 274-283.

Steadman L, & Quine L. 2004. Encouraging young males to perform testicular self-examination: A simple, but effective, implementation intentions intervention. British Journal of Health Psychology, 9 (4): 479-487.

Sullivan H W, & Rothman A J. 2008. When planning is needed: Implementation intentions and attainment of approach versus avoidance health goals. Health Psychology, 27 (4): 438-444.

Sutton S, & Sheeran P. 2003. Meta-analysis of the theory of planned behaviour and past behaviour. University of Cambridge, UK. Manuscript in preparation.

Tam L, Bagozzi R P, & Spanjol J. 2010. When planning is not enough: The self-regulatory effect of implementation intentions on changing snacking habits. Health Psychology, 29 (3): 284-292.

Tay I Q, Valshtein T J, Krott N R, et al. 2019. Mental contrasting in DanceSport: The champion's mindset. Psychology of Sport and Exercise, 45: 101511.

Thürmer J L, Wieber F, & Gollwitzer P M. 2020. Strategic self-regulation in groups: Collective implementation intentions help cooperate when cooperation is called for. Frontiers in Psychology, 11: 561388.

van Osch L, Lechner L, Reubsaet A, et al. 2010. From theory to practice: An explorative study into the instrumentality and specificity of implementation intentions. Psychology and Health, 25 (3): 351-364.

van Osch L, Reubsaet A, Lechner L, et al. 2008. The formation of specific action plans can enhance sun protection behavior in motivated parents. Preventive Medicine, 47 (1): 127-132.

Vasquez N A. 2010. Adding a point of view to fantasies: The role of visual perspective in fantasy realization theory (Doctoral dissertation). Canada: York University.

Vasquez N A, & Buehler R. 2007. Seeing future success: Does imagery perspective influence achievement motivation? Personality and Social Psychology Bulletin, 33 (10): 1392-1405.

Velasquez-Sheehy S. 2015. A study of the impact of mental contrasting and implementation intentions on academic performance (Doctoral dissertation). Chicago: DePaul University.

Velicer W F, Prochaska J O, Fava J L, et al. 1998. Smoking cessation and stress management: applications of the transtheoretical model of behavior change. Homeostasis in Health and Disease, 38 (5-6): 216-233.

Verhoeven A A C, Adriaanse M A, Ridder D T D, et al. 2013. Less is more: The effect of multiple implementation intentions targeting unhealthy snacking habits. European Journal of Social Psychology, 43 (5): 344-354.

Wang G, & Gai X. 2016. Combined effect of mental contrasting and implementation intention on college students' book reading. Social Behavior and Personality, 44 (5): 767-784.

Watson D, Clark L A, Tellegen A. 1988. Development and validation of brief measures of positive and negative affect: The PANAS scales. Journal of Personality and Social Psychology, 54 (6): 1063-1070.

Webb T L, & Sheeran P. 2003. Can implementation intentions help to overcome ego-depletion? Journal of Experimental Social Psychology, 39 (3): 279-286.

Webb T L, & Sheeran P. 2006. Does changing behavioral intentions engender behavior change? A meta-analysis of the experimental evidence. Psychological Bulletin, 132 (2): 249-268.

Webb T L, & Sheeran P. 2007. How do implementation intentions promote goal attainment? A test of component processes. Journal of Experimental Social Psychology, 43 (2): 295-302.

Webb T L, & Sheeran P. 2008. Mechanisms of implementation intention effects: The role of goal intentions, self-efficacy, and accessibility of plan components. British Journal of Social Psychology, 47 (3): 373-395.

Webb T L, Christian J, & Armitage C J. 2007. Helping students turn up for class: Does personality moderate the effectiveness of an implementation intention intervention? Learning and Individual Differences, 17 (4): 316-327.

Webb T L, Sheeran P, & Luszczynska A. 2009. Planning to break unwanted habits: Habit strength moderates implementation intention effects on behaviour change. British Journal of Social Psychology, 48 (3): 507-523.

Wieber F, Odenthal G, & Gollwitzer P. 2010. Self-efficacy feelings moderate implementation intention effects. Self and Identity, 9 (2): 177-194.

Zhang H, Chan D K S, & Guan Y. 2013. Plans are more helpful when one perseveres: The moderating role of persistence in the relationship between implementation intentions and goal progress. Basic and Applied Social Psychology, 35 (2): 231-240.